Qualität in der Diagnostik und Personalauswahl – der DIN-Ansatz

Qualität in der Diagnostik und Personalauswahl – der DIN-Ansatz

von
Martin Kersting

HOGREFE  GÖTTINGEN · BERN · WIEN · PARIS · OXFORD · PRAG
TORONTO · CAMBRIDGE, MA · AMSTERDAM · KOPENHAGEN

Prof. Dr. Martin Kersting, Dipl.-Psych. Arbeitsschwerpunkte: Konstruktion und Anwendung eignungsdiagnostischer Verfahren und Strategien (Assessment Center, Interviews, Tests); Evaluation und Qualitätssicherung; Personalauswahl, -beurteilung und -entwicklung. Mitautor der DIN 33430 und Autor verschiedener Tests zu kognitiven Kompetenzen und „soft skills" sowie zahlreicher Publikationen zu wirtschafts- und personalpsychologischen Themen.

Bibliografische Information der Deutschen Nationalbibliothek
Die Deutsche Nationalbibliothek verzeichnet diese Publikation in der Deutschen Nationalbibliografie; detaillierte bibliografische Daten sind im Internet über http://dnb.d-nb.de abrufbar.

© 2008 Hogrefe Verlag GmbH & Co. KG
Göttingen · Bern · Wien · Paris · Oxford · Prag
Toronto · Cambridge, MA · Amsterdam · Kopenhagen
Rohnsweg 25, 37085 Göttingen

http://www.hogrefe.de
Aktuelle Informationen · Weitere Titel zum Thema · Ergänzende Materialien

Das Werk einschließlich aller seiner Teile ist urheberrechtlich geschützt. Jede Verwertung außerhalb der engen Grenzen des Urheberrechtsgesetzes ist ohne Zustimmung des Verlages unzulässig und strafbar. Das gilt insbesondere für Vervielfältigungen, Übersetzungen, Mikroverfilmungen und die Einspeicherung und Verarbeitung in elektronischen Systemen.

Satz: Beate Hautsch, Göttingen
Druck: Hubert & Co, Göttingen
Printed in Germany
Auf säurefreiem Papier gedruckt

ISBN 978-3-8017-2151-0

Inhaltsverzeichnis

Danksagung 9

1 Einleitung 11
1.1 Die Diskrepanz zwischen Anwendungshäufigkeit und Validität
diagnostischer Verfahren am Beispiel der Personalauswahl 13
1.2 Qualitäts- und Kenntnisdefizite 16

**2 Vorstellung und Systematisierung von Ansätzen zur
Qualitätssicherung und -optimierung der psychologischen
Diagnostik** 19
2.1 Richtlinien 20
2.1.1 Standards für pädagogisches und psychologisches Testen 20
2.1.2 Principles for the validation and use of personnel selection
procedures 22
2.1.3 Nationenübergreifende Ansätze 23
2.1.4 Von deutschen Organisationen herausgegebene Richtlinien 24
2.2 Beurteilungssysteme für Tests 28
2.2.1 Das COTAN-System 29
2.2.2 Common set of European criteria for test reviews 30
2.2.3 Das Testbeurteilungssystem des Testkuratoriums 32
2.3 Qualifizierung 32

**3 Ursachen für den mangelhaften Transfer wissenschaftlicher
diagnostischer Erkenntnisse in die Praxis** 35
3.1 Das Kommunikationsproblem und seine vermeintliche Überwindung
durch eine wirtschaftsorientierte Aufbereitung der wissenschaftlichen Erkenntnisse 35
3.2 Handlungstheoretische Einbettung: Die Bedeutung des (fehlenden)
Feedbacks 37
3.3 Für die Praxis relevante Entscheidungskriterien hinsichtlich der
Gestaltung der Diagnostik 39
3.3.1 Explizite Kriterien 40
3.3.2 Implizite Kriterien 41
3.4 Dem Wissenstransfer abträgliche Eigenschaften und Ziele
einzelner Entscheider 44
3.5 Verminderte Einflussnahme der Wissenschaft aufgrund der
einseitigen Grundlagenorientierung der universitären Psychologie ... 45

4 Die DIN 33430 49
4.1 Entstehung der DIN 33430 49
4.2 Zur rechtlichen Bedeutung der DIN 33430 51

4.3	Der Qualitätsbegriff in DIN-Normen	53
4.4	Inhalte der DIN 33430	54
4.5	Die DIN 33430 und der Informations- und Feedbackansatz	58

5 Einsprüche gegen den Gelbdruck der DIN 33430 ... 60
- 5.1 Die unterschiedlichen Perspektiven der Praxis und der Wissenschaft auf die DIN 33430. ... 66
- 5.2 Modifikationen des Gelbdrucks zur publizierten Version der DIN 33430. ... 69

6 Kritik an der DIN 33430 ... 72
- 6.1 Darstellung der Kritik an der DIN 33430 und Stellungnahme zur Kritik ... 72
- 6.2 Kritik an der DIN 33430 aufgrund fehlerhafter Interpretationen des Normtextes ... 79
- 6.3 Eigene Kritik an der DIN 33430 ... 81
- 6.3.1 Allgemeine Kritik an DIN-Normen. ... 81
- 6.3.2 Kritik der Zusammensetzung des DIN 33430 Ausschusses ... 82
- 6.3.3 Kritik des Textes der DIN 33430. ... 83

7 Begleit- und Folgemaßnahmen zur DIN 33430 ... 90
- 7.1 Checklisten zur DIN 33430. ... 91
- 7.1.1 Die Checkliste „DIN SCREEN". ... 91
- 7.1.2 Handhabung der Checkliste „DIN SCREEN". ... 94
- 7.1.3 Separate Prüfung pro Verfahren und pro Checkliste ... 97
- 7.1.4 Computerversion von „DIN SCREEN" ... 98
- 7.1.5 Unterschiede zwischen der ersten und zweiten „DIN SCREEN" Version ... 98
- 7.1.6 „DIN SCREEN" als Ausgangspunkt einer Initiative zur Qualitätsoptimierung. ... 99
- 7.2 Fortbildungen und Lizenzprüfungen zur Personenlizenzierung für berufsbezogene Eignungsbeurteilungen nach DIN 33430. ... 99
- 7.2.1 Fortbildungen ... 104
- 7.2.2 Prüfungen zum Erwerb der Personenlizenzen für berufsbezogene Eignungsbeurteilungen nach DIN 33430 ... 105
- 7.2.3 Kritik an dem System der Personenlizenzen für berufsbezogene Eignungsbeurteilungen nach DIN 33430 ... 106
- 7.3 Zertifizierung. ... 107
- 7.3.1 Die Normenreihe ISO 9000 ff. ... 108
- 7.3.2 Auditierung und Zertifikat. ... 109
- 7.3.3 Praxisbeispiele für Zertifizierungen im Kontext der DIN 33430 ... 110
- 7.4 DIN 33430 und die Beurteilung der Qualität von Tests ... 110
- 7.4.1 Ausgangssituation. ... 111
- 7.4.2 Zur Bedeutung der DIN 33430 für die Testbeurteilung ... 113
- 7.4.3 Das Testbeurteilungssystem des Testkuratoriums. ... 115
- 7.5 Internationalisierung ... 117

8 Zusammenfassende Diskussion und Ausblick 119

Literatur... 125

Anhang: DIN Screen V2-Checklisten zur DIN 33430.............. 139

Sachregister... 211

Danksagung

Neben den sachlichen Aspekten, die ich mit der DIN 33430 verbinde und die ich im Buch darstelle, hat das Thema auch eine persönliche Seite. In den Jahren seit Juni 1997, seit der Auftaktsitzung des Normungsausschusses, der die DIN 33430 erarbeiten sollte, ist vieles passiert, für das ich Dank sagen möchte.

Als Mitglied des Normungsausschusses war der leitende Psychologe der Deutschen Gesellschaft für Personalwesen e.V., Dr. Klaus Althoff vorgesehen. Er hat mir dankenswerterweise sein Mandat übertragen.

Obmann des DIN-Ausschusses war Prof. Dr. Hornke, der mir drei Jahre später die Möglichkeit eröffnete, aus der Praxis an die Universität zu wechseln. Ihm verdanke ich eine fachlich sehr anregende und menschlich sehr schöne Zeit in Aachen.

Bei den Kollegen aus dem DIN-Ausschuss, dem Testkuratorium und bei den Trainierkollegen aus dem Intensivtraining zur DIN 33430 möchte ich mich für die gute Zusammenarbeit bedanken.

Herrn Prof. Dr. Amelang, Herrn Prof. Dr. Hornke, Herrn Prof. Dr. Koch und Herrn Prof. Dr. Schmidt-Atzert danke ich für konstruktiv-kritische Rückmeldungen zu einer früheren Fassung des hier vorliegenden Textes.

Mein Dank für die Korrekturlesung des Manuskripts, vor allem aber der komplexen Checklisten zur DIN, gilt Verena Buddrus, Friederike Dislich, Trientje Enninga, Lisa Meeßen, Inga und Gesa Meyer-Brandis sowie Karoline Schulze Versmar.

Häufig danken Autoren ihren Kindern für die Zeit, in der die Kinder sie entbehren mussten, damit sie sich dem Schreiben widmen konnten. Ich danke meiner Tochter Catrina, dass sie es stets verstanden hat, jeden Gedanken an das Manuskript, an die DIN 33430 oder andere theoretische Fragen unmittelbar, eindeutig und nachhaltig zu verscheuchen. Ich danke für jede Minute, die ich mit ihr erleben darf.

Dankeschön an Maren.

1 Einleitung

In der Gesellschaft werden beständig Urteile und Prognosen über Menschen getroffen, die häufig in Entscheidungen mit weitreichenden Konsequenzen münden. Zahlreiche dieser Entscheidungen könnten durch den Einsatz psychologischer Diagnostik optimiert werden. Psychologische Diagnostik ist als Anwendungsdisziplin der Psychologie der Entscheidung und Intervention vorgeschaltet und auf diese hin ausgerichtet. Durch eine theoriegeleitete, systematische Datenerhebung, -verarbeitung und -interpretation gelingt es in den meisten Fällen, das Erleben und Verhalten von Menschen besser vorherzusagen, als dies ohne psychologische Diagnostik und/oder mit anderen Mitteln möglich wäre. Dabei erzielen Verfahren der psychologischen Diagnostik (insbesondere Tests) gleich gute bis bessere Validitäten als Verfahren der medizinischen Diagnostik (siehe z. B. Heinrichs, 2005; Meyer, Finn, Eyde, Kay, Moreland, Dies, Eisman, Kubiszyn & Read, 2001).

Diagnostik verbessert die Qualität von Entscheidungen

Unter den zahlreichen Methoden, die von psychologischen Diagnostikern[1] geschaffen und genutzt werden, kommt dem „Test" eine herausragende Rolle zu. Die Entwicklung und Anwendung von Tests gilt nach Swenson (1997) als die höchste technische Leistung der Psychologie und stellt nach Ansicht der American Educational Research Education (AERA), der American Psychological Association (APA) sowie des National Council on Measurement in Education (NCME) einen der wichtigsten Beiträge der Verhaltenswissenschaften zur Gesellschaft dar (AERA, 1999, S. 1).

Tests als bedeutende technische Leistung der Psychologie

In der Praxis wird das Potenzial der psychologischen Diagnostik nicht ausgeschöpft. Die Diagnostik insgesamt erfolgt häufig nicht regelgerecht. Valide Verfahren, insbesondere Tests, kommen zu selten zum Einsatz und die Kenntnisse der Verantwortlichen sind oft defizitär.

Das Potenzial der Diagnostik wird nicht ausgeschöpft

Das vorliegende Buch beschäftigt sich anhand des Beispiels der Eignungsdiagnostik (z. B. Personalauswahl) mit den Ursachen mangelnder Qualität in der Diagnostik und erarbeitet konkrete Vorschläge zur Qualitätssicherung und -optimierung. Im ersten Kapitel wird am Beispiel der Personalauswahl die Diskrepanz zwischen Anwendungshäufigkeit und Validität diagnostischer Verfahren aufgezeigt. Darüber hinaus wird herausgearbeitet, welche Qualitäts- und Kenntnisdefizite in der (eignungs-)diagnostischen Praxis herrschen. Diesem Mangel könnte durch die Einhaltung von Qualitätsstandards abgeholfen werden. Bereits bestehende Qualitätsstandards werden im zweiten Kapitel vorgestellt und in eine Systematik gebracht. Die Praxis scheint derartige Qualitätsstandards allerdings bislang weitgehend zu ignorieren. Mögliche Ursachen für den mangelhaften Wissenstransfer von der Wissenschaft zur Praxis werden im dritten Kapitel erörtert, wobei auch Vorschläge zur Verbesserung des Wissenstransfers eingebracht werden. Im Vordergrund der

Inhaltsübersicht

Kapitel 1

Kapitel 2

Kapitel 3

---

[1] Hier wie im Folgenden ist die weibliche Form stets mit gemeint.

Kapitel 4

Arbeit steht die sogenannte „DIN 33430" (DIN, 2002), eine Norm des Deutschen Instituts für Normung e. V. Die DIN 33430 wurde im Jahr 2002 veröffentlicht und formuliert *„Anforderungen an Verfahren und deren Einsatz bei berufsbezogenen Eignungsbeurteilungen"*. Die Norm, ihre Entstehung und ihre rechtliche Bedeutung werden im vierten Kapitel thematisiert, welches auch den Qualitätsbegriff derartiger Normen reflektiert. Das Verfahren zur Erarbeitung von DIN-Normen sieht vor, dass vor der Veröffentlichung der eigentlichen Norm ein Norm-Entwurf, der sogenannte „Gelbdruck" (DIN, 2000) zur Diskussion gestellt wird. Interessierten Kreisen wird dadurch die Möglichkeit eröffnet, Einsprüche gegen die Norm

Kapitel 5
Kapitel 6

vorzubringen. Das fünfte Kapitel analysiert die gegen den Gelbdruck der DIN 33430 vorgebrachten Einsprüche. Im sechsten Kapitel wird die Kritik wiedergegeben, die gegen die verabschiedete Fassung der Norm vorgebracht wurde. Darüber

Kapitel 7

hinaus formuliert der Autor seine eigene Kritik an der DIN 33430. Mittlerweile hat die DIN 33430 zahlreiche Begleit- und Folgemaßnahmen nach sich gezogen, die im Kapitel 7 referiert werden. Checklisten ermöglichen ein rasches Screening, ob die Prozesse den Anforderungen der DIN 33430 genügen (siehe Abschnitt 7.1). Darüber hinaus gibt es, wie in Abschnitt 7.2 dargestellt, die Möglichkeit Fortbildungen zu besuchen und eine Personenlizenz für berufsbezogene Eignungsbeurteilungen nach DIN 33430 zu erwerben. Organisationen können durch Zertifikate nachweisen, dass ihre Organisation bestimmten Qualitätsforderungen gerecht wird (siehe Abschnitt 7.3). Über den Bezug der DIN 33430 zur Beurteilung von Testverfahren wird in Abschnitt 7.4 und über die Internationalisierung der DIN

Kapitel 8

Checklisten im Anhang

33430 in Abschnitt 7.5 berichtet. Das achte Kapitel zieht ein Fazit und gibt einen Ausblick auf die Zukunft der Qualitätssicherung und -optimierung im Bereich der beruflichen Eignungsbeurteilung. Der Anhang gibt die so genannte DIN SCREEN wieder, eine Checkliste zur DIN 33430, die in Abschnitt 7.1 vorgestellt wurde.

Handlungstheoretische Betrachtung der Diagnostik

Das vorliegende Buch ist das Resultat einer zehnjährigen Auseinandersetzung mit dem Thema Qualitätssicherung und -optimierung in der Eignungsdiagnostik durch eine DIN-Norm sowie durch Begleit- und Folgeinitiativen zu dieser Norm. Über die DIN 33430 ist bereits verschiedentlich publiziert worden, die einzelnen Argumentationen werden im vorliegenden Buch in einen Gesamtrahmen eingefügt und aufgrund ihrer zwischenzeitlichen Diskussionen in der Fachwelt zum Teil in einer modifizierten und erweiterten Form wiedergegeben. Das Besondere an dem Buch besteht darin, die Einzelinitiativen, die alle unter aktiver Mitarbeit des Autors erarbeitet wurden, zu einem Gesamtprogramm der Qualitätssicherung und -optimierung in der Eignungsdiagnostik zu integrieren und dabei auch dessen Grenzen kritisch zu diskutieren. Dabei wird besonders auch die Perspektive der Anwender berücksichtigt, und die Erkenntnisse der Ziel- und Handlungstheorien werden auf die Steuerung diagnostischer Prozesse angewandt, damit Qualität nicht nur im Rückblick bewertet, sondern von Anfang an aktiv gestaltet werden kann (siehe Kapitel 3).

Auf alle Bereiche der psychologischen Diagnostik übertragbare Erkenntnisse

Der Fokus der Arbeit liegt auf der Eignungsdiagnostik (z. B. Personalauswahl), die DIN 33430 bezieht sich ausschließlich auf die Eignungsbeurteilung. In anderen Anwendungsbereichen der Diagnostik, beispielsweise im Bereich der Klinischen Psychologie und Psychotherapie, existieren allerdings Initiativen, die nach Einschätzung von Fydrich, Kröner-Herwig und Tuschen (2003) vergleichbare Ziele wie die DIN 33430 verfolgen. Daher können die Aufbereitungen auch für andere Anwendungsbereiche der Psychologischen Diagnostik von Interesse sein. Das Kapitel 2 referiert Qualitätsstandards aus allen Bereichen der psychologischen Diagnostik. Die Probleme des mangelhaften Wissenstransfers (siehe Abschnitt 1.2 und Kapitel 3), die Methode der Qualitätssicherung durch Checklisten (siehe Abschnitt 7.1), die Kritik an Prozessen der Qualitätssicherung (siehe Kapitel 5 und 6) sowie die Ausführungen zu Kenntnisdefiziten (siehe Abschnitt 1.2) einerseits und Fortbildungsmöglichkeiten (siehe Abschnitt 7.2) andererseits sind in generalisierter Form auf andere Bereiche anwendbar. Die Qualitätssicherung im Bereich psychologischer Tests (siehe Abschnitt 7.4) bezieht sich explizit auf Tests aus allen Anwendungsgebieten und ist nicht auf eignungsdiagnostische Tests begrenzt.

1.1 Die Diskrepanz zwischen Anwendungshäufigkeit und Validität diagnostischer Verfahren am Beispiel der Personalauswahl

Schuler (2006, S. 179) datiert den Beginn der eignungsdiagnostischen Forschung auf das Jahr 1915, als Walter Scott erstmals die Beurteilerübereinstimmung von Auswahlgesprächen prüfte. Aus der Erfahrung und den Erkenntnissen der über 100-jährigen Erfolgsgeschichte der empirischen Evaluation diagnostischer Verfahren und Strategien lassen sich klare Empfehlungen für die qualitätsorientierte Gestaltung der Praxis ableiten. Analysen offenbaren allerdings eine bemerkenswerte und über die Zeit hinweg stabile Diskrepanz zwischen den von der Wissenschaft empfohlenen und den praktizierten diagnostischen Vorgehensweisen. Die psychologische Diagnostik wird zwar nicht mehr, wie noch in den 70er Jahren, grundsätzlich kritisiert (siehe Westmeyer, 2004), sie wird aber häufig ignoriert. Dies kann am Beispiel der Personalauswahl aufgezeigt werden. Zahlreiche Metaanalysen (siehe z. B. Schmidt & Hunter, 1998) bieten durch eine systematische Aggregation von Forschungsergebnissen eine Orientierung hinsichtlich der Validität der in diesem Kontext gebräuchlichen Verfahren. In Tabelle 1 sind die Validitätswerte für sieben ausgewählte Personalauswahlverfahren ebenso aufgeführt wie deren (auf Deutschland bezogene) Einsatzhäufigkeiten. Diese Daten wurden von der Hohenheimer Arbeitsgruppe sowohl 1993 (Schuler, Frier & Kaufmann, 1993, S. 34) als auch 2003 (Schuler, Hell, Trapmann, Schaar & Boramir, 2007) erhoben.

Empfehlungen für die qualitätsorientierte Gestaltung der Diagnostik werden weitgehend ignoriert

Die Tabelle 1 zeigt die Verwendungshäufigkeiten der Verfahren zur externen Personalauswahl. Angegeben sind die Prozentwerte der Organisationen, die das jeweilige Auswahlverfahren bei der Personalauswahl externer Bewerber einsetzen. Die entsprechenden Befunde zur internen Personalauswahl wurden von Hell, Schuler, Boramir und Schaar (2006) publiziert. Bei der internen Personalauswahl geht es darum, eine Entscheidung zu treffen, welche organisationsinternen Mitarbeiter für ein Projekt oder für einen Arbeitsplatz oder für die Teilnahme an einer Personalentwicklungsmaßnahme in Frage kommen. Vergleicht man die Verfahrenspraxis der internen und externen Personalauswahl miteinander, stellt man fest, dass bei der internen Personalauswahl keine Referenzen eingeholt werden und Tests kaum

Weit verbreitete Verfahren: Interviews und Assessment Center

Tabelle 1: Anwendungshäufigkeit (in Deutschland) und Gültigkeit verschiedener Personalauswahlverfahren (Tabelle geringfügig modifiziert nach Kersting, 2006e)

Auswahlverfahren	Anwendungshäufigkeit			Vorhersage des Berufserfolgs		
	1993[1]	2003[2]	Differenz	N	r	Quelle[5]
Intelligenztests	34 %	30 %	− 4 %	9.554	.62	SAMBD
Strukturiertes Eignungsinterview[3]	70 %	82 %	+ 12 %	12.847	.44	MWSM
Assessment Center	39 %	58 %	+ 19 %	12.235	.37	GRTB
Arbeitsproben	44 %	45 %	+ 1 %	10.469	.33	RBM
Unstrukturiertes Eignungsinterview	57 %	34 %	− 23 %	9.330	.33	MWSM
Persönlichkeitstest Gewissenhaftigkeit[4]	21 %	20 %	− 1 %	48.100	.27	BMJ
Zusätzlich eingeholte Referenzen	71 %	57 %	− 14 %	5.389	.26	HH

Anmerkungen:
[1] Nach Schuler, Frier & Kaufmann (1993, S. 34, N = 105).
[2] Nach Schuler, Hell, Trapmann, Schaar & Boramir (2007, N = 125).
[3] Angegeben sind die Einsatzhäufigkeiten der Eignungsinterviews mit der Personalabteilung.
[4] Bei der Frage nach der Einsatzhäufigkeit wurde allgemein nach Persönlichkeitstests gefragt, der in der letzten Spalte genannte Validitätswert bezieht sich hingegen spezifisch auf Persönlichkeitstests zur Gewissenhaftigkeit.
[5] Quellen: [BMJ] Barrick, Mount & Judge (2001); [HH] Hunter & Hunter (1984); [GRTB] Gaugler, Rosenthal, Thornton & Bentson (1987), für eine deutschsprachige Fassung siehe Thornton, Gaugler, Rosenthal & Bentson (1992); [MWSM] McDaniel, Whetzel, Schmidt & Maurer (1994); [RBM] Roth, Bobko & McFarland (2005); [SAMBD] Salgado et al. (2003)

Anwendung finden. Interviews und Assessment Center stehen hingegen bei der Auswahl internen Personals ebenso auf den vorderen Rangplätzen wie bei der Auswahl externen Personals.

Intelligenztests: Aussagekräftig, aber selten genutzt

Intelligenztests weisen die höchste Validität auf. Zwar liegen der in der Tabelle 1 wiedergegebenen Berechnung von Salgado, Anderson, Moscoso, Bertua und De Fruyt (2003) teilweise extreme statistische Optimierungsprozeduren zu Grunde (siehe u. a. die Kritik von Höft, 2006, S. 777f.), diese Kritik stellt aber keinesfalls die hohe Validität der Intelligenztests in Frage, die sich auch in anderen Metaanalysen gezeigt hat. Hunter und Hunter (1984) berichten beispielsweise einen entsprechenden Validitätswert von r = .53 (N = 32.124). Trotz ihrer nachweislich hohen Validität kommen Intelligenztests aber in weniger als 50 % der Fälle zur Anwendung. Demgegenüber erfreuen sich zusätzlich eingeholte Referenzen einer (wenn auch rückläufigen) Beliebtheit, die sich nicht aus der tatsächlich eher bescheidenen Validität ableiten lässt. Offensichtlich lässt sich die Anwendungshäufigkeit eines Personalauswahlverfahrens nicht durch dessen Validität erklären (siehe auch Terpstra & Rozell, 1997). Hinsichtlich der Veränderung der Einsatzhäufigkeit im 10-Jahres-Vergleich steht die Rückläufigkeit, mit der unstrukturierte Interviews eingesetzt werden, in Übereinstimmung mit der im Vergleich zur strukturierten Variante geringen Validität dieser Verfahren. Demgegenüber lässt sich der verstärkte Einsatz der Assessment Center-Technik nicht mit der Validität dieser Verfahren begründen, die in jüngeren Studien sogar noch geringer ausfällt als in älteren Studien. Hardison und Sackett (2007) sind der Frage nachgegangen, wie hoch die geschätzte mittlere kriterienbezogene Validität von Assessment Centern ist, wenn Studien in die Analyse einbezogen werden, die zeitlich nach der Metaanalyse von Gaugler et al. (1987) durchgeführt worden sind. Die resultierende mittlere und hinsichtlich der Unreliabilität des Kriteriums (Arbeitsleistung) korrigierte Kriteriumsgültigkeit von Assessment Centern beträgt demnach nur noch r = .26. Für die aktuelleren Studien ergibt sich eine niedrigere mittlere Validität als für die älteren Studien bei Gaugler et al. (1987).

Diskrepanz zwischen Anwendungshäufigkeit und Validität

Die 1993 erhobenen Daten ordnen Schuler et al. (1993) auch in einen europäischen Vergleichsrahmen ein. In den Beneluxländern, Frankreich, Großbritannien und Spanien kommen valide Verfahren wie Intelligenz- und Leistungstests demnach wesentlich häufiger zum Einsatz als in Deutschland. Europäische Vergleichsdaten liegen auch aus dem sogenannten „Price-Waterhouse-Cranfield survey" vor (Dany & Torchy, 1994, zitiert nach Cook, 2004, S. 18). Im Vergleich 12 europäischer Länder belegt Deutschland den letzten Platz hinsichtlich der Anwendungshäufigkeit der validesten Verfahren, nämlich psychometrischer Tests. Eine ähnliche Abstinenz gegenüber den leistungsstarken Methoden zeigt sich nur noch in der Türkei. Der Studie zufolge werden psychometrische Tests in Deutschland von nur 6 % aller befragten Arbeitgeber genutzt und somit acht- bis zehnmal seltener zur Personalauswahl eingesetzt als in Finnland (74 %), Spanien (60 %), Portugal (58 %) und Großbritannien (46 %). Aus der Studie von Ryan, McFarland, Baron und Page (1999) kann ergänzt werden, dass auch Persönlichkeitstests in Deutschland überproportional gemieden werden. Die spezifischen Gründe für die Zurückhaltung der Deutschen gegenüber Persönlichkeitstests diskutieren u. a. Hossiep, Paschen und Mühlhaus (2000), Borkenau, Egloff, Eid, Hennig, Kersting, Neubauer und Spinath (2005) sowie Kersting (2005a).

Anwendungshäufigkeiten einzelner Verfahren im europäischen Vergleich

Ryan et al. (1999) zeigen darüber hinaus, dass das Missverhältnis zwischen Validität einerseits und Anwendungshäufigkeit andererseits in Deutschland auch im weltweiten Vergleich besonders ungünstig ausgeprägt ist. Angesichts der zunehmenden Internationalisierung analysierten die Autoren die Personalauswahlpraxis von fast 1.000 Organisationen aus 20 Industrieländern. Im Vergleich der Länder belegt Deutschland bezüglich der Anwendungshäufigkeit von ausgewählten validen Personalauswahlverfahren wie Tests (insbesondere Intelligenztests) und Fragebogen bestenfalls die hinteren Plätze.

Aussagefähige Verfahren werden in Deutschland seltener eingesetzt als in anderen Ländern

In anderen Bereichen der Psychologischen Diagnostik sieht es vergleichbar aus. So berichten Fydrich et al. (2003), dass der Einsatz standardisierter diagnostischer Verfahren in der psychotherapeutischen Praxis eher die Ausnahme als die Regel darstellt, und dass erhebliche Vorbehalte gegenüber einer qualitätssichernden Diagnostik bestehen.

1.2 Qualitäts- und Kenntnisdefizite

Unsachgemäßer Einsatz von Interviews, ACs und Tests

Qualitätsdefizite in der psychologischen Diagnostik werden insbesondere beim unsachgemäßen Einsatz psychologischer Tests befürchtet (Muñiz, Bartram, Evers, Boben, Matesic, Glabeke, Fernández-Hermida & Zaal, 2001). Dabei bleibt unklar, ob es gerade in diesem Bereich tatsächlich ein erhöhtes Qualitätsdefizit gibt oder ob nicht vielmehr die in allen Bereichen existierenden Qualitätsmängel hier deutlicher auffallen. Denn gerade der Bereich der Testanwendung ist häufig explizit geregelt, so dass Regelverstöße leichter offenkundig werden. Demgegenüber bleiben Qualitätsdefizite im Bereich der Interview- oder Assessment Center-Technik vergleichsweise unauffällig, da die Qualitätsstandards hier weniger verbindlich sind. Häufig wird gefordert, psychologische Diagnostik im Allgemeinen oder zumindest die Anwendung von Tests im Besonderen nur Psychologen zu erlauben. (Zu dieser Diskussion siehe Abschnitt 2.3 sowie u. a. Hall, Howerton & Bolin, 2005;

Psychologen sind nur selten in die Personalauswahl eingebunden

Schuler, 1996, 2003; Turner, DeMers, Fox & Reed, 2001). De facto sind nach Krause und Gebert (2003) aber nur 3 % der Beobachter und Beurteiler bei den im deutschsprachigen Raum durchgeführten Assessment Center Psychologen. Auch die Testanwender sind überwiegend keine Psychologen. Laut Schuler und Funke (1989) beträgt die Beteiligungsquote von Psychologen an Personalauswahlverfahren im deutschsprachigen Raum selbst dann nur ca. 10 %, wenn man ausschließlich die Untersuchungen betrachtet, bei denen genuin psychologische Verfahren (Tests) eingesetzt werden. Für den europäischen Raum berichtet Bartram (2001) aufgrund der Ergebnisse einer von der International Test Commission (ITC) und der European Federation of Psychologists Associations (EFPA) durchgeführten empirischen Studie, dass über 86 % der Testanwender keine Psychologen sind. Nur im Bereich der Klinischen und Rechtspsychologie ist davon auszugehen, dass die Anzahl der Psychologen innerhalb der Gruppe der Diagnostiker die der Nicht-Psychologen übertrifft, auch wenn hierzu keine Daten genannt werden können.

30–50 Mio. Eignungsbeurteilungen pro Jahr in Deutschland

Ungeachtet dieser tatsächlichen empirischen Verhältnisse wird immer wieder die Forderung vorgebracht, nur Psychologen für die Diagnostik einzusetzen. Eine Abschätzung für den Bereich der Eignungsdiagnostik zeigt, dass diese Forderung utopisch ist. Nach Wottawa und Oenning (2002) werden in der Bundesrepublik jährlich 30 bis 50 Millionen berufliche Eignungsbeurteilungen getroffen. Um die damit verbundenen diagnostischen Aufgaben zu bewältigen, bedarf es nach Wottawa und Hossiep (1997) ca. 30.000 ganztägig im Bereich der Eignungsdiagnostik arbeitender Diplom-Psychologen. Dies ist eine konservative Schätzung, denn selbst bei 30.000 Psychologen müsste jeder sich pro Arbeitstag an vier bis sieben Personalentscheidungen beteiligen, um die oben genannte Quantität von insgesamt 30 bis 50 Millionen Personalentscheidungen zu bewältigen. De facto kann jährlich von ca. 2.000 Absolventen (Diplom-Psychologen) ausgegangen werden (Schneller & Schneider, 2004). 10 % davon nehmen eine Berufstätigkeit an, für die kein Psychologiestudium notwendig oder einschlägig ist, so dass 1.800 Absolventen mit einem Diplom in Psychologie für genuin psychologische Tätigkeiten verbleiben. Diese Absolventen werden in allen Bereichen der Psychologie tätig. Auch wenn 40 % der Absolventen einen Interessenschwerpunkt im Bereich der Arbeits-, Betriebs- und Organisationspsychologie angeben, ist aufgrund der bei dieser Frage zulässigen Mehrfachantworten nicht davon auszugehen, dass tatsächlich 40 % in diesem Bereich arbeiten. Selbst wenn optimistisch geschätzt pro Jahrgang 25 % aller im Bereich Psychologie arbeitenden Absolventen (450 Personen) im Bereich der Arbeits-, Betriebs- und Organisationspsychologie arbeiten würden, käme hiervon (wiederum nach optimistischer Schätzung) nur die Hälfte im Bereich der Personalauswahl zum Einsatz, da ja auch andere Bereiche wie Personal- und Organisationsentwicklung abgedeckt werden müssen. Dies wären dann 225 Personen pro Jahr. Der Abschluss erfolgt im Durchschnitt mit 30 Jahren (Schneller & Schneider, 2004), so dass bei einem Ruhestandsalter von 65 Jahren 35 Jahrgänge verbleiben. Zieht man für familienbedingte Ausfallzeiten 5 Jahre ab, was bei einem Frauenanteil von 76 % unter den Absolventen eher konservativ geschätzt sein dürfte, verbleiben 30 mal 225, das heißt maximal 6.750 Diplom-Psychologen, die im Bereich der beruflichen Eignungsdiagnostik tätig sind. Eine weitere Korrektur der Zahl nach unten müsste vorgenommen werden, da etliche Absolventen nach dem Abschluss zunächst einige Jahre an der Universität verbleiben (z. B. um zu promovieren). Selbst wenn man optimistisch von 6.750 im Bereich der Eignungsdiagnostik tätigen Diplom-Psychologen ausgeht, müssten diese 19 bis 31 Personalentscheidungen pro Tag moderieren, um die genannte Quantität von 30 bis 50 Millionen Personalentscheidungen zu bewältigen. Die Forderung, die gesamte Diagnostik im Bereich der Eignungsdiagnostik auf Diplom-Psychologen zu beschränken, bedeutet angesichts dieser Größenordnung, den Boden der rationalen Argumentation zu verlassen und in berufsständische Egoismen abzuheben.

Eignungsdiagnostik lässt sich nicht ausschließlich durch Psychologen bewältigen

Ungeachtet der quantitativen Aspekte stellt sich die Frage, ob mit einer Beschränkung der Eignungsdiagnostik auf Diplom-Psychologen alle qualitativen Probleme ausgeräumt wären. Der Status „Diplom-Psychologe" (Bachelor und Master) ist keinesfalls Garant für eignungsdiagnostische Qualität. Nach den Umfragen von Schorr (1995) und Steck (1997) benutzt ein Großteil der im deutschsprachigen Raum tätigen Diplom-Psychologen heute die gleichen Verfahren wie vor 20 Jahren und setzt regelmäßig projektive Verfahren ein. Über 20 % der untersuchten Diplom-Psychologen wenden Tests abweichend von den Vorgaben des Autors an. Überhaupt gelten Tests bei zahlreichen der befragten praktisch tätigen Diplom-Psychologen als unökonomisch (Steck, 1997) und zu aufwendig (Schorr, 1995). Wissenschaftliche Zeitschriften spielen als berufsbegleitende Informationsquelle eine insgesamt eher untergeordnete Rolle. Über 50 % der befragten Diplom-Psychologen nutzen keinerlei wissenschaftliche Zeitschriften oder Testkompendien (Steck, 1997). Die beklagenswerten diagnostischen Kenntnisse einiger in der deutschsprachigen Praxis tätigen Diplom-Psychologen wurden auch in der Untersuchung von Jäger (2001) offenbar. Vergleichbare Ergebnisse (z. B. Qualitätsdefizite bei der Testanwendung) für den internationalen Bereich berichten u. a. Moreland, Eyde, Robertson, Primoff und Most (1995) sowie Simner (1996). Gelade (2006a) diskutiert verschiedene Ursachen, warum wissenschaftliche Zeitschriften für Praktiker von bestenfalls untergeordnetem Interesse sind (siehe auch Gelade, 2006b; Hodgkinson, 2006; Symon, 2006; Wall, 2006).

Qualitätsdefizite auch bei Psychologen

Als Fazit ergibt sich, dass Qualität sich nicht durch Mitgliedschaft in einer Gruppe definieren und sichern lässt. Die in qualitativer Hinsicht oftmals defizitäre diag-

Qualität lässt sich nicht an der Mitgliedschaft in einer Gruppe festmachen

nostische Praxis könnte durch die Einhaltung von Qualitätsstandards verbessert werden. Ein Qualitätsstandard ist ein Regelwerk, dessen Beachtung die Erfüllung hochwertiger Ziele unterstützt. Qualitätsstandards formulieren Regeln und Prinzipien für die psychologische Diagnostik. Einen Überblick über die verschiedenen Ansätze gibt das folgende Kapitel.

2 Vorstellung und Systematisierung von Ansätzen zur Qualitätssicherung und -optimierung der psychologischen Diagnostik

Zahlreiche nationale and internationale Initiativen zielen auf die Qualitätssicherung und -optimierung der psychologischen Diagnostik. Die verschiedenen Ansätze lassen sich nach den beiden Ordnungsgesichtspunkten Mittel und Ziel systematisieren (siehe Kersting, 2005d; Kersting & Hornke, 2003, 2006; Kersting & Püttner, 2006; die nachfolgenden Darstellungen stellen eine erweiterte Version der genannten Publikationen dar). Die Ansätze zielen (a) auf den diagnostischen Prozess im Allgemeinen oder (b) auf die diagnostischen Verfahren (z. B. Assessment Center oder Tests) sowie (c) auf die Kompetenzen der diagnostisch Tätigen im Besonderen. Sie bedienen sich der Mittel (1) der Richtlinie, (2) des Beurteilungssystems und/oder (3) der Qualifizierung, Prüfung sowie Lizenzierung von Personen (siehe Tab. 2).

Systematisierung der Initiativen zur Qualitätssicherung

Ansätze zur Qualitätssicherung und -optimierung werden zumeist in Form von Richtlinien realisiert, es handelt sich um (1a) Richtlinien zur Prozessgestaltung, um (1b) Richtlinien zur Gestaltung und Anwendung von Verfahren sowie um (1c) Richtlinien, in denen die erforderlichen Kompetenzen der Anwender beschrieben werden. Dabei thematisieren viele Richtlinien mehrere der genannten Zielbereiche zugleich. Hinsichtlich der Verfahren finden sich für spezifische Verfahren, nämlich für Tests, vollständig ausgearbeitete Beurteilungssysteme (2b), die über das Vorhandensein einer allgemeinen Richtlinie hinausgehen. In Bezug auf die Kompetenzen kann unterschieden werden, ob die Anforderungen an die diagnostisch Tätigen lediglich in Richtlinien festgehalten werden (1c) oder ob darüber hinaus (3c) Qualifizierungsmaßnahmen mit ausgearbeiteten Curricula und/oder Prüfungs- und Lizenzierungsangebote existieren. Bei 2b und 3c handelt es sich häufig um Konkretisierungen oder Umsetzungen von eher allgemein gehaltenen Richtlinien,

Mittel der Qualitätssicherung: Richtlinien, Beurteilungssysteme und Qualifizierung

Tabelle 2: Klassifikation verschiedener Ansätze der Qualitätssicherung in der Diagnostik

Mittel	Ziele: Die Mittel beziehen sich auf:		
	(a) Prozess	(b) Verfahren	(c) Kompetenzen
(1) Richtlinien	✓	✓	✓
(2) Beurteilungssysteme		✓	
(3) Qualifizierung, Prüfung und Lizenzierung			✓

auch wenn die einzelnen Konkretisierungen sich nicht explizit einer bestimmten Richtlinie zuordnen lassen.

2.1 Richtlinien

Weit verbreitet: Der Richtlinienansatz

Die größte Verbreitung hat der Richtlinienansatz erlangt. Im Folgenden werden einige ausgewählte Richtlinien skizziert. Zunächst werden in Abschnitt 2.1.1 die amerikanischen „*Standards für pädagogisches und psychologisches Testen*" (kurz: „Standards") erläutert. Die „Standards" sind von historischer Bedeutung und haben zahlreiche andere Ansätze beeinflusst. Kurz erwähnt werden die *Principles for the validation and use of personnel selection procedures* der Society for Industrial and Organizational Psychology (SIOP, 2003), da sie die Ansätze der „Standards" auf den im Fokus des vorliegenden Buches stehenden Bereich der Eignungsdiagnostik übertragen, sowie die Richtlinien der „Task Force on Test User Qualifications", da diese zu den seltenen Richtlinien gehören, die sich explizit auf die Kompetenzen der Anwender beziehen. Näher betrachtet werden darüber hinaus in Abschnitt 2.1.3 Richtlinien, die aufgrund ihres internationalen Charakters auch für Deutschland Geltung beanspruchen. Schließlich werden in Abschnitt 2.1.4 ausgewählte deutsche Richtlinienansätze skizziert. Die hohe Verbreitung des Richtlinienansatzes vereitelt eine vollständige Aufzählung und Dokumentation aller Richtlinien. Zahlreiche andere Richtlinien in Nordamerika und Deutschland sowie in verschiedenen weiteren Ländern (z. B. Australien (Davidson, 1997; van de Vijver, 1997) und Kanada (Simner, 1996)) werden nicht thematisiert. Einen Überblick über 31 Ethikrichtlinien geben Leach und Oakland (2007).

2.1.1 Standards für pädagogisches und psychologisches Testen

Standards für pädagogisches und psychologisches Testen

Von zentraler Bedeutung sind die von verschiedenen US-amerikanischen Organisationen (American Educational Research Association [AERA], American Psychological Association [APA], National Council on Measurement in Education [NCME]) in Gemeinschaftsarbeit herausgegebenen „*Standards für pädagogisches und psychologisches Testen*". Behandelt werden vor allem Leistungstests und Fragebogen. Verhaltensorientierte Verfahren wie z. B. das Rollenspiel und das Eignungsinterview werden am Rande thematisiert. Die Standards (nachfolgend mit „Standards" bezeichnet), waren und sind Vorbild verschiedener nationaler und nationenübergreifender sowie fachspezifischer Richtlinienwerke.

Erstes preliminary proposal der „Standards" bereits 1952 publiziert

Nachdem 1952 ein erstes „preliminary proposal" veröffentlicht worden war, erschien 1954 die erste Ausgabe der „Standards". Weitere, inhaltlich jeweils zum Teil deutlich geänderte Versionen erschienen 1966, 1974 und 1985. Seit 1999 liegt die fünfte, überarbeitete Fassung vor (AERA, APA & NCME, 1999; Eignor, 2001). Anhand der verschiedenen Ausgaben der „Standards" kann aufgezeigt werden, wie sich die Vorstellungen über Qualitätsmerkmale der Diagnostik über die

Zeit hinweg wandeln. Sireci (1998) arbeitet dies am Beispiel der unterschiedlichen Aussagen der jeweiligen Ausgaben der „Standards" zur Validität heraus.

Neben der aktuellen fünften Fassung der Standards ist für den deutschsprachigen Raum auch die 1985 publizierte vierte Fassung noch relevant, da von dieser Version 1998 erstmals eine deutschsprachige Ausgabe veröffentlicht wurde (Häcker, Leutner & Amelang, 1998), während die aktuelle Ausgabe der „Standards" nicht auf deutsch vorliegt. Drei maßgebliche Verlage deutschsprachiger Tests haben sich in einer Vereinbarung mit den beiden deutschen psychologischen Berufsverbänden verpflichtet, die Konstruktion und Drucklegung von Tests an dieser deutschen Übersetzung der „Standards" zu orientieren (Häcker et al., 1998, S. VI). In der Version von 1985 werden so genannte „primäre Standards" formuliert, die grundsätzlich erfüllt sein müssen. Darüber hinaus gibt es weniger verbindliche, aber wünschenswerte „sekundäre Standards". In eine dritte Kategorie fallen Standards, deren Relevanz in Abhängigkeit von der jeweiligen Situation variiert.

Deutschsprachige Ausgabe der „Standards" 1998 veröffentlicht

Die aktuellste, bislang nicht ins Deutsche übersetzte fünfte Version der „Standards" (AERA et al., 1999; Eignor, 2001) trägt den Fortschritten auf dem Gebiet des computergestützten adaptiven Testens (siehe z. B. Hornke, 2000, 2001a, b, 2002) Rechnung, widmet sich (insbesondere im Kontext der Zuverlässigkeit) verstärkt den probabilistischen Testmodellen (z. B. Rasch Modell, siehe Rost, 1999) und akzentuiert noch stärker als die Vorgängerausgaben Aspekte der Testanwendung und der Testfairness. Die 264 „Standards" der aktuellen Auflage gliedern sich in drei Abschnitte:

Aktuelle Ausgabe der „Standards" akzentuiert u.a. die Frage der Testfairness

Abschnitt I der „Standards" thematisiert die Testentwicklung, Evaluation und Dokumentation. Im Einzelnen werden 123 Standards zu den Themengebieten (1) Validität, (2) Reliabilität, (3) Testentwicklung und Testrevision, (4) Skalierung und Normierung, (5) Testanwendung, Testauswertung und Ergebnisdarstellung sowie (6) Dokumentation formuliert.

Testentwicklung

Der zweite Abschnitt der „Standards" ist der Testfairness gewidmet und umfasst insgesamt 48 Regelungen. Dabei geht es beispielsweise um das Testen von Personen mit Behinderungen oder das Testen sprachlicher Minderheiten. Zum letztgenannten Themenbereich wird der Nachweis gefordert, dass mit einiger Wahrscheinlichkeit in den unterschiedlichen Gruppen das gleiche Konstrukt gemessen wird.

Testfairness

Im abschließenden dritten Abschnitt werden weitere 93 Standards zur Testanwendung aufgestellt, wobei hier auch auf spezielle Anwendungsfelder wie z. B. die Eignungsdiagnostik eingegangen wird (siehe das Beispiel in Kasten 1). Von zunehmendem Interesse für die Eignungsbeurteilung dürfte auch die fachliche und berufliche Zulassung und Zertifizierung (Professional and Occupational Credentialing) sein. Hier geht es um Eignungsbeurteilungen, die bei der Frage der Zulassung zur Berufsausübung abgegeben werden. Die Ausübung von Berufen wird in diesem Fall also nicht (allein) von einer Ausbildung abhängig gemacht, sondern jede Person, die einen bestimmten Beruf ausüben will, wird einer beruflichen Eignungsbeurteilung unterzogen, bevor sie die Zulassung zur Berufsausübung erhält.

Testanwendung

Kasten 1: Beispiel aus den Standards for educational and psychological testing (AERA et al., 1999, S. 159)

Standard 14.6

Evidence of predictor-criterion relationships in a current local situation should not be inferred from a single previous validation study unless the previous study of the predictor-criterion relationship was done under favourable conditions (i.e., with a large sample size and a relevant criterion) and if the current situation corresponds closely to the previous situation.

<small>Code of fair testing practices in education</small>

In Übereinstimmung mit den Prinzipien der „Standards" hat das Joint Committee on Testing Practices (JCTP) 1988 den "Code of fair testing practices in education" entwickelt (JCTP, 1988) und später durch die Herausgabe von „case studies" veranschaulicht (JCTP, 1993). Der „Code" thematisiert die Fairness der Testung gegenüber Alter, Geschlecht, Behinderungen, ethnischer, nationaler und sprachlicher Herkunft sowie religiöser und/oder sexueller Orientierungen und dürfte in Deutschland im Kontext des Allgemeinen Gleichstellungsgesetzes (AGG, siehe Abschnitt 4.2) von Interesse sein. Eine Arbeitsgruppe der JCTP hat sich speziell mit der Perspektive der getesteten Personen beschäftigt und die Richtlinie „The Rights and Responsibilities of Test Takers: Guidelines and Expectations" verfasst (JCTP Working Group, 1998). Ein eigener Abschnitt dieser Richtlinien richtet sich an die für die Testung verantwortlichen Organisationen und Personen und verdeutlicht, was bei der Testung beachtet werden muss, um die Rechte der getesteten Personen zu wahren.

<small>Task Force on Test User Qualifications</small>

Während die AERA-Standards sowie die in den beiden folgenden Abschnitten thematisierten Richtlinien schwerpunktmäßig auf die Prozesse und Verfahren ausgerichtet sind (Zellen 1a und 1b in Tab. 2), konzentriert sich die 1996 gegründete „Task Force on Test User Qualifications" (siehe z. B. Fremer, 1996; Turner, DeMers, Fox und Reed, 2001) an den notwendigen Kompetenzen der Anwender (Zelle 1c in Tab. 2). In den entsprechenden Richtlinien werden die als notwendig erachteten Kompetenzen in Abhängigkeit vom Anwendungskontext differenziert beschrieben.

2.1.2 Principles for the validation and use of personnel selection procedures

<small>Principles for the validation and use of personnel selection procedures</small>

Die im Jahre 2003 publizierten *Principles for the validation and use of personnel selection procedures* der SIOP (SIOP, 2003) beziehen sich explizit auf die „Standards", konzentrieren sich aber ausschließlich auf die Erfassung von Eignung und Leistung im beruflichen Kontext und auf die in diesem Kontext relevanten Themen wie z. B. Anforderungsorientierung sowie Selektions- und Entscheidungsstrategien. Sie beschäftigen sich damit noch intensiver mit den speziell für die Arbeits- und Organisationspsychologie geltenden Normen, Standards und Richtlinien, als dies seitens der APA mit den „Specialty guidelines for the delivery of services by industrial-organizational Psychologists" (APA, 1981) geleistet wurde.

2.1.3 Nationenübergreifende Ansätze

Nationenübergreifende Richtlinien wurden u. a. von der *International Test Commission* (ITC, 2000) erarbeitet. In der ITC sind eine Vielzahl nationaler psychologischer Vereinigungen und mit verschiedenen Aspekten des Testens befasste Kommissionen sowie Herausgeber von Tests organisiert. Die Vorgehensweise und Abstimmungsprozesse bei der Entwicklung internationaler Richtlinien schildern Coyne und Bartram (2006) am Beispiel der Entwicklung der jüngsten ITC Richtlinie zu computer- und internetbasierten Testungen (siehe unten). An dieser Richtlinie haben laut Lievens (2006) zahlreiche Länder (z. B. Australien, Estland, Großbritannien, Kanada, Kroatien, Niederlande, Slowenien, Südafrika, USA und Zypern) sowie zahlreiche Organisationen (z. B. APA, Association of Test Publishers, British Psychological Society (BPS), British Standards' Institute, European Federation of Psychologists Associations (EFPA), Internet Task Force, SIOP, National Board of Medical Examiners etc.) mitgearbeitet. Nach Ansicht der Kommission erfordert die Internationalisierung des „Testmarktes" internationale Richtlinien für die Testanwendung, wobei jedoch die Kontextbedingungen (z. B. rechtliche Rahmenbedingungen) auf der jeweiligen nationalen Ebene zu berücksichtigen sind. Durch die explizite Berücksichtigung der Anwendungskontexte soll es möglich werden, gleichzeitig lokal heterogene Anforderungen und international homogene Standards zu erfüllen. Auf nationaler Ebene stellen internationale Richtlinien eine Art „benchmark" für lokale Richtlinien und Qualitätsstandards dar. Darüber, wie international erarbeitete Richtlinien national implementiert und angewendet werden, berichten Foxcroft und Davies (2006) am Beispiel von Südafrika.

International Test Commission

Die ITC hat die *International Guidelines for Test Use* erarbeitet (ITC, 2000), die bislang in 13 Sprachen, darunter auch Deutsch, übertragen wurden. Die Richtlinien schreiben eine fachlich kompetente Praxis in der Testanwendung sowie eine Verantwortung für eine ethisch korrekte Testanwendung vor, wobei sie allerdings weniger beschreiben, was kompetente Anwender auszeichnet als vielmehr, was kompetente Anwender tun. Im Anhang der Richtlinien wird ein Beispiel für einen Entwurf von Grundsätzen in der Testanwendung sowie ein Beispiel für eine Vereinbarung zwischen Testanwendern und den anhand der Tests beurteilten Personen dargestellt. Außerdem werden im Anhang Aspekte gelistet, die bei Testungen mit behinderten oder in anderer Weise beeinträchtigten Personen beachtet werden sollten. Der Begriff „Test" wird im Geltungsbereich der Richtlinien explizit weit gefasst und soll z. B. auch auf Arbeitsproben angewandt werden. Viele der Richtlinien gelten auch für andere Verfahren wie z. B. das Eignungsinterview.

International Guidelines for Test Use

Ebenfalls durch die Internationalisierung bedingt wird es immer häufiger notwendig, bereits vorhandene monolinguale bzw. monokulturelle Testformate an andere Sprach- und Kulturräume zu adaptieren. Dabei sind nach Ansicht des ITC die von ihr erarbeiteten *Guidelines for Test Translation and Adaptation* zu beachten (siehe z. B. Hambleton, 2001). Diesen Richtlinien zufolge ist bei Übersetzungen und Adaptionen von Verfahren auf eine eventuell bestehende „kulturelle Distanz" zu achten, die sich in Bereichen wie Sprache, Familienstruktur, Religion, Lebensstil und Wertekanon manifestieren kann. Die Richtlinien empfehlen, bei Übersetzungen und

Guidelines for Test Translation and Adaptation

Adaptionen erfahrene Übersetzer einzubinden. Der Anwendung adaptierter Tests in anderen kulturellen Kontexten ist ein eigener Abschnitt gewidmet, der u. a. für den möglichen Einfluss unterschiedlicher Situationsbedingungen sensibilisiert. Dass Qualitätsstandards selbst hinsichtlich ihrer Qualität umstritten sind, zeigt die Kritik von Tanzer und Sim (1999) an den *Guidelines for Test Translation and Adaptation.*

International Guidelines on Computer-Based and Internet-Delivered Testing

Die jüngste Richtlinie der ITC widmet sich der zunehmend an Bedeutung gewinnenden computer- und internetbasierten Testung. Die *ITC International Guidelines on Computer-Based and Internet-Delivered Testing* (ITC, 2006) thematisieren hier u. a. Anforderungen an den Datenschutz und die Qualität der Tests, die technischen Voraussetzungen und die Frage der Verantwortlichkeiten für diese Art von Testungen (siehe auch Bartram, 2006; Bartram & Hambleton, 2006; Hornke & Kersting, 2006). Die einzelnen Aspekte werden aus der Perspektive der Testentwickler, Testverlage und Testnutzer betrachtet. Sale (2006) diskutiert die praktische Relevanz und Umsetzbarkeit dieser Richtlinien.

EAPA Richtlinien für den diagnostischen Prozess

Einen nationenübergreifenden Ansatz stellen auch die *Richtlinien für den diagnostischen Prozess* dar, die aktuell von der European Association of Psychological Assessment (EAPA) entwickelt werden. Ein erster Vorschlag wurde als Diskussionsgrundlage veröffentlicht (Fernàndez-Ballesteros, De Bruyn, Godoy, Hornke, Ter Laak, Vizcarro, Westhoff, Westmeyer & Zaccagnini, 2001) und später auch auf Deutsch publiziert (Westhoff, Hornke & Westmeyer, 2003). Mit den Richtlinien werden handlungsleitende Prinzipien für den gesamten diagnostischen Prozess zur Verfügung gestellt. Diagnostizieren wird als ein komplexer Entscheidungsprozess begriffen, bei dem der Diagnostiker – an den Anforderungen des Auftraggebers orientiert – zunächst Fragen formuliert und dann zur Beantwortung dieser Fragen gezielt Daten sammelt und die Ergebnisse analysiert, interpretiert und kombiniert. Die im Rahmen des diagnostischen Prozesses problemlösungsorientiert durchzuführenden Aufgaben sind in der Abfolge der zwangsläufig zu treffenden Entscheidungen geordnet. Die Richtlinien für den diagnostischen Prozess gehen von einem allgemeinen Rahmenmodell der Diagnostik aus, das vier Phasen umfasst.
– Phase 1: Analysieren des Falls
– Phase 2: Organisieren und Berichten der Ergebnisse
– Phase 3: Planen der Intervention
– Phase 4: Evaluation und Nachuntersuchung

Für jede Phase des diagnostischen Prozesses (z. B. Datensammlung, Interpretation) werden (unterschiedlich viele) Teilschritte formuliert, die zu 96 einzelnen Richtlinien führen.

2.1.4 Von deutschen Organisationen herausgegebene Richtlinien

Berufsordnung für Psychologen

Innerhalb der von deutschen Organisationen herausgegebenen Richtlinien sind neben der DIN 33430, deren Inhalte in Abschnitt 4.4 dargestellt werden, vor allem die vom Berufsverband Deutscher Psychologinnen und Psychologen e.V. herausgegebene *Berufsordnung für Psychologen* (BDP, 1989) sowie die von der Sektion Arbeits-, Betriebs- und Organisationspsychologie im Berufsverband der Psychologen herausgegebenen „*Grundsätze für die Anwendung psychologischer Eignungsuntersuchungen in Wirtschaft und Verwaltung*" (Sektion Arbeits-, Betriebs- und Organisationspsychologie im BdP, 1980) zu nennen. Während die Berufsordnung, vergleichbar den "ethical principles of psychologists and code of conduct" der APA (APA, 2003) für alle Anwendungsgebiete der Psychologie gilt und z. B. die Pflicht zur gewissenhaften Berufsausübung, das Bemühen um Sachlichkeit und Objektivität sowie das Bewusstsein der sozialen Verantwortung betont, zielen die genannten Grundsätze der Sektion Arbeits-, Betriebs- und Organisationspsychologie speziell auf die berufliche Eignungsbeurteilung. Die Grundsätze fordern die Verwendung wissenschaftlicher Verfahren, wenden sich gegen sachfremde Einflüsse bei Personalentscheidungen und sprechen sich für transparente Eignungsbeurteilungen aus. In den Ausführungen zur Planung der Eignungsbeurteilung werden die Anforderungsanalyse und die notwendige Angemessenheit der zur Eignungsbeurteilung eingesetzten Verfahren betont. So genannte „projektive" und „klinische Verfahren" sollen den Grundsätzen zufolge für berufliche Eignungsbeurteilungen im Betrieb nicht genutzt werden. „Projektive" und „klinische Verfahren" sind häufig für den Einsatz bei anderen Fragestellungen (z. B. zur Diagnose psychischer Erkrankungen) konstruiert und können – auch aus rechtlichen Gründen – nicht ohne weiteres für berufliche Eignungsbeurteilungen genutzt werden (siehe z. B. Joussen, 2004; Kersting & Püttner, 2006). Bei der Durchführung der Verfahren zur Eignungsbeurteilung ist den Grundsätzen zufolge auf Transparenz Wert zu legen. Bezogen auf die berufliche Eignungsbeurteilung ergibt sich daraus die Forderung, dass die gesamte Situation der Eignungsbeurteilung für die beurteilten Personen transparent sein sollte, indem z. B. alle an der Beurteilung beteiligten Personen in ihren Funktionen und in ihren Kompetenzen vorgestellt werden. Die beurteilten Personen sollten auch in die Lage versetzt werden, eine Beziehung zwischen den Anforderungen der in Frage stehenden Tätigkeit/Aufgabe und den zur Eignungsbeurteilung eingesetzten Verfahren herzustellen. Schließlich sollten Informationen zur Verfügung gestellt werden, auf welche Art und Weise Schlussfolgerungen aus den erhobenen Informationen gezogen werden. Abschließend gehen die Grundsätze kurz auf die Ergebnisdarstellung ein.

Grundsätze für die Anwendung psychologischer Eignungsuntersuchungen in Wirtschaft und Verwaltung

Sowohl die Berufsordnung für Psychologen als auch die „Grundsätze für die Anwendung psychologischer Eignungsuntersuchungen in Wirtschaft und Verwaltung" betonen die hohe Verantwortung der Tätigkeit, die sich daraus ergibt, dass die Arbeit auf das Leben anderer einwirkt. Die Richtlinien zielen auf die Qualitätssicherung und -verbesserung der Arbeit, thematisieren aber auch deren ethische und moralische Aspekte. Sie betonen somit auch die Verantwortung in Bezug auf die von der Arbeit Betroffenen. Es geht nicht nur um das Wissen und Können, sondern auch um das „Dürfen". Richtlinien benennen die Verantwortlichkeiten der Diagnostiker und geben an, für welche Bereiche seines Handelns Zurückhaltung angezeigt ist. Die Berufsordnung für Psychologen betont grundsätzlich die notwendige hohe fachliche Kompetenz und die Pflicht zur Fort- und/oder Weiterbildung, geht aber nicht konkreter auf die erforderlichen Kompetenzen sowie ihren

In Richtlinien geht es nicht nur um das Wissen und Können, sondern auch um das „Dürfen"

Erwerb und Nachweis ein (und kann daher nicht dem weiter unten dargestellten Qualifizierungsansatz zugeordnet werden). Die Tatsache, dass die Berufsordnung und die Grundsätze von berufsständischen Vereinigungen der Psychologen formuliert sind und auch (standes-)ethische Funktionen erfüllen (siehe Schuler, 1991, S. 343; Schuler, 1996, S. 188ff.) darf nicht darüber hinwegtäuschen, dass ihre inhaltlichen Aussagen arbeitsfeldbezogen sind und für alle in diesem Arbeitsfeld tätigen Personen gelten können.

Standards der Assessment Center-Technik

Speziell auf die Assessment Center (AC)-Methode zugeschnittene Richtlinien wurden im deutschsprachigen Raum vom Arbeitskreis Assessment Center (AKAC) entwickelt. Die 1992 erstmals veröffentlichten deutschen „Standards der Assessment Center-Technik" (abgedruckt u. a. in Fisseni & Fennekels, 1995) liegen seit 2004 in der zweiten, überarbeiteten Auflage vor (AKAC, 2004). Insgesamt werden

Kasten 2: Neun Standards der Assessment Center-Technik (Arbeitskreis Assessment Center, 2004)

---

1. Auftragsklärung und Vernetzung
Vor der Entwicklung und Durchführung eines AC sind die Ziele und die Rahmenbedingungen des Auftrages sowie die Konsequenzen für die Teilnehmer verbindlich zu klären und zu kommunizieren.

2. Arbeits- und Anforderungsanalyse
Eignungsbeurteilung lässt sich nur mit einer exakten Analyse der konkreten Anforderungen sinnvoll gestalten.

3. Übungskonstruktion
Ein AC besteht aus Arbeitssimulationen.

4. Beobachtung und Bewertung
Grundlage für die Eignungsdiagnose ist eine systematische Verhaltensbeobachtung.

5. Beobachterauswahl und -vorbereitung
Gut vorbereitete Beobachter, die das Unternehmen angemessen repräsentieren, sind am besten geeignet, fundierte und treffsichere Entscheidungen zu treffen.

6. Vorauswahl und Vorbereitung
Systematische Vorauswahl und offene Vorinformation sind die Grundlage für den wirtschaftlichen und persönlichen Erfolg im AC.

7. Vorbereitung und Durchführung
Eine gute Planung und Moderation des AC gewährleisten einen transparenten und zielführenden Ablauf des Verfahrens.

8. Feedback und Folgemaßnahmen
Jeder AC-Teilnehmer hat das Recht auf individuelles Feedback, um so das Ergebnis nachvollziehen und daraus lernen zu können. Nach dem AC sind konkrete Folgemaßnahmen abzuleiten und umzusetzen.

9. Evaluation
Regelmäßige Güteprüfungen und Qualitätskontrollen stellen sicher, dass die mit dem AC angestrebten Ziele auch nachhaltig erreicht werden.

neun Standards formuliert (siehe Kasten 2), die sich am *Prozess* der Assessment Center-Konstruktion und -Durchführung orientieren. Jeder Standard zielt auf einen Prozessabschnitt, beispielsweise auf die Arbeits- und Anforderungsanalyse, die Übungskonstruktion oder die Beobachterauswahl und -vorbereitung. Der Inhalt und die Nützlichkeit jedes einzelnen Standards werden erläutert. Anschließend werden Hinweise zur konkreten Umsetzung des Standards gegeben. Während die weiter oben thematisierten Richtlinien fast ausschließlich positiv formuliert sind, nennen die AKAC-Standards unter der Überschrift „Verstöße" auch Beispiele für Vorgehensweisen, die dem jeweiligen Standard zuwiderhandeln. Diese Ergänzung um Negativbeispiele ist durchaus sinnvoll, da Verhalten durch die Darbietung positiver *und* negativer Modelle reguliert werden kann (Sonntag & Stegmaier, 2006). Eine weitere Besonderheit der AKAC Standards ist die Systemperspektive. Es wird viel Wert darauf gelegt, Assessment Center systematisch zu initiieren, in den jeweils gegebenen organisatorischen Rahmen zu integrieren und beispielsweise mit Instrumenten der Personalentwicklung zu verknüpfen.

Im englischsprachigen Raum hat die Task Force on AC Guidelines (1989) Richtlinien für Assessment Center erarbeitet, die aktuell um einen Abschnitt zum Thema „multi-national adaptions of assessment centers" erweitert werden. Ein Vergleich dieser Guidelines mit den AKAC Standards zeigt einmal mehr, dass auch innerhalb der Expertenkreise keine einheitlichen Vorstellungen über Qualität existieren. Während insbesondere die 1992 veröffentlichte Version der Standards der Assessment Center-Technik (abgedruckt u. a. in Fisseni & Fennekels, 1995) Tests nur im Ausnahmefall als Bestandteil eines Assessment Centers akzeptierten (und damit nach Ansicht von Schuler (2003) eine validitätsschädliche Beschränkung auf „Übungen" durchsetzten), schreibt die task force den Einsatz unterschiedlicher Techniken vor und zählt Tests und Interviews explizit zu diesen möglichen Techniken (Task Force on AC Guidelines, 1989, S. 461). Die unterschiedliche Akzentuierung zeigt, dass Qualitätsrichtlinien immer auch die Tradition und Praxis widerspiegeln. Der Begriff „Assessment Center" wurde in den 30er Jahren im englischsprachigen Raum von Murray (1938, zitiert nach Stehle, 1982, S. 50) für die *Kombination* von psychologischen Tests und Übungen eingeführt. In den „klassisch" gewordenen Assessment Centern der britischen Armee und der American Telephone and Telegraph Company (Bray, Campbell & Grant, 1974) wurden situative Übungen stets mit Intelligenztests kombiniert. In Nordamerika sind „skill and ability" Tests in fast ein Drittel aller Fälle Bestandteil des Assessment Centers (Spychalski, Quinones, Gaugler & Pohley, 1997). Demgegenüber werden sie im deutschsprachigen Raum in nur 5 % der Fälle in das Assessment Center integriert (Krause & Gebert, 2003). Während die AKAC Standards durch die Mahnung zu einem zurückhaltenden Einsatz von Tests und Interviews im Rahmen von Assessment Centern den Status quo fortschreiben, fordern andere Autoren, die Qualität von Assessment Centern zu optimieren, indem Tests häufiger in das Assessment Center integriert werden (z. B. Hossiep, 2001; Kersting 2003, 2006a; Krause, Kersting, Heggestad & Thornton, 2006; Sarges, 2001).

Task Force on AC guidelines

Integration von Tests in das AC

Ein Beispiel für verfahrensbezogene Richtlinien (Zelle 1b in Tab. 1) sind die von der Föderation Deutscher Psychologenverbände 1986 herausgegebenen Kriterien

Kriterien für die Testbeurteilung

Kasten 3: Kriterien für die Testbeurteilung gemäß dem Katalog der Föderation Deutscher Psychologenverbände (1986)

1. Testgrundlage (Zielsetzung, Theoretische Grundlagen und Nachvollziehbarkeit der Testkonstruktion)
2. Testdurchführung (Durchführungsobjektivität, Transparenz, Zumutbarkeit, Verfälschbarkeit und Störanfälligkeit)
3. Testverwertung (Auswertungsobjektivität, Zuverlässigkeit, Gültigkeit, Normierung, Bandbreite, Informationsausschöpfung und Änderungssensitivität)
4. Testevaluation (Ökonomie, Fairness, Akzeptanz und Vergleichbarkeit/Bewährung)
5. Äußere Testgestaltung (Verständlichkeit des Testmanuals, Gestaltung der Testmaterialien und Übereinstimmung von Titel und werblicher Darstellung mit dem tatsächlichen Testinhalt)

für die Testbeurteilung. Der Kriterienkatalog nennt Aspekte, die bei der Beurteilung eines Verfahrens, z. B. eines zur Eignungsbeurteilung eingesetzten Verfahrens, bedeutsam sind. Dabei betonen die Autoren allerdings explizit die Notwendigkeit, die Umstände, Bedingungen und Zielsetzungen im Einzelfall zu berücksichtigen. Die beurteilungsrelevanten Aspekte gliedern sich in die im Kasten 3 aufgelisteten Abschnitte. Der Kriterienkatalog ist nicht auf psychometrische Verfahren im engeren Sinne begrenzt, sondern kann z. B. auch auf Assessment Center angewendet werden (siehe Hossiep, 1994).

Schweiz: „Labels" der Diagnostikkommission

Einen standardisierten Aufbau von Testrezensionen sehen auch die so genannten „Labels" (Prüfsiegel, Prüfzeichen, Gütesiegel) der Diagnostikkommission des Schweizerischen Verbandes für Berufsberatung (SVB, 2005) vor. Mittels der Labels werden die wesentlichen Aspekte von diagnostischen Instrumenten beschrieben und beurteilt und auf diese Weise Berufsberatern vorgestellt. Die aktuell über 50 vorhandenen Labels können auf der Homepage der Diagnostikkommission eingesehen werden, siehe http://testraum.ch.

Organisationsspezifische Richtlinien

Organisationsspezifische deutschsprachige Richtlinien haben u. a. die Bundesagentur für Arbeit (Hilke, 2004) und die Bundeswehr (Puzicha, 1997) erarbeitet. Darüber hinaus haben zahlreiche Verbände Informationen und Leitfäden zur Personalauswahl herausgegeben, wie z. B. die Bundesvereinigung der Deutschen Arbeitgeberverbände. Diese bleiben qualitativ zumeist weit hinter den genannten Richtlinien zurück, erfreuen sich in der Praxis aber einer großen Beliebtheit.

2.2 Beurteilungssysteme für Tests

Die oben genannten Kriterien für die Testbeurteilung der Föderation Deutscher Psychologenverbände (1986) zielen zwar auf die Beurteilung von Verfahren, sie stellen aber kein Beurteilungssystem im engeren Sinne dar. Richtlinien kennzeichnen die zur Information und Beurteilung kritischen Bereiche und geben Beurteilungshinweise – im Gegensatz zu den Beurteilungssystemen fehlen in den Richtlinien aber eindeutige Bewertungsvorschriften. Reviews, die den oben genannten Kriterien für die Testbeurteilung folgen, lassen beispielsweise in der Regel eine klare abschließende Beurteilung des besprochenen Tests vermissen. Der Übergang von einer Richtlinie zur Beurteilung von Verfahren hin zu einem vollständigen Beurteilungssystem ist aber fließend, zumal die Beurteilungssysteme in der Regel nicht deterministisch sind und Freiheitsgrade der Beurteilung vorsehen. So ist beispielsweise das nordamerikanische Buros-System (siehe z. B. Plake & Impara, 2001), welches sich ebenfalls auf Testverfahren bezieht, an der Grenze zwischen Richtlinie und Beurteilungssystem anzusiedeln. Das Buros-Institut (www.unl.edu/buros) informiert pro Test u. a. über den Verlag, die verfügbaren Testformen, den Preis und führt, soweit vorhanden, eine Bibliografie zum Test an. Vor allem gibt das Institut ein bestimmtes Schema für die Testrezensionen vor, die regelmäßig im *Mental Measurement Yearbook* (MMY) publiziert werden. Vergleichbare Informationsquellen sind die *Tests and Test Critiques* (erste Ausgabe Keyser & Sweetland, 1984) sowie *die Counselor's Guide to Career Assessment Instruments* (z. B. Sweetland & Keyser, 1991).

Beurteilungssysteme sehen formalisierte Bewertungen der Tests vor

2.2.1 Das COTAN-System

Mit der Etablierung von Systemen zur Beurteilung von diagnostischen Verfahren (Zelle 2b in Tab. 2) will man zur Qualitätssicherung beitragen, indem den Anwendern systematisch aufbereitete, sachgerechte Informationen über und nachvollziehbare Bewertungen von Verfahren zur Verfügung gestellt werden. Grundlage des Ansatzes sind formalisierte Systeme zur Verfahrensbeschreibung und -bewertung. Eine umfassend ausgearbeitete Realisierung des Ansatzes stellt z. B. das niederländische COTAN-System (Evers, 2001b) dar, welches vom Committee On Test Affairs Netherlands erarbeitet wurde. Bereits im Jahre 2000 umfasste die „Documentation of Test and Test Research" laut Evers 372 Tests, die einheitlich nach dem COTAN-System analysiert und hinsichtlich vorgegebener Kriterien von jeweils zwei Gutachtern beurteilt worden waren. Die sieben Kriterien, die zunächst separat beurteilt werden, sind in fünf Kategorien eingeteilt (siehe Kasten 4).

Bereits im Jahre 2000 waren 372 Tests nach dem COTAN-System beurteilt worden

Um eine nachvollziehbare Beurteilung zu gewährleisten, müssen alle Gutachter vorgegebene Fragen beantworten. Zu dem Bereich (2a) gibt es sechs, zum Bereich (2b) sieben und zum Bereich (3) acht Fragen. Zu allen übrigen Bereichen liegen jeweils drei Fragen vor. Die Gutachter haben die Aufgabe, die Fragen aufgrund der ihnen zur Verfügung stehenden Informationen zu beantworten und diese Antworten dann mit Hilfe einer vorgegebenen Beurteilungsskala zu bewerten. Wenn die Informationen, die zur Beantwortung der Fragen notwendig sind, nicht zur Verfügung stehen, führt dieses Informationsdefizit genauso zu einem negativen Urteil wie vorhandene negative Informationen. Die den Beurteilungen pro Frage zugrunde gelegten Kriterien sind ausführlich operationalisiert (Evers, 2001a). Für die Testgütekriterien sowie für weitere Aspekte wie z. B. Normen gibt es Beurteilungsregeln, die für verschiedene Anwendungsbereiche unterschiedlich streng ausfallen. So muss ein Test, der für wichtige Entscheidungen (z. B. Personalauswahl)

Beurteilung anhand vorgegebener Fragen

Informationsdefizite werden negativ bewertet

Kasten 4: Kriterien für die Testbeurteilung gemäß dem COTAN System

(1) Testkonstruktion (Transparenz des Anwendungsbereiches, des theoretischen Hintergrunds und der Operationalisierung)
(2) Qualität
  (2a) des Testmaterials sowie
  (2b) der Verfahrenshinweise
(3) Normen
(4) Reliabilität
(5) Validität
  (5a) Kriteriumsvalidität
  (5b) Konstruktvalidität

über Individuen vorgesehen ist, z. B. eine Zuverlässigkeit von mindestens .90 aufweisen, um die Bewertung „gut" erzielen zu können (siehe Tab. 3, sowie zur Kritik einer derartigen Testbeurteilung aufgrund von „Mindestausprägungen" Abschnitt 6.1). Auch die Kombination der Beurteilungen von Einzelfragen zu einer Gesamtbeurteilung pro Bereich ist geregelt. Auf diese Art und Weise wird jeder Test von zwei unabhängigen Gutachtern eindeutig als „gut", „ausreichend" oder „unzureichend" beurteilt. Bei Abweichungen in der Beurteilung wird eine Konsensbildung durch Diskussion zwischen den Gutachtern und in Ausnahmefällen durch die Berufung eines dritten Gutachters erzielt.

Tabelle 3: COTAN-System (Evers, 2001a): Beispiel für die Richtlinien zur Bewertung der Reliabilität sowie des Umfangs der Normstichproben

	Reliablität[1]			Umfang Normstichproben		
	Niveau[2] 1	Niveau[2] 2	Niveau[2] 3	Niveau[2] 1	Niveau[2] 2	Niveau[2] 3
unzureichend	< .80	< .70	< .60	< 300	< 200	< 100
ausreichend	.80 – .90	.70 – .80	.60 – .70	300 – 400	200 – 300	100 – 200
gut	> .90	> .80	> .70	> 400	> 300	> 200

Anmerkungen:
[1] Für Paralleltest-Reliabilität, interne Konsistenz, Test-Retest-Reliabilität und Interrater-Reliabilität
[2] Niveaus: (1) Tests für wichtige Entscheidungen auf der individuellen Ebene (z. B. Personalauswahlentscheidung); (2) Tests für weniger bedeutsame Entscheidungen auf der individuellen Ebene (z. B. Fortschrittskontrolle); (3) Tests für Untersuchungen auf Gruppenniveau

2.2.2 Common set of European criteria for test reviews

Mittlerweile hat die EFPA eine Initiative zur Entwicklung eines „common set of European criteria for test reviews" gestartet (Bartram, 2001, S. 180). Dieser Ansatz basiert einerseits auf dem britischen System (siehe Bartram, Lindley &

Foster, 1990 sowie www.psychtesting.org.uk), weist andererseits aber auch deutliche Ähnlichkeiten mit dem niederländischen COTAN-System auf. Der aktuelle Stand des „EFPA Review Model for the Description and Evaluation of Psychological Tests" kann im Internet eingesehen werden (siehe www.efpa.be). Auch wenn die Entwicklung noch nicht abgeschlossen ist, wird sich an den nachfolgend dargestellten Grundzügen voraussichtlich nicht mehr viel ändern. Jeder Test soll demnach von zwei unabhängigen Gutachtern beurteilt werden. Im Vergleich zum COTAN-System legt das EFPA-System mehr Wert auf die zu Beginn der Rezension abverlangte, möglichst wertfreie Beschreibung des zu beurteilenden Tests. Es existiert eine umfangreiche Liste der dabei zu berücksichtigenden Merkmale. Hierzu zählt beispielsweise der Anwendungsbereich des Verfahrens und das Test-, Auswertungs- und Interpretationskonzept. Viel Wert wird außerdem auf die möglicherweise angebotenen computergenerierten Berichte gelegt. Im nächsten Schritt erfolgt dann eine Bewertung einzelner Verfahrensmerkmale. Das System sieht einerseits ein Formblatt zur Beschreibung und Bewertung der Verfahren vor und bietet andererseits den Reviewern eine ausführliche Instruktion, die eine einheitliche Bewertung verschiedener Aspekte sichern soll. Für die Bewertungen ist eine vierstufige Skala (von „inadequate" bis „excellent") vorgesehen, außerdem kann die Bewertung ausbleiben, wenn das Bewertungsmerkmal nicht sinnvoll auf das Verfahren angewendet werden kann oder wenn keine (ausreichenden) Informationen zu dem Merkmal vorliegen. Fehlende Informationen führen – ebenso wie die Einstufung als „inadequate" – im Fall von besonders relevanten Merkmalen (Normen und Bezugsgruppen, Konstruktvalidität, Kriteriumsvalidität, Reliablität und computergenerierte Berichte) allerdings dazu, dass von einer Anwendung des Verfahrens abgeraten wird. Damit soll sichergestellt werden, dass problematischen Verfahren keine Empfehlung ausgesprochen wird.

Testbeschreibung anhand einer umfangreichen Merkmalsliste

Das EFPA-System orientiert seine Beurteilungsrichtlinien ebenfalls an der numerischen Ausprägung von Gütekriterien und legt je nach Anwendungszweck (Entscheidungen über Individuen (z. B. Auswahlentscheidungen) oder Gruppen) unterschiedlich strenge Maßstäbe an. Beispielsweise werden die Kennwerte für die interne Konsistenz auf der vierstufigen Skala entsprechend ihrer Höhe als „inadequate" oder „excellent" klassifiziert (zur Kritik einer derartigen Testbeurteilung aufgrund von „Mindestausprägungen" siehe Abschnitt 6.1). Konkrete Orientierungshilfen finden sich auch hinsichtlich der Frage des Umfangs der Normstichproben (weniger als 150 Personen gelten als „inadequate", mehr als 1.000 als „excellent") und dem Umfang der Studien zur Zuverlässigkeit und Validität (eine Studie mit weniger als 100 Personen gilt als „inadequate", mehrere Studien mit jeweils mehr als 100 Personen gelten als „excellent").

Die Beurteilung orientiert sich an der numerischen Ausprägung von Gütekriterien

Der EFPA-Rezensionsprozess endet mit einer eindeutigen Anwendungsempfehlung, die sechs Kategorien unterscheidet. Eine Empfehlung kann lauten, das Instrument nur in der Forschung, nicht aber in der Praxis einzusetzen. Andere Empfehlungen schränken die Anwendung ein, indem nur eine Nutzung durch Experten oder (andere Empfehlungskategorie) unter Supervision empfohlen wird. Bei den Tests, die als „geeignet" empfohlen werden, wird unterschieden zwischen Tests, die durch besonders qualifizierte Testnutzer angewendet werden sollen und Tests,

Eindeutige Anwendungsempfehlung

die sich auch für nicht beaufsichtigte Selbsttestungen eignen. Die Empfehlung lässt sich nicht arithmetisch aus den Einzelurteilen herleiten.

2.2.3 Das Testbeurteilungssystem des Testkuratoriums

Das Testbeurteilungssystem des Testkuratoriums berücksichtigt die DIN 33430

Das Testkuratorium (TK) der Föderation der Deutschen Psychologenvereinigungen hat ein System zur Information über und Beurteilung von Tests entwickelt und verabschiedet (Testbeurteilungssystem des Testkuratoriums (TBS-TK), Testkuratorium, 2006), welches an dieser Stelle bereits als Beispiel für die Qualitätssicherung und -optimierung mit Hilfe von Beurteilungssystem (Zeile 2 der Tab. 1) Erwähnung finden soll. Da das System aber explizit die DIN 33430 berücksichtigt, soll das System erst erläutert werden, nachdem die DIN 33430 vorgestellt wurde (siehe Abschnitt 7.4.3).

2.3 Qualifizierung

Erwerb und Vermittlung der Kompetenzen

Während Richtlinien die notwendigen Kompetenzen der für die Personalauswahl verantwortlichen Personen zumeist lediglich beschreiben, thematisiert der Qualifizierungsansatz auch den Erwerb und die Vermittlung der Kompetenzen sowie die Überprüfung/Lizenzierung der qualifizierten Personen. Dabei kann zwischen der universitären und der postgradualen Qualifizierung unterschieden werden. Zur universitären Qualifizierung zählt die im Rahmen des Psychologiestudiums geleistete Ausbildung in Psychologischer Diagnostik. Damit verbunden ist der in einigen Ländern (z. B. Australien, Deutschland, Kanada) etablierte „Testschutz", der auf die universitäre Ausbildung vertraut, indem bestimmte Verfahren nur von universitär vorgebildeten Personen bezogen werden sollen. In Deutschland ist die Anwendung von Testverfahren allerdings nicht gesetzlich geregelt. Wenn Tests in Deutschland von einigen Verlagen nur an bestimmte Gruppen verkauft werden, so handelt es sich hierbei um eine freiwillige vertragliche Regelung eines privaten Anbieters.

Eignungsdiagnostik ist nicht auf Psychologen beschränkt

Die Frage, ob und in welchem Ausmaß zusätzlich zu den Psychologen Angehörige anderer Berufsgruppen an Eignungsbeurteilungen beteiligt werden sollten, ist umstritten. Der Streit darüber lässt sich bis in die Zeiten der Psychotechnik zurückverfolgen (Herrmann, 1966, S. 263, verweist in diesem Kontext auf eine Publikation von Giese aus dem Jahre 1927) und hat bis heute nicht an Aktualität verloren (siehe Schuler, 1996, 2003; bzw. für eine internationale Perspektive: Hall et al., 2005; Turner et al., 2001). In Abschnitt 1.2 wurde bereits herausgestellt, dass eine Beschränkung der Ausübung von Eignungsdiagnostik auf Diplom-Psychologen in Deutschland schon an der dafür unzureichenden Anzahl an Diplom-Psychologen scheitert.

Master Programme

In Bezug auf die Arbeits- und Organisationspsychologie in Nordamerika listete Lowe (1993) die Programme auf, die einen Master Abschluss vorsehen. Übergeordnete „Guidelines for Education and Training at the Masters Level in Industrial-Organizational Psychology" wurden unter anderem von der SIOP erarbeitet (SIOP, 1994). Trahan und McAllister (2002) stellten in einer Analyse fest, dass die meisten Master Programme den Guidelines der SIOP gerecht werden. Der Wert entsprechende Qualifizierungszertifikate für den Arbeitsmarkt muss allerdings in Zweifel gezogen werden. In Stellenanzeigen für „human resources professionals" werden so gut wie nie entsprechende Zertifikate gefordert (Aguinis, Michaelis & Jones, 2005).

In etlichen Ländern (z. B. Großbritannien, Kanada, USA) variieren die Anforderungen an die Kompetenzen von z. B. Testanwendern in Abhängigkeit von einer Klassifikation der Tests (z. B. Level A, B und C, wobei als „Level C" solche Tests klassifiziert werden, die als Grundlage besonders weitreichender Entscheidungen herangezogen werden). Für die Nutzung dieser Tests werden dann besonders gut ausgebildete Anwender verlangt, während die weniger anspruchsvollen Tests auch von weniger kompetentem Personal administriert und interpretiert werden dürfen. **Besondere Qualifikation für bestimmte Tests**

Ein Beispiel für postgraduale Qualifizierungsangebote geben die Niederlande. Hier können sich akademisch ausgebildete Psychologen mit psychodiagnostischem Tätigkeitsschwerpunkt von der Psychologenvereinigung NIP (Nederlands Instituut van Psychologen, siehe www.psynip.nl) registrieren lassen. Nachzuweisen sind eine universitäre Ausbildung, ein Training in psychologischer Diagnostik sowie drei Fallbearbeitungen unter Supervision eines akkreditierten Psychologen (Evers, 1996). **Postgraduale Qualifizierungsangebote**

In Großbritannien konnte sich ein Zertifizierungssystem für Testanwender etablieren. Im Gegensatz zu den Niederlanden wird die Zertifizierung hier sowohl für Psychologen als auch für Angehörige anderer Berufsgruppen angeboten. Der Erwerb des „Certificate of Competence in Occupational Testing", welches auf den Bereich der Betriebs- und Organisationspsychologie beschränkt ist, setzt den Besuch spezifischer Qualifizierungskurse voraus, die mit einer Prüfung enden (siehe Bartram, 1996, 2001). Die in der Regel fünftägigen Kurse und die Prüfung werden von Personen durchgeführt, die von der BPS akkreditiert sind (siehe www.bps.org.uk). Seit 1991 wurden über 24.000 Zertifikate erteilt, pro Jahr kommen ca. 1.500 Zertifikate hinzu. **Certificate of Competence in Occupational Testing**

Die Fortbildungen und Lizenzprüfungen zur Personenlizenzierung für berufsbezogene Eignungsbeurteilungen nach DIN 33430 werden in Abschnitt 7.2 ausführlich dargestellt. **DIN Training**

Die genannten universitären und postgradualen Qualifizierungen können als Beispiele für Qualifizierungsmaßnahmen mit ausgearbeiteten Curricula und/oder Prüfungs- und Lizenzierungsangeboten gelten (Zelle 3c in Tab. 1). Darüber hinaus gibt es zahlreiche Qualifizierungen, die weniger formalisiert sind und aus diesem Grund nicht in die Systematisierung aufgenommen werden, die der Tabelle 1 zugrunde liegt. Hierzu zählen die im Folgenden kurz besprochenen Interviewtrainings, im Kontext von Assessment Centern durchgeführte Beobachtungstrainings sowie Trainings zu spezifischen Testverfahren. Trotz der nachweislichen Effek- **Trainings zu spezifischen Themen** tivität von Beobachtertrainings für Assessment Center sowie Interviewtrainings können diese Einzelmaßnahmen nicht zum Qualifizierungsansatz laut Zelle 3c in Tabelle 2 gerechnet werden, da die Vermittlungsmethode in der Regel nicht curricular geregelt ist und häufig keine Überprüfungen/Lizenzierungen stattfinden. Die entsprechenden Trainings werden zumeist von Einzelpersonen angeboten, das Trainingskonzept ist nicht auf einer organisationalen Ebene abgestimmt, die entsprechende Trainingslandschaft muss als intransparent bezeichnet werden.

Beobachtertraining

Es ist es gängige Praxis, dass die so genannten Assessoren (Beobachter/Beurteiler) eines Assessment Centers vor ihrer Assessorentätigkeit an einem Beobachtertraining teilnehmen (siehe z. B. Höft & Funke, 2006, S. 169f.). Über die Effektivität derartiger Trainings berichten Woehr und Huffcutt (1994). Ein solches Beobachtertraining zielt meistens auf die Durchführung des Assessment Centers, nicht aber auf seine Entwicklung und Gestaltung. Über einen an Konzepten und Kriterien des problemorientierten, situierten und selbstorganisierten Lernens orientierten Ansatz zur Unterweisung in der Assessment Center-Technik berichtet Kersting (2005b).

Interviewtraining

Vergleichbar dem Beobachtertraining bei Assessment Centern geht es auch in den verbreiteten Interviewtrainings in der Regel nicht primär um die Konstruktion und Planung von Interviews, sondern um die Interviewdurchführung. Der Metaanalyse von Conway, Jako und Goodman (1995) können indirekt auch Befunde zur Effektivität von Interviewtrainings entnommen werden.

Trainings für spezifische Tests

Darüber hinaus kann man an Trainings für die Durchführung, Auswertung und Interpretation bestimmter Testverfahren teilnehmen.

Derartige Angebote sind gelegentlich optional (siehe beispielsweise www.hogrefe.de oder www.schuhfried.at), insbesondere bei kommerziell vertriebenen Tests ist eine schulungsbasierte Akkreditierung, Autorisierung oder Lizenzierung für Nicht-Psychologen oder für alle Anwender aber auch verpflichtende Voraussetzung für den Testerwerb und/oder die Testinterpretation (dies gilt beispielsweise für die Verfahren DISG-Persönlichkeits-Profil®; Golden Profiler of Personality; Hermann Dominanz Instrument; INSIGHTS MDI®; LIFO-Methode; Myers-Briggs-Type-Indikator; Team-Management-Profil-Fragebogen®).

3 Ursachen für den mangelhaften Transfer wissenschaftlicher diagnostischer Erkenntnisse in die Praxis

Trotz der Vielzahl an Ansätzen zur Qualitätssicherung und -optimierung (siehe Kapitel 2) macht die Praxis, wie in Abschnitt 1.1 am Beispiel der Eignungsdiagnostik aufgezeigt, unzureichend Gebrauch von den seitens der Wissenschaft ausgesprochenen Empfehlungen zur Gestaltung diagnostischer Prozesse und zur Auswahl geeigneter Verfahren. Im vorliegenden Kapitel werden mögliche Gründe für die Diskrepanz zwischen den Empfehlungen der Wissenschaft und der tatsächlichen Gestaltung der diagnostischen Praxis aufgezeigt. Als eine Ursache für die unzulängliche Qualitätssicherung sowie unzureichende erkenntnisbasierte Innovierung der Praxis wird häufig eine misslungene Kommunikation angesehen. Für den Bereich der Personalentscheidungen verspricht man sich Abhilfe von einer wirtschaftsorientierten Aufbereitung der wissenschaftlichen Erkenntnisse (siehe Abschnitt 3.1). Neben der Frage, wie die Erkenntnisse kommuniziert werden, sollte aber auch die Frage betrachtet werden, welche Motivation seitens der Praxis überhaupt besteht, die wissenschaftlichen Erkenntnisse umzusetzen. Aus der Perspektive der Handlungssteuerung ist hier vor allem das Feedback bedeutsam, dass Diagnostiker in der Praxis bekommen oder nicht bekommen (siehe Abschnitt 3.2). Darüber hinaus ist zu analysieren, ob Wissenschaft und Praxis ihre Entscheidungen überhaupt nach den gleichen Kriterien ausrichten (siehe Abschnitt 3.3), wobei sowohl die in der Praxis handlungsleitenden expliziten Kriterien (siehe Abschnitt 3.3.1) als auch die impliziten Kriterien (siehe Abschnitt 3.3.2) betrachtet werden sollten. Ursachen für den mangelhaften Transfer wissenschaftlicher diagnostischer Erkenntnisse in die Praxis sind aber nicht nur auf der organisationalen Ebene, sondern auch auf der personalen Ebene zu suchen. Die dem Wissenstransfer möglicherweise abträglichen Eigenschaften und Ziele einzelner Entscheider sind Gegenstand des Abschnitts 3.4. Als hinderlich für den Wissenstransfer wird schließlich auch die Grundlagenorientierung der Wissenschaft eingestuft (siehe Abschnitt 3.5). Welche Möglichkeiten bestehen, die Austauschprozesse zwischen Wissenschaft und Praxis zu befördern, ist Gegenstand des letzten Buchkapitels (siehe Kapitel 8).

Warum nutzt die Praxis die wissenschaftlichen Erkenntnisse nicht?

3.1 Das Kommunikationsproblem und seine vermeintliche Überwindung durch eine wirtschaftsorientierte Aufbereitung der wissenschaftlichen Erkenntnisse

Häufig wird argumentiert, dass die Praxis die Erkenntnisse der Wissenschaft nicht aufgreift, da sie deren Nutzen nicht erfasst. Innovationen im Bereich der Diagnos-

Like it or not, the language of business is dollars, not correlation coefficients

tik sind weniger salient als z. B. technische Innovationen, so dass es besonderer kommunikativer Anstrengungen bedarf, um den Wissenstransfer zwischen Wissenschaft und Praxis in Gang zu setzen. Einige Wissenschaftler hegen Zweifel, ob die Kommunikation zwischen Praxis und Wissenschaft ausreichend intensiv geführt wird (Rynes, Colbert & Brown, 2002) und ob die Wissenschaft die richtige Sprache zur Vermittlung ihrer Botschaft wählt. Wissenschaftliche Publikationen, in denen die für den Bereich der Personalentscheidungen relevanten Erkenntnisse aufbereitet werden, sind u. a. geprägt von statistischen Kennwerten, etwa Effektstärken in Form von Korrelationskoeffizienten. Derartige Kennwerte entsprechen nicht den in der Wirtschaft gebräuchlichen Kennwerten. „Like it or not, the language of business is dollars, not correlation coefficients" lautet der viel zitierte Ausspruch von Cascio (1991, S. vii). In zahlreichen Studien wurde daraufhin der pekuniäre Nutzen demonstriert, den valide Auswahlverfahren gegenüber weniger validen Verfahren erzielen (für Überblicksdarstellungen siehe u. a. Görlich & Schuler, 2006; Höft, 2001; Holling, 1998; Kersting, 2004a, 2005c). Dabei wurden die ursprünglich auf Brogden (1949) sowie Cronbach und Gleser (1965) zurückgehenden Kosten-Nutzen-Formeln zunehmend verfeinert und Parameter wie z. B. die Einsatzhäufigkeit des Verfahrens, die Ablehnung von Angeboten durch die Bewerber, die Diskontierung und die notwendige Versteuerung der Gewinne einbezogen und somit die Dynamik des Organisationsgeschehens berücksichtigt (z. B. Boudreau, 1989; Cronshaw & Alexander, 1985). Aktuell werden Ansätze diskutiert, die Nutzenberechungen darüber hinaus durch verbesserte Operationalisierungen auf Seiten des Kriteriums zu optimieren, indem nicht nur der Nutzen auf der Ebene der individuellen Leistungsdifferenzen betrachtet wird, sondern auch auf der organisationalen Ebene (z. B. Steigerung der Leistung von Teams, Steigerung der Kundenzufriedenheit).

Kosten spielen bei der Entscheidung für ein Personalauswahlverfahren nur eine untergeordnete Rolle

Für den deutschsprachigen Raum zeigen die Kosten-Nutzen-Analysen von z. B. Etzel und Küppers (2002), Höft (2001), Holling (1998), Kersting (2004a, 2005c), Nussbaum und Vogler (2006), Schuler, Funke, Moser und Donat (1995), Stehle und Barthel (1984) sowie Stephan und Westhoff (2002) anhand von konkreten Beispielen auf, welchen enormen finanziellen Vorteil es mit sich bringt, valide Personalauswahlverfahren einzusetzen. Gemessen an den im 10-Jahresvergleich nicht wesentlich veränderten Anwendungshäufigkeiten der Personalauswahlverfahren (siehe Tab. 1) blieben die Entscheidungen der Praktiker von diesen wirtschaftsnahen Aufbereitungen allerdings offensichtlich weitgehend unbeeinflusst. Harris, Dworkin und Park (1990) analysierten die Gründe, aus denen heraus sich Personaler für oder gegen die Nutzung einer bestimmten Methode entscheiden. Entgegen der weit verbreiteten Ansicht spielen die Kosten bei dieser Entscheidung der Studie zufolge nur eine untergeordnete Rolle, so dass auch in Zukunft nicht zu erwarten ist, dass allein eine Änderung der Kommunikationsstrategie im Sinne einer Kosten-Nutzen-Argumentation die Praxis beeindruckt (siehe auch Carson, Becker & Henderson, 1998; Johanson, 1999; Macan & Highhouse, 1994).

3.2 Handlungstheoretische Einbettung: Die Bedeutung des (fehlenden) Feedbacks

Neben der Frage, wie Wissen über Qualität aufbereitet werden sollte, damit es in der Praxis ankommt, stellt sich vor allem die Frage, ob in der Praxis überhaupt ein Qualitätsmangel wahrgenommen wird und somit ein Veränderungsbedürfnis existiert. Dies wird von den meisten Autoren offensichtlich stillschweigend vorausgesetzt. Man geht selbstverständlich davon aus, dass das abstrakte Ziel „Qualitätssicherung" und „Qualitätsverbesserung" ein hinreichender Anreiz für Verhaltensmodifikationen ist. Für die Verhaltenssteuerung ist aber mehr als nur ein abstraktes Ziel nötig, nämlich eine möglichst exakte Rückmeldung des Handlungsablaufs und dessen Resultate. Ein Ziel definiert einen Leistungsstandard (Sollwert, Idealzustand) und motiviert ein gerichtetes Verhalten. Der Sollwert wird handlungsleitend, wenn man sich selbst als wirksam erlebt (Self-Efficacy, Bandura, 1997) und wenn man eine Diskrepanz zwischen Ist- und Sollwert und somit einen Bedarf wahrnimmt. Dies erfordert ein Feedback. Erst wenn ein Feedback vorliegt, kann entsprechend dem „Feedback-Loop"-Modell ein kontinuierliches Monitoring stattfinden, eine Kontrolle, ob das Ziel erreicht wurde (siehe z. B. Carver & Scheier, 1999). Im nächsten Schritt kann der Einsatz zielrelevanter Mittel zur Minimierung der Diskrepanz zwischen Ist- und Sollwert initiiert werden. Derartige Handlungen müssen in einem aufwendigen Prozess koordiniert und solange aufrechterhalten werden, bis die Diskrepanz beseitigt ist. Dies erfordert auf personaler Seite (siehe Abschnitt 3.4) unter anderem die Fähigkeit zum Belohnungsaufschub (Mischel, Cantor & Feldman, 1996), eine Eigenschaft, die ggf. in einer schnelllebigen Wirtschaftswelt wenig gefragt ist.

Notwendig ist ein Feedback über die Diskrepanz zwischen Ist- und Sollwert

In der Regel scheitert eine derartige Handlungssteuerung der Diagnostik allerdings schon am fehlenden Feedback. Zumeist erhält man kein Feedback über die Qualität seiner diagnostischen Arbeit. Eine Person, die keine Rückmeldungen über die Angemessenheit ihrer Vorgehensweisen, Beurteilungen und Entscheidungen erhält, kann aus ihren Erfahrungen aber nicht lernen. Dies erklärt, warum bei einer so genannten „klinischen" (also freien, intuitiven, idiografischen) Vorgehensweise der diagnostischen Urteilsbildung Training und Erfahrung nicht zu einer Verbesserung der Diagnose führen, erfahrene Diagnostiker also keine besseren Leistungen erbringen als Anfänger (Grove, Zald, Lebow, Snitz & Nelson, 2000). Insbesondere bei Entscheidungsaufgaben wirkt ein Feedback leistungssteigernd (Balzer, Doherty & O'Connor, 1989), entsprechend bleibt bei fehlendem Feedback die Leistungssteigerung aus. Die Existenz von Feedback gehört, neben der Eigenverantwortung und dem herausfordernden Charakter der Aufgabe, zu den Randbedingungen, die gegeben sein sollten, damit ein vorhandenes Leistungsmotiv in Leistungsverhalten umgesetzt wird (Schmidt-Atzert, 2006, S. 227).

Wer kein Feedback erhält, kann nicht aus Erfahrungen lernen

Die Feedbacklosigkeit kann am Beispiel der Personalauswahl veranschaulicht werden. Ob man den Richtigen gefunden, eingestellt oder befördert hat, zeigt sich, wenn überhaupt, erst nach Jahren. Inzwischen wurde eventuell eine Vielzahl anderer Personen beurteilt, so dass sich der Diagnostiker zum Zeitpunkt des Feedbacks kaum noch an die Einzelheiten der früheren Beurteilung erinnern kann. Im

Das Feedback über die Qualität der Entscheidung muss mit den diagnostischen Eingangsinformationen verknüpft werden

ungünstigsten Fall erfährt er überhaupt nichts über die Bewährung. Teilweise fehlt das Feedback sogar zwangsläufig. Wenn aus einer Gruppe von 100 Bewerbern z. B. zehn ausgewählt werden, erfährt der Verantwortliche niemals, was aus den nicht ausgewählten 90 Personen geworden ist. Er wird zufrieden die Bilanz ziehen, dass die meisten eingestellten Bewerber sich qualifiziert haben (was bei einer günstigen Grundrate (auch „Basisrate" oder „Prävalenz" genannt) fast zwangsläufig so ist, siehe Kersting, 2003) und sich nicht mit dem Gedanken belasten, dass die nicht eingestellten Bewerber sich vielleicht noch besser qualifiziert hätten (so genannter „Fehler zweiter Art"). Sofern es überhaupt ein Feedback gibt, ist es in der Regel nur ein Feedback über die Bewährung der Entscheidung. Der Verantwortliche sammelt im Rahmen der diagnostischen Tätigkeit Informationen über eine Person, trifft seine Entscheidung und erhält dann (wenn überhaupt) zu einem viel späteren Zeitpunkt die Information, ob seine Entscheidung richtig war (outcome feedback). Was nicht stattfindet, ist die notwendige Verknüpfung des Feedbacks mit den Eingangsinformationen. Die Aufmerksamkeit wird auf die Kontingenz zwischen Entscheidung und Bewährung gelegt und nicht auf die Kontingenz zwischen den damals gesammelten Informationen und der Bewährung. Diagnostiker erhalten in der Regel kein kognitives Feedback, welches ihnen z. B. rückspiegelt, wie sie die Informationen überhaupt zu einem Urteil verarbeitet haben (individuelle Strategie) und wie die Informationen im Idealfall zu einem Urteil verarbeitet werden sollten (optimale Strategie). Ohne Feedback ist es aber nicht möglich, „self-regulatory-skills" zu entwickeln, selbst wenn man über viele Jahre und Jahrzehnte Erfahrung verfügt.

Diagnostik als selbstregulative schematische Abfolge des Vergleichs von Soll- und Istwerten einerseits und Eingriffen in das System andererseits

Diagnostische Prozesse sollten daher so gestaltet werden, dass eine selbstregulative schematische Abfolge des Vergleichs von Soll- und Istwerten einerseits und Eingriffen in das System andererseits etabliert werden kann, so dass die Fortschritte in Form von Feedback-Schleifen in das Bewusstsein gelangen. Die Prozessgestaltung sollte sich also an dem klassischen „TOTE-Konzept" (Miller, Galanter & Pribram, 1960) orientieren (*T*est: Vergleich zwischen Ist- und Soll-Zustand; *O*perate: Verhalten zur Reduktion der Diskrepanz zwischen Ist- und Soll-Zustand; *T*est: Vergleich zwischen verändertem Ist- und Soll-Zustand; *E*xit: Verlassen der Schleife bei erfolgreicher Diskrepanzreduktion).

Ohne ein Feedback über die Qualität der Diagnose fehlt der Leistungsanreiz für die Diagnostiker

Erst durch ein Feedback über die Qualität der Diagnose kann die Qualität der Arbeit zum Leistungsanreiz werden. Leistungsmotivierte Menschen versuchen nach Schmidt-Atzert (2006, S. 224) (1) ihre eigenen (bisherigen) Leistungen zu übertreffen, (2) nach Erfolg zu streben und (3) andere zu übertreffen. Bei einer feedbacklosen diagnostischen Arbeit, wie sie aktuell dominiert, stellt die „Qualität" keinen Anreiz dar, da sie eine abstrakte, nicht registrierbare Größe bleibt. Sie wird nicht mit positiven oder negativen Affekten verbunden. Dies kann dazu führen, dass selbst der leistungsmotivierte Diagnostiker der Versuchung nachgibt, sich an schnell verfügbaren, aber eigentlich sekundären oder vollständig sachfremden Kriterien zu orientieren (z. B. Akzeptanz der diagnostischen Verfahren, Abwechslungsreichtum der angewandten diagnostischen Verfahren für den Diagnostiker usw., siehe Abschnitte 3.3.1 und 3.3.2).

Die in dem vorliegenden Buch dargestellten Begleit- und Folgeinitiativen zur DIN 33430 sind der Idee der Qualitätssicherung und -optimierung durch Feedback verpflichtet. Das Feedback erfolgt über Lizenzen (siehe Abschnitt 7.2), Zertifizierungen (siehe Abschnitt 7.3) und vor allem über Checklisten (siehe Abschnitt 7.1). Die DIN 33430 selbst (siehe Kapitel 4) definiert Qualität als Beschaffenheit und bezieht sich auf konkrete Qualitätsforderungen (siehe Abschnitt 4.3). Das Grundprinzip besteht darin, dass die geforderten Qualitätsmerkmale gemessen werden können, so dass die Erfüllung oder Nichterfüllung im Sinne des hier beschriebenen Feedback-Systems bestimmt werden kann (siehe Abschnitt 4.5).

DIN 33430 als Grundlage für eine Qualitätssicherung durch Feedback

3.3 Für die Praxis relevante Entscheidungskriterien hinsichtlich der Gestaltung der Diagnostik

Das Problem des mangelhaften Wissenstransfers von der Wissenschaft in die Praxis ist offensichtlich grundsätzlicherer Natur als die oberflächliche Annahme eines Kommunikationsproblems (siehe Abschnitt 3.1) vermuten lässt. Die Annahme, der mangelhafte Erkenntnistransfer hätte nur mit mangelnder Vermittlung zu tun und die Wissenschaftler müssten ihre Erkenntnisse lediglich besser aufbereitet einem breiten Publikum mitteilen, das noch irrational denkt und handelt, erweist sich selbst als irrational. Die naive Vorstellung, die Praxis würde sich an denselben Kriterien orientieren wie die Wissenschaft, erinnert an das „scientific management" des Taylorismus, da auch in dieser Konzeption Bedürfnisse der Organisationen sowie vor allem der in der Organisation tätigen Individuen ausgeblendet waren. Mittlerweile ist deutlich geworden, dass die Wissenschaftler diejenigen sind, die sehr wenig von den Bedingungen wissen, unter denen die Praktiker arbeiten. Einer Umfrage von Buckley, Ferris, Bernardin und Harvey (1998) zufolge versprechen sich Praktiker wenig Hilfe von der Forschung im Bereich Human Ressource (HR)-Management. Gleichwohl die befragten Praktiker der Meinung waren, mit aktuellen Forschungsergebnissen vertraut zu sein, gaben sie an, die wissenschaftlichen Erkenntnisse nicht in der Praxis nutzen zu können. Mehr noch, auch in Zukunft seien von der Wissenschaft keine in der Praxis des HR-Managements verwertbaren Fortschritte zu erwarten. Die befragten Praktiker waren der Ansicht, dass die Wissenschaft die Kontingenzen des organisationalen Handelns nicht verstehe. Obwohl es sich bei der Studie mit 113 befragten Personen um eine empirisch wenig überzeugende Befragung mit fünf „single-items" unbekannter Messqualität handelt, können die Aussagen zumindest anregen, die „Schuld" für den mangelhaften Wissenstransfer nicht nur bei den Praktikern zu suchen. Während die Wissenschaft bislang davon ausging, dass „ihre" Qualitätskriterien für Diagnostik (im wesentlichen Validität, Reliabilität und Objektivität) selbstverständlich auch die Kriterien der Praxis sind, gilt es nun auszuloten, ob diese Kriterien überhaupt im gleichen Maße für die Praxis relevant sind. Dabei kann zwischen explizit formulierten und impliziten Kriterien der Praxis unterschieden werden, wie am Beispiel der Diagnostik im Kontext der Personalauswahl aufgezeigt werden soll.

Berücksichtigung der Bedingungen, unter denen die Praktiker arbeiten

3.3.1 Explizite Kriterien

Mehrere, sich teilweise widersprechende Entscheidungskriterien

Zunächst dürfte es einen Unterschied in der Anzahl der simultan betrachteten Entscheidungskriterien über die Gestaltung der Diagnostik geben. Während die Wissenschaft die Gütekriterien von Verfahren hierarchisch ordnet und vom Primat *eines* Kriteriums, nämlich der Validität ausgeht, berücksichtigen Praktiker simultan mehrere, teilweise kontradiktorische Kriterien. Entsprechend stellen multiattributive Nutzenmodelle, wie sie z. B. bei Görlich und Schuler (2006) beschrieben werden, eine vielversprechende Weiterentwicklung des Kosten-Nutzen-Ansatzes (siehe Abschnitt 3.1) dar. Bei diesen Ansätzen ist es möglich, mehrere Kriterien (Attribute) in der Nutzenkalkulation zu berücksichtigen, etwa die Validität einerseits und die Fairness sowie die Akzeptanz andererseits.

Qualitätskriterien der Praxis: Schnelligkeit, Praktikabilität, Einsatzhäufigkeit und soziale Akzeptanz

Welche Kriterien aber sind es im Einzelnen, die von Praktikern berücksichtigt werden? Zwar betonen die Praktiker, wie wichtig ihnen die wissenschaftliche Fundierung der von ihnen eingesetzten Verfahren ist (Göhs & Dick, 2001), insgesamt dürfte die psychometrische Qualität der Verfahren aber nur eine untergeordnete Rolle spielen (Muchinsky, 2004). Im Bereich der Personalentscheidungen zählt für Organisationen neben der Qualität der Diagnostik auch die Schnelligkeit und die Praktikabilität (insbesondere der Implementierung) von Personalauswahlverfahren (Anderson, Herriot & Hodgkinson, 2001; Muchinsky, 2004). In einer Untersuchung von Glode (2002, zitiert nach Klehe, 2004) wurde außerdem die Häufigkeit des Einsatzes eines Verfahrens (z. B. bei anderen Organisationen) als Hauptkriterium für die Auswahl genannt. Darüber hinaus setzen Organisationen Verfahren ein, von denen sie annehmen, diese seien bei den Kandidaten in hohem Maße akzeptiert. Dies gilt insbesondere in bewerberorientierten Märkten, wo es schwer ist, schnell Personal zu bekommen. Somit kommt der sozialen Akzeptanz, genauer gesagt den Annahmen der Entscheider über die soziale Akzeptanz, eine hohe Bedeutung bei. Die von Schuler (1990, 1993) sowie Schuler und Stehle (1983) für die Akzeptanz von Auswahlverfahren gewählte Bezeichnung der „sozialen Validität» ist fachlich problematisch, da das Bezeichnete nicht mit der (Fach-)Bedeutung des Wortes in Einklang steht (siehe Kersting, 1998). Im Gegensatz zur Abhängigkeitsbeziehung der einzelnen Validitätskomponenten – wie z. B. Kriteriums- und Konstruktvalidität – ist es geradezu ein konstituierendes Merkmal der Akzeptanz einer diagnostischen Situation, dass diese unabhängig von der Validität des eingesetzten Verfahrens variieren kann. Strategisch ist der Begriff hingegen geschickt gewählt, verdeutlicht die Interpretation der Akzeptanz als Aspekt der Validität doch in vorbildlicher Weise, wie ein Surrogat für den wissenschaftlichen Qualitätsstandard der Validität geschaffen wird. Die Praxis hat mit der „sozialen Validität" (Akzeptanz) ihre eigene Validitätsauffassung etabliert, die mit dem wissenschaftlichen Validitätsbegriff nicht übereinstimmt. Im Gegensatz zu den erst langfristig zur Verfügung stehenden Informationen über die prognostische Kriteriumsvalidität können Akzeptanzbefragungen unmittelbar durchgeführt werden (Kersting, 1998), verlangen also keinen „Belohnungsaufschub" in der Handlungssteuerung (siehe Abschnitt 3.2).

Die von der Hohenheimer Arbeitsgruppe um Schuler durchgeführte Befragung zur Anwendungshäufigkeit von Verfahren zur internen Personalauswahl (Hell, Schuler,

Boramir & Schaar, 2006) berücksichtigt auch die Einschätzungen der Praktiker zu den hier genannten Kriterien der Praktikabilität und der vermuteten Akzeptanz. Zu den praktikabelsten Verfahren werden die verschiedenen Interviewvarianten gezählt. Entgegen der tatsächlichen Sachlage wird die Praktikabilität von Interviews als höher angesehen als die von Intelligenztests. Sämtliche schriftliche Verfahren (Leistungs-, Intelligenz- und Persönlichkeitstests) werden als mittelmäßig praktikabel bewertet. Hinsichtlich der Akzeptanz wird den verschiedenen Interviewvarianten eine überdurchschnittliche Akzeptanz bei den Bewerbern zugeschrieben. Insgesamt ist die Korrespondenz zwischen der tatsächlichen Anwendungshäufigkeit der Verfahren mit den Praktikabilitäts- und Akzeptanzeinschätzungen der Anwender deutlich höher als die Korrespondenz zwischen Anwendungshäufigkeit und der tatsächlichen Validität der Verfahren.

Verfahren werden eingesetzt, weil sie mutmaßlich praktikabel und sozial akzeptiert sind, nicht weil sie valide sind

3.3.2 Implizite Kriterien

Neben expliziten Zielen richtet der Mensch sein Handeln auch nach impliziten Zielen aus, die er entweder bewusst verschweigt oder die seiner Introspektion unzugänglich, gleichwohl aber verhaltenswirksam sind. Einstellungen werden nicht unmittelbar von Reizgegebenheiten einer Situation oder von Sachargumenten gesteuert, sondern zunächst verarbeitet und zu einer Kognition integriert. Neben der objektiven Realität existiert die subjektive Realität, der Mensch konstruiert sich seine Welt. Unter Berücksichtigung dieser und weiterer Aspekte hat die Psychologie das Verhalten unterschiedlicher Gruppen und Individuen untersucht und z. B. psychologische Bedingungsfaktoren ermittelt, die das Verhalten von Konsumenten oder Aktienanlegern vorhersagen und erklären. Selbstverständlich geht die Psychologie dabei davon aus, dass dieses Verhalten nicht vollständig rational ist. Nur ihr direktes Gegenüber, die potenziellen Anwender psychologischer Erkenntnisse, scheinen viele wissenschaftlich orientierte Psychologen mit einem blinden Fleck wahrzunehmen. Sie erwarten vom Praktiker ein vollständig rationales, von sachfremden Erwägungen freies Verhalten, anstatt z. B. im Bereich der Eignungsdiagnostik eine „Psychologie des Personalverantwortlichen" in Rechnung zu stellen. Möglicherweise steht das Bedürfnis nach Anerkennung der psychologischen Diagnostik der rationalen „Diagnose des Personalverantwortlichen" im Weg. Das Verhalten der Praktiker, den Empfehlungen der Wissenschaft nur bedingt nachzukommen, empfinden viele Wissenschaftler als irrational. Mit der naheliegenden Aufgabe, das Irrationale zu erklären und nach internen, nicht direkt beobachtbaren Verhaltensbedingungen zu suchen, hat man sich aber bislang wenig beschäftigt. Neben differentiell-psychologischen Aspekten (siehe Abschnitt 3.4) sollten bei der Erklärung auch mikropolitische Aspekte der Organisation berücksichtigt werden. Im Übertrag der von Coopey (1995) für andere Bereiche formulierten Erkenntnis kann die Vorstellung, dass sich die Mitglieder einer Organisation zum Wohle des übergeordneten Unternehmensziel selbstlos für die Umsetzung der wissenschaftlichen Erkenntnisse einsetzen, als naiv betrachtet werden.

Die Psychologie des Personalverantwortlichen

In der Arbeitswelt entwickeln sich, wie in anderen Bereichen der Gesellschaft auch, Organisationskulturen, die implizites Wissen und implizite Ziele vermitteln (siehe

Unstandardisierte und intransparente Verfahren vereinfachen die Realisierung impliziter Ziele

z.B. Kluge & Schilling, 2000, 2004). Es existieren „lokale Theorien" im Sinne von Baitsch, Knoepfel und Eberle (1996). Lokale Theorien sind die in einer Organisation von einer Mehrheit geteilten und in der Regel nicht in Frage gestellten Vorstellungen und Überzeugungen hinsichtlich der für die gemeinsame Arbeit relevanten Ausschnitte der organisationalen Wirklichkeit. Mit Argyris (1993) kann man zwischen den „*espoused theories*" (den veröffentlichten Leitbildern, Zielen und Werten) und den tatsächlichen „*theories in use*" unterscheiden. Unter psychometrischen Gesichtspunkten defizitäre Verfahren der Eignungsbeurteilung mögen vielleicht nicht zur Erreichung der expliziten Ziele im Sinne der „espoused theories" beitragen, sehr wohl aber effektiv zur Erreichung impliziter Ziele im Sinne der „theories in use". Der Blick auf die impliziten Ziele fokussiert den „Verwertungszusammenhang" (siehe Weber & Westmeyer, 1999). Angenommen den „theories in use" zufolge bestehen in einer Organisation Vorurteile gegenüber bestimmten Gruppen, z.B. gegenüber Frauen, Ausländern oder älteren Menschen. Angehörigen dieser Gruppe wird unterstellt, weniger leistungsfähig zu sein. Natürlich ist es denkbar, bereits die Anforderungsanalyse so zu gestalten, dass bestimmte Gruppen bei der Personalauswahl weniger Chancen haben (siehe Hanft, 1999). Wahrscheinlicher aber ist, dass sich die Vorurteile nicht in dem Anforderungsprofil wieder finden, welches in der Regel nur die „*espoused theories*" wiedergibt. Es ist unter diesen Umständen weder verwunderlich noch irrational, dass die Organisation ein vergleichsweise interpretationsoffenes und intransparentes Personalauswahlverfahren wie z.B. ein unstandardisiertes Interview einem standardisierten und transparenten Verfahren wie einem psychometrischen Test vorzieht. Das Interview kann so interpretiert werden, dass Angehörige der Gruppen, die nach den „*theories in use*" nicht zur Organisation passen, schlecht abschneiden und die Organisation ihren Status Quo, ihre organisationale Kultur beibehält ohne unter „Rechtfertigungsdruck" zu geraten.

Intransparenz schützt vor Kritik

So gesehen sind intransparente Verfahren sogar rechtssicherer als transparente Verfahren: Wer seine Kriterien und sein Verfahren offen legt, läuft immer auch Gefahr, kritisiert zu werden. In der Untersuchung von Terpstra und Rozell (1997) brachten die Personaler gerade gegen standardisierte Methoden wie Intelligenztests rechtliche Bedenken vor. Tatsächlich bringt die Standardisierung und zentrale Datenaufbereitung es mit sich, dass über Testergebnisse mehr bekannt ist als über Interviewergebnisse. So weiß man etwa, dass bestimmte Gruppen in bestimmten Testdimensionen im Durchschnitt bessere oder schlechtere Leistungen erzielen. Frauen erzielen beispielsweise durchschnittlich in der revidierten Fassung des NEO-Persönlichkeitsinventars (NEO-PI-R, Ostendorf & Angleitner, 2004) im Vergleich zu Männern geringere Werte in emotionaler Stabilität, das gleiche gilt für jüngere Testanden im Vergleich zu älteren. Für Nordamerika sind zahlreiche Befunde dokumentiert, dass Angehörige bestimmter Gruppen im Durchschnitt bei einem Test höhere Ausprägungen erzielen als Angehörige anderer Gruppen (z.B. Helms, 1992; Jensen, 1980, 1984). Entsprechend wurden in Nordamerika Organisationen verurteilt, die sich bei Personalentscheidungen auf Testverfahren stützten, die nach Ansicht der Gerichte zu einer Diskriminierung von Minderheiten beitragen. „Fairness" ist in Nordamerika ein zentrales Thema (für einen Überblick siehe z.B. Reynolds & Brown (1984) sowie Samuda, Kong, Cummins, Pascual-Leone & Lewis (1989)). Gleichwohl Maxwell und Arvey (1993) mit Bezug auf die Grundgesamtheiten zeigen konnten, dass die validesten Verfahren methodisch zwingend auch die fairsten Verfahren im Sinne der Cleary Definition (siehe Möbus, 1983) sind, verunsichern solche Debatten um die Rechtmäßigkeit von testbasierten Personalentscheidungen die Praktiker (für eine gegenteilige Ansicht siehe Wolf und Jenkins, 2006). In Deutschland war die „Fairness" bislang mit wenigen Ausnahmen (z. B. Kersting, 1995, 1996; Simons & Möbus, 1976; Trost, 1985; Wottawa & Amelang, 1980) kein bedeutsames Thema. Dies könnte sich allerdings durch die Einführung des Allgemeinen Gleichstellungsgesetzes (AGG) ändern (siehe Abschnitt 4.2). Intransparente Verfahren stehen seltener im Verdacht der „Unfairness": Da nichts über die Verfahren bekannt ist, ist auch nichts Kritisches bekannt, so dass die Wahl intransparenter Verfahren fehlerhaft als Beitrag zur Risikominimierung angesehen werden kann. Tatsächlich ist eine derartige Strategie wenig sinnvoll. Das AGG sieht für den Arbeitgeber eine Rechtspflicht zur Begründung seiner Auswahlentscheidung vor (siehe Abschnitt 4.2 sowie Kersting & Püttner, 2006). Voraussetzung hierfür ist ein gut dokumentiertes, nachvollziehbares Verfahren.

Viele Entscheider scheuen die Auseinandersetzung mit der Personalvertretung. In Deutschland lässt sich eine derartige Auseinandersetzung aufgrund des Betriebsverfassungsgesetzes bzw. Personalvertretungsgesetzes leichter umgehen, wenn man keine standardisierten Prozesse etabliert. Strukturierte Beurteilungsverfahren die der Arbeitgeber zur Eignungsbeurteilung einsetzen will, unterliegen als so genannte „allgemeine Beurteilungsgrundsätze" beispielsweise der Mitbestimmung des Betriebsrats (siehe Kersting & Püttner, 2006). Gerade die Standardisierung weckt ein kollektives Interesse, welches dann durch den Betriebsrat oder den Personalrat wahrgenommen wird.

Standardisierung weckt ein kollektives Interesse, welches durch die Personalvertretung wahrgenommen werden kann

Die weiter oben genannten Entscheidungskriterien für die Auswahl diagnostischer Verfahren können im Einzelfall der Introspektion unzugänglich sein. Eine andere Sachlage liegt vor, wenn die expliziten, vorgeblichen Kriterien von den implizit verfolgten Kriterien bewusst abweichen, wenn die Kriterien also bewusst sind, aber nicht kommuniziert werden, sondern nach außen hin implizit bleiben. Hinter dem an ein Beratungsunternehmen vergebenen Auftrag, eine Leistungsbestimmung der Belegschaft vorzunehmen, verbirgt sich vielleicht lediglich die Suche nach einem Vorwand, den Personalumfang zu halbieren. Der Vorstand steht dann gut da, wenn er offiziell später entscheidet, was von vornherein geplant war: Bei den Entlassungen wird statt nach den Ergebnissen der Diagnostik nach einem Sozialplan vorgegangen. Dem Beratungsunternehmen und damit der Diagnostik wurde lediglich der Schwarze Peter zugeschoben, die Diagnostik selbst, ihre Ergebnisse und ihre Qualität spielen in diesem Fall keine Rolle. Ebenfalls denkbar sind Fälle, in denen ein kurzfristiger Erfolg (sei es finanzieller Art oder auch nur die Erfolgsmeldung: „alle vakanten Stellen sind in wenigen Wochen besetzt worden") wichtiger ist als langfristige Qualität. Bei einer Umfrage des Business Roundtable Institute for Corporate Ethics und des Analystenverbandes Chartered Financial Analyst (CFA) unter 400 Managern gaben 80 % der Befragten an, gelegentlich langfristige Unternehmensziele zu opfern, damit die Quartalszahlen (etwa bei der Einstellung von neuem Personal) besser aussehen (zitiert nach der Financial Times Deutschland vom 24.07.2006 sowie der Zeit, 27. 07. 2006).

Kurzfristige Erfolge wichtiger als langfristige Qualität

3.4 Dem Wissenstransfer abträgliche Eigenschaften und Ziele einzelner Entscheider

Organisationale Rahmenbedingungen des Wissenstransfers

Würde sich die Praxis der Eignungsdiagnostik an den in Kapitel 2 referierten Qualitätsstandards orientieren, würde dies zwangsläufig eine Veränderung des z. B. in Tabelle 1 dargestellten Status Quo nach sich ziehen. In Abschnitt 3.3 wurden die impliziten und expliziten Kriterien für die Gestaltung der Diagnostik aus der Organisationsperspektive betrachtet. Die meisten Arbeiten der Arbeits- und Organisationspsychologie zum Thema „Veränderungen" sind auf dieser Makroebene angesiedelt. Ob die Veränderung erfolgreich ist, hängt dieser Perspektive entsprechend unter anderem davon ab, wie der Veränderungsprozess gestaltet wird (siehe z. B. Greif, Runde & Seeberg, 2004).

Individuell-differentielle Perspektive

In jüngster Zeit werden organisationale Veränderungen aber auch aus der individuell-differentiellen Perspektive betrachtet. Individuelle Personmerkmale können sich als Hindernis für den Wissenstransfer von der Wissenschaft zur Praxis auswirken. Als Beispiele für entsprechende Eigenschaften können die Konzepte von Judge, Thoresen, Pucik und Welbourne (1999) sowie Oreg (2003) gelten.

Das Dispositions-Konzept von Judge et al.

Judge et al. (1999) identifizierten in ihrer Studie mit 514 Personen zunächst sieben veränderungsrelevante persönliche Dimensionen (locus of control, generalized self-efficacy, self-esteem, positive affectivity, openness to experience, tolerance for ambiguity und risk aversion). Auf der Ebene der Faktoren zweiter Ordnung fassten sie diese Dimensionen zu den beiden Faktoren „positive self-concept" (die ersten vier der oben genannten Dimensionen) und „risk tolerance" (die letzten drei der oben genannten Dimensionen) zusammen.

Resistance to change

Der Faktor „risk tolerance" von Judge et al. (1999) weist konzeptionelle Übereinstimmungen mit dem von Oreg (2003) formulierten und in zahlreichen Studien empirisch bestätigten Dimension „resistance to change" auf. Menschen mit einer hohen Ausprägung dieser Dimension beharren auf Routinen, reagieren emotional angespannt auf Veränderungen und sind in ihrem Denken kurzfristig orientiert und rigide. Diese Merkmale führen dazu, dass Innovationen, wie z. B. die Einführung einer qualitativ hochwertigen Diagnostik, abgewehrt werden. Eine derartige Innovationsabwehr erfüllt die Funktion eines „Selbstschutzes". Am Beispiel der Einführung diagnostischer Qualitätsstandards stellt Wottawa (2004) diese affektive Seite des Veränderungsgeschehens dar. Er lenkt die Aufmerksamkeit auf die Widerstände, die mit der Einführung neuer diagnostischer Verfahren und Strategien verbunden sind. Die Betroffenen verfolgen zunächst das Ziel, den gewohnten Prozessablauf und vor allem das berufliche Selbstwertgefühl aufrecht zu erhalten. Das bisherige Vorgehen aufzugeben und stattdessen den anders lautenden Empfehlungen der Wissenschaft nachzukommen, bedeutet immer auch einzuräumen, dass das bisherige Vorgehen defizitär war. Dies erklärt, warum oft an einmal ausgewählten Verfahren festgehalten wird.

Ob eine Organisation ihre bisherige Praxis ändert und zukünftig Qualitätsstandards der Diagnostik beachtet, wird neben anderen Faktoren also auch von den veränderungsrelevanten Personmerkmalen der Entscheider abhängen. Darüber hinaus sind die individuellen (expliziten oder impliziten) Kriterien der Akteure (und nicht nur die in Abschnitt 3.3 behandelten Ziele der Organisation) zu berücksichtigen. Die Metapher der „politischen Arena" verdeutlicht den Einfluss persönlicher Interessen von einzelnen Mitgliedern der Organisation, die unter anderem den Bereich der Personalentscheidungen betreffen. Mit der Personalauswahl und der Eignungsbeurteilung von internem Personal sind auch Aspekte der Machtausübung verbunden. Objektive Verfahren der Diagnostik zeichnen sich dadurch aus, dass das Ergebnis der Beurteilung weitgehend unabhängig ist von der durchführenden und auswertenden Person. Anders formuliert bedeutet die Einführung von objektiven Verfahren eine Entmachtung der bisherigen Akteure. Wenn man Personalauswahl nach „Gutsherrenart" betreibt, bekleidet eben jemand auch die angenehme Rolle des „Gutsherrn". Dieser Jemand wird sich Modifikationen widersetzen, um seine Privilegien zu verteidigen. Es ist erstaunlich, dass einzelne Wissenschaftler offensichtlich erwartet haben, dass die Akteure dem Vorschlag einer solchen Entmachtung begeistert zustimmen. Den psychologischen Erkenntnissen zufolge reagieren Personen auf von außen vorgenommene Initiativen, ihre Entscheidungsfreiheit einzuschränken, mit Reaktanz (siehe z. B. Brehm & Brehm, 1981).

<small>Organisationen als „politische Arena" für individuelle Interessen</small>

Neben der größeren Entscheidungsmacht ist in Rechnung zu stellen, dass die Durchführung und Interpretation z. B. eines unstrukturierten Interviews eine attraktivere Tätigkeit ist als beispielsweise die standardisierte und somit monotone und langweilige Durchführung und Auswertung eines Testverfahrens. Interviews sind aufgrund der Interaktivität abwechslungsreich, die Informationsverarbeitung erfolgt unmittelbar und nicht über einen als „black box" zwischengeschalteten Test. Auch die Rolle des Interviewers ist attraktiver als die Rolle des Testverantwortlichen: Man ist zum einen Entscheider, zum anderen häufig aber auch Coach, der den Interviewten Tipps mit auf dem Weg gibt. Schließlich schützen intransparente und schlecht dokumentierte Verfahren auch vor Verantwortungsübernahme. Ob ein Test falsch ausgewertet wurde oder eine Eignungsbeurteilung entgegen der aus dem Test abgeleiteten Eignungsfeststellung getroffen wurde, lässt sich eindeutig nachvollziehen, die Verantwortlichen können zur Rechenschaft gezogen werden. Ob ein Fehler in einem nicht dokumentierten Interview gemacht wurde, lässt sich hingegen kaum nachweisen, so dass im Falle eines Misserfolgs niemand verantwortlich gemacht werden kann.

<small>„Freie" Personalauswahlverfahren machen mehr Spaß und schützen vor Verantwortungsübernahme</small>

3.5 Verminderte Einflussnahme der Wissenschaft aufgrund der einseitigen Grundlagenorientierung der universitären Psychologie

Die Möglichkeiten der Wissenschaft, die psychologisch-diagnostische Praxis zu beeinflussen, werden durch die Grundlagenorientierung der akademischen Psychologie erschwert. In der Grundlagenwissenschaft werden idealisierte Situationen angestrebt, die unter störungsfreien Bedingungen eine größtmögliche Kontrolle und planmäßige Variation der Variablen ermöglichen. Im Gegensatz zur Naturwissenschaft, in deren Glanz sich die psychologischen Grundlagenwissenschaften sonnen,

<small>Praxisorientierte Arbeiten sind in der grundlagenorientierten psychologischen Wissenschaft schlecht angesehen</small>

werden die empirischen Arbeiten der Anwendungsfächer diesen Anforderungen nicht gerecht. Der Einsatz von diagnostischen Verfahren im Feld erfordert – anders als das sterile Labor – Kompromisse, da der Klinik-, Schul- oder Betriebsalltag nicht gestört werden darf. Quasi-experimentelle Arbeiten haben aber nur ein eingeschränktes Erklärungspotenzial. In dem grundwissenschaftlich orientierten System der akademischen Psychologie gelten der technologischen Sichtweise verpflichtete Arbeiten – und deren Autoren – entsprechend als zweitrangig (siehe Kanning, Rosenstiel, Schuler, Petermann, Nerdinger, Batinic, Hornke, Kersting, Jäger, Trimpop, Spiel, Korunka, Kirchler, Sarges & Bornewasser, 2007). Wie Bungard (1993, S. 369) feststellt, schadet man als Wissenschaftler mit praxisorientierten Arbeiten seinem Ruf. Es ist daher nicht zu erwarten, dass sich Wissenschaftler, die sich im System Universität etablieren müssen, in der Praxis und für die Praxis engagieren. Aufgrund der schlechten Reputation der angewandten Forschung ist es entsprechend schwer, für diese Forschung bei öffentlich-rechtlichen Institutionen (z. B. der Deutschen Forschungsgemeinschaft) Geld einzuwerben. (Zu den vielfältigen Benachteiligungen angewandter Forschung durch die öffentlich-rechtlichen Institutionen siehe u. a. Bungard, 1993, S. 382 sowie Kanning et al., 2007).

Pedantische statt pragmatische Wissenschaft

Aufgrund der Grundlagenorientierung mangelt es selbst den Anwendungsfächern der Psychologie, z. B. der Arbeits- und Organisationspsychologie, an einem wirklichen Anwendungsbezug (siehe Rosenstiel, 2004; Schuler, 2005). Häufig dominieren Arbeiten, die nach dem für die Eignungsdiagnostik entwickelten Schema von Anderson (2005) als „pedantische Wissenschaft" bezeichnet werden können. Dabei handelt es sich um Studien, die zugunsten der Methodentreue den Praxisnutzen außer Acht lassen. Derartige Arbeiten sind in den Anwendungsfächern ebenso wenig nützlich wie die von Anderson als „populistische Wissenschaft" (nur auf Wirkung bedacht, aber qualitativ schlecht) und „unreife Wissenschaft" (weder wissenschaftlich noch praktisch relevant) bezeichneten Arbeiten. Erstrebenswert sind lediglich Arbeiten, die im Anderson'schen Schema als „pragmatische Wissenschaft" bezeichnet werden. Mit einem pragmatischen Ansatz hat man als Wissenschaftler aber nur geringe Chancen in einer Wissenschaftslandschaft zu reüssieren, die sich am Ideal der Grundlagenforschung orientiert. Die daher auch in den Anwendungsfächern vorherrschende Grundlagenorientierung der Psychologie ist dem Transfer diagnostischer Erkenntnisse von der Wissenschaft in die Praxis abträglich. Bei den formalisierten fachinternen Bewertungskriterien für Wissenschaftler zählt die langjährige Entwicklung oder Evaluation eines Trainings oder eines Testverfahrens in der Regel weniger als die mit vergleichsweise wenig Aufwand zu erlangende Co-Autorenschaft bei einer englischsprachigen Publikation der Ergebnisse einer Laborstudie. Vergleichbares gilt für die als wissenschaftlich minderwertig geltenden Leistungen einer deutschsprachigen Veröffentlichung in einem von Praktikern gelesenem Buch oder einer Zeitschrift. Am Beispiel von Tests, deren besondere Bedeutung für die Eignungsdiagnostik in Abschnitt 1.1 hervorgehoben wurde, kann der hemmende Einfluss der Grundlagenorientierung veranschaulicht werden. Testrezensionen werden häufig nicht als vollwertige Publikation anerkannt, d. h. der Wissenschaftler kann diese von seiner karrierebestimmenden Publikationsliste streichen. Besonders prekär ist die Situation für Arbeiten der Testpflege (z. B.

Neunormierungen). Während Forschungen zu und Evaluationen von Testverfahren vielleicht noch als (zweitrangige) Forschungsarbeit durchgehen, wird den „Handwerkstätigkeiten" der Testpflege grundsätzlich der Wissenschaftlichkeitsstatus verweigert. Dies ist ein Grund dafür, warum zahlreiche Tests – zur Verwunderung der Anwender – nicht gepflegt werden. Punter und Kubinger (2002) konstatieren, dass es auch fünf Jahre nach dem Erscheinen des Sonderhefts der Zeitschrift für Differentielle und Diagnostische Psychologie mit 25 Testrezensionen zu einschlägigen Testverfahren nur bei einem Drittel der kritisierten Verfahren zu Verbesserungen gekommen ist. Angesichts der Rahmenbedingungen in der Wissenschaft ist es eher erstaunlich, dass es bei so vielen Verfahren Verbesserungen gegeben hat, da die Testpflege nicht der wissenschaftlichen Qualifikation dient.

Testpflege dient nicht der wissenschaftlichen Qualifikation

Während die Praxis, wenn überhaupt, in der jeweiligen Nationalsprache verfasste Publikationen zur Kenntnis nimmt, hat sich die Psychologie einer internationalen und somit englischsprachigen Publikationspraxis verschrieben. Im Jahre 2000 bestätigte der Vorstand der Deutschen Gesellschaft für Psychologie, dass es u. a. das Ziel wissenschaftlichen Arbeitens sei, *„internationale Beachtung von Forschungsbefunden zu erlangen (...). Dies setzt Forschungsarbeit auf hohem Niveau voraus; die Publikation der Befunde in angesehenen internationalen Zeitschriften ist dann eine logische Konsequenz und ein unerlässliches Desideratum"* (Deutsche Gesellschaft für Psychologie, 2000, S. 97). Diese Zielvorgabe des Wissenschaftssystems erschwert den Wissenstransfer in die diagnostische Praxis. Im Gegensatz zur Naturwissenschaft geht es in der angewandten Diagnostik nicht um universelle (und somit international interessante) Gesetze, sondern um zielorientiertes Handeln in einem definierten und sprachgebundenen Anwendungskontext (Wottawa, 1999). Diagnostik ist sprach-, kultur- und kontextgebunden. Für die diagnostische Situation sind regionale Besonderheiten maßgeblich, je nach Fragestellung z. B. das deutsche Gesundheitssystem, das Schulsystem, das berufliche Ausbildungssystem, das öffentliche Dienstrecht, die Rechtschreibreform usw. Will man eine Arbeit international publizieren, ist es aber erforderlich, von diesen für Praktiker vornehmlich interessanten, sprachlichen und kulturellen Rahmenbedingungen zu abstrahieren. Die einseitige Ausrichtung auf Internationalität bedeutet somit indirekt eine Ausgrenzung bestimmter inhaltlicher Themen aus dem wissenschaftlichen Fokus. Zwar wurden in der abschließenden Erklärung des Vorstandes noch einige Einschränkungen ergänzt und somit ein pater pecavi gesprochen, man sollte dem Schuldbekenntnis aber nicht trauen: In einer Analyse von Montada, Krampen und Burkard (1999) kann man nachlesen, dass bei allen Evaluationskriterien über die berufliche Leistung wissenschaftlicher Psychologen *„die internationalen Aktivitäten durchgängig höhere Mittelwerte erzielen"* (S. 81). Internationale Aktivitäten von Wissenschaftlern sollten nach Ansicht der in dieser Studie befragten 265 Experten bei der Evaluation von Wissenschaftlern besonders positiv bewertet werden. Dies bedeutet umgekehrt, dass anwendungsorientierte Aktivitäten, die zwangsläufig kontextgebunden und somit national sind, bei der Evaluation von Wissenschaftlern nicht positiv bewertet werden. Es ist entsprechend nicht zu erwarten, dass Wissenschaftler sich für ein Engagement für den Transfer der wissenschaftlichen Erkenntnisse in die Praxis und somit gegen ihre eigene Karriere entscheiden.

Die Pflicht auf Englisch zu publizieren erschwert den Wissenstransfer in die diagnostische Praxis

Diagnostik ist sprach-, kultur- und kontextgebunden

Mangel an geeigneten Publikationsforen für praxisorientierte diagnostische Arbeiten

Selbst wenn man als Wissenschaftler bereit ist, mit dem Makel einer deutschsprachigen Publikation zu leben, wird man es schwer haben, ein geeignetes Publikationsforum für praxisorientierte diagnostische Arbeiten zu finden. Der Mangel an Publikationsfläche ist mit der oben dargestellten Internationalisierung verknüpft. Schuler (2004) konstatiert, dass die Veröffentlichung neuer berufsbezogener Testverfahren in einer fremdsprachigen Zeitschrift sinnlos wäre. Da die Fachzeitschriften aber internationalisiert werden (so wurde z. B. aus der ehemaligen „Zeitschrift für Differentielle und Diagnostische Psychologie" das „Journal of Individual Differences"), gibt es für diagnostische Themen in den Fachzeitschriften immer weniger Raum.

4 Die DIN 33430

Die DIN 33430 (DIN, 2002) formuliert „Anforderungen an Verfahren und deren Einsatz bei berufsbezogenen Eignungsbeurteilungen". Im vorliegenden vierten Kapitel wird zunächst die Entstehung von DIN-Normen im Allgemeinen und der DIN 33430 im Besonderen referiert (siehe Abschnitt 4.1), bevor im zweiten Abschnitt die rechtliche Bedeutung von DIN-Normen herausgearbeitet und im dritten Abschnitt der im Kontext von DIN-Normen genutzte besondere Qualitätsbegriff erläutert wird. Im vierten Abschnitt des Kapitels werden die Inhalte der DIN 33430 vorgestellt. Der fünfte Abschnitt verdeutlicht die Verbindung zwischen einer DIN-Norm und der Idee der Feedbackorientierung, die im Abschnitt 3.2 angesprochen wurde.

Überblick über die fünf Abschnitte des vierten Kapitels

4.1 Entstehung der DIN 33430

Die DIN 33430 (DIN, 2002) unterscheidet sich von den in Kapitel 2 dargestellten Qualitätsstandards u. a. dadurch, dass sie außerhalb der psychologischen Berufsverbände formuliert wurde. Die bisherigen Ansätze waren an die psychologischen Berufsverbände gebunden und entfalteten bestenfalls bei den Mitgliedern dieser Gruppe ihre Wirkung. Doch selbst hier war der Effekt aufgrund der Unverbindlichkeit der Richtlinien begrenzt, sie wurden häufig lediglich als berufsständische Tugendlehre rezipiert (Kersting & Hornke, 2003). Nichtpsychologen fühlten sich von Berufsstandesregeln für Psychologen nicht angesprochen. Allein für den Bereich des psychologischen Testens ist aber davon auszugehen, dass fast 90 % aller hier Tätigen keine Psychologen sind (Bartram, 2001, siehe Abschnitt 1.2). Anders als mit berufsständischen Regeln verhält es sich mit einer arbeitsfeldbezogenen DIN-Norm, die allen Verantwortlichen – ungeachtet ihrer Berufsgruppenzugehörigkeit – Standards setzt.

DIN-Normen sind nicht berufsständisch, sondern arbeitsfeldbezogen

Industrienormen sind Konventionen zwischen Menschen über Gegenstände und Verhalten (siehe weiter unten, Abschnitt 4.3). Normen stellen Leitlinien für das Handeln dar, die dem allgemeinen Nutzen dienen. In Bereichen wie der Automobilindustrie sind Normen und Zertifikate weit verbreitet, in der Luftfahrt, der Medizin oder der Kernenergie sind sie teilweise verpflichtend. Bekannt sind Produktnormen, etwa Normen zum Papierformat DIN A4. Mittlerweile wurden aber auch Normen eingeführt, die Dienstleistungen als beherrschbare und beherrschte Prozesse auffassen. Um eine solche Dienstleistungsnorm handelt es sich bei der DIN 33430, die unter dem Dach des Deutschen Instituts für Normung e.V. (DIN) erarbeitet wurde.

DIN-Normen stellen gemeinsam erarbeitete Leitlinien für das Handeln dar

Das DIN ist ein privater Verein. Auf der Grundlage eines Vertrages mit der Bundesrepublik Deutschland vertritt das Institut die Deutsche Normung im In- und

DIN-Normen geben den Stand von Wissenschaft und Technik wieder

Ausland. Nach diesem Vertrag sollen DIN-Normen der Allgemeinheit dienen und den jeweiligen Stand von Wissenschaft und Technik wiedergeben, so dass der Gesetzgeber auf bestimmte Normen verweisen kann. Die Bezugnahme auf DIN-Normen in Gesetzen und Verordnungen entlastet den Staat und die Bürger von rechtlichen Detailregelungen. Auf das Erscheinen einer neuen DIN-Norm wird im Bundesanzeiger hingewiesen.

Das DIN-Institut stellt den neutralen organisatorischen Rahmen für die Erarbeitung von Normen zur Verfügung

Das DIN-Institut entwickelt Normen nicht auf eigene Initiative, sondern wird nur auf Antrag tätig. Der dann zur Normentwicklung eingerichtete Ausschuss ist der „Souverän" des Verfahrens, nicht das DIN-Institut, das nur den neutralen organisatorischen Rahmen zur Verfügung stellt. Der Antrag, der letztendlich zur DIN 33430 führte, wurde 1995 vom Berufsverband Deutscher Psychologen eingebracht. Bei der Erstellung der Norm sind alle interessierten Kreise teilnahmeberechtigt. Die Absicht, eine Norm zu erstellen, wird daher grundsätzlich veröffentlicht, um allen interessierten Kreisen die Gelegenheit zu geben, Einfuß auf die Normerstellung zu nehmen. Der Normungsausschuss, der die DIN 33430 erarbeitet hat, tagte erstmalig am 9. Juni 1997. Seine offizielle Bezeichnung lautete: Arbeitsausschuss 4.4, „Psychologische Eignungsdiagnostik" im Normenausschuss Gebrauchstauglichkeit und Dienstleistungen. Das ursprüngliche Normungsziel bestand in dem Vorhaben „Anforderungen an psychologische Verfahren" zu standardisieren. Bei einem vom Testkuratorium organisierten Expertenhearing in Bad Breisig am 28. und 29. November 1997 wurde der Beschluss gefasst, das Vorhaben auf die Eignungsdiagnostik zu beschränken.

Die DIN 33430 wurde von den Ausschussmitgliedern im Konsensverfahren kollegial erarbeitet

Die Mitglieder des Arbeitsausschuss 4.4, „Psychologische Eignungsdiagnostik" wurden von der Bundesagentur für Arbeit, von der Bundeswehr, vom Deutschen Sparkassen- und Giroverband, vom TÜV, von den beiden psychologischen Berufsverbänden, von drei psychologischen Fachverlagen (Harcourt (vormals Swets), Hogrefe und Schuhfried) sowie von sechs Personalberatungen (Deutsche Gesellschaft für Personalwesen e.V.; Gideon; Institut für Personal- und Unternehmensberatung Will & Partner; Intelligenz-System-Transfer; Kienbaum Management Consultants und teme) delegiert. Zum Obmann des Normungsausschusses wurde Prof. Dr. L. F. Hornke gewählt, zu seinem Vertreter Prof. Dr. G. Schmitt. Aktive Ausschussmitglieder waren: H. Ackerschott, Dr. D. Haase, H. Heyse, Prof. Dr. R. Hilke, Dr. J. Hogrefe, R. Horn, Dr. M. Kersting, F. Lang, N. Gantner, Dr. H. Lundberg, Dr. A. Melter, S. Moos, Dr. G. Reimann, Dr. C. Rüssmann-Stöhr, K. Sänger und Prof. Dr. H. Wottawa. Alle Ausschussmitglieder verfügten über die gebotene Sachkunde und Erfahrung (siehe Abschnitt 4.2). Seitens des DIN wurde der Ausschuss von dem Juristen Dr. H. Mühlbauer betreut. Die DIN 33430 wurde, wie jede DIN-Norm, von den Ausschussmitgliedern im Konsensverfahren kollegial erarbeitet.

Zunächst wird ein Norm-Entwurf (Gelbdruck) veröffentlicht, gegen den Einspruch erhoben werden kann

Die Regeln zur Entwicklung von DIN-Normen sehen vor, dass der Veröffentlichung der eigentlichen Norm die Bekanntgabe eines Norm-Entwurfes vorausgeht. Dieser Entwurf wird, da er auf gelbem Papier gedruckt wird, „Gelbdruck" genannt. Der Entwurf zur DIN 33430 wurde im Oktober 2000 veröffentlicht. Gegen den „Gelbdruck" kann formal „Einspruch" erhoben werden, eine Auswertung der Einsprüche gegen den „Gelbdruck" der DIN 33430 ist in Kapitel 5 dargestellt. Der Norm-Entwurf zur DIN 33430 wurde aufgrund der Einsprüche überarbeit (siehe Abschnitt 5.2), im Juni 2002 erfolgte die Veröffentlichung der DIN 33430. Neben der Publikation im Beuth Verlag (DIN, 2002) findet sich ein autorisierter Nachdruck der Norm in Kanning (2004). Hornke (2005) hat eine englische Fassung der DIN 33430 veröffentlicht, die auch im Internet verfügbar ist. Erläuternde Darstellungen zur Norm geben u. a. Heyse und Kersting (2004) sowie Kersting und Heyse (2004).

DIN-Normen werden spätestens alle fünf Jahre überprüft. Entsprechen die Inhalte einer DIN-Norm nicht mehr dem Stand der Technik, so muss die Norm entweder überarbeitet oder zurückgezogen werden. Die Überprüfung der DIN 33430 erfolgte im Jahr 2007 ohne nennenswerte Beanstandungen/Änderungen.

Die erste Überprüfung der DIN 33430 erfolgte 2007

Der formale Rahmen der DIN sorgte für die effiziente Diffusion der formulierten Qualitäts- und Qualifikationsforderungen. Die Beachtung von DIN-Normen erfolgt freiwillig (siehe Abschnitt 4.2). Die Norm übt aber Zwang aus, wenn sie von relevanten Marktteilnehmern als Standard angesehen und akzeptiert wird. Die Frage nach der Bedeutung einer DIN ist somit vor allem eine marktwirtschaftliche Frage, es gibt DIN-Normen, die sich am Markt durchsetzen und andere, denen dies nicht gelingt. Darüber hinaus kann eine DIN, auch wenn sie keine Rechtsnorm ist, rechtliche Bedeutung erlangen, wie im nachfolgenden Abschnitt erläutert wird.

Die Frage nach der Bedeutung einer DIN-Norm ist vor allem eine marktwirtschaftliche Frage

4.2 Zur rechtlichen Bedeutung der DIN 33430

Das DIN hat als privatrechtlicher Verein keine staatlichen Rechtsetzungsbefugnisse. DIN-Normen sind entsprechend keine Rechtsnormen, niemand ist verpflichtet, sich nach DIN-Normen zu richten. Ihre Einführung und Umsetzung erfolgt freiwillig. Gleichwohl können DIN-Normen bei Rechtsstreitigkeiten in Deutschland als eine Art Beweismittel (Deutsch, 1997, S. 1032) Bedeutung erlangen, um den Standard eines bestimmten Faches zu ermitteln. Die DIN kann dann – bei kritischer Würdigung im Einzelfall – allgemein gehaltene Begriffe („allgemein anerkannte Regeln der Technik") oder unklare vertragliche Regelungen ausfüllen. Diese Bedeutung kommt einer DIN, anders als berufsständischen Regelungen (siehe Kapitel 2), aufgrund der besonderen, weiter oben beschriebenen „Entstehungsgeschichte" zu, die sich nach Wegener (2003) durch die folgenden drei Aspekte auszeichnet: (1) Durch die Mitwirkungsmöglichkeit aller interessierten Kreise ist die Voraussetzung geschaffen, dass die Norm einen Interessensausgleich vorsieht. Darüber hinaus ist es (2) für die besondere rechtliche Bedeutung notwendig, dass in einer Norm einschlägige rechtliche Vorgaben berücksichtigt werden. Auch diese Voraussetzung wird von der DIN 33430 (2002) erfüllt, hier finden sich explizite Verweise auf das Strafgesetzbuch und das bürgerliche Gesetzbuch (S. 4). Schließlich verfügen die Verfasser der DIN 33430, so wie es für die Anerkennung notwendig ist, (3) über die gebotene Sachkunde und Erfahrung.

Obwohl DIN-Normen keine Rechtsnormen sind, können sie bei Rechtsstreitigkeiten als eine Art Beweismittel Bedeutung erlangen

Die DIN 33430 kann nach Kersting und Püttner (2006) prozessrechtliche Bedeutung entfalten, wenn um die Rechtmäßigkeit einer Personalentscheidung gestritten

Die Gestaltung von Personalauswahlverfahren nach DIN 33430 kann sich bei Rechtsstreitigkeiten, z. B. im Kontext des AGG, positiv als Beweiserleichterung auswirken

wird. Wenn der Arbeitgeber vortragen kann, sich bei der Personalentscheidung auf eine Eignungsbeurteilung gestützt zu haben, die den Anforderungen der DIN entspricht, wirkt sich das zu seinen Gunsten als Beweiserleichterung aus. Es ist dann an der Gegenseite darzutun und zu beweisen, dass die Auswahlentscheidung gleichwohl willkürlich war. Bislang spielt diese Konstellation nur bei der so genannten Konkurrentenklage im öffentlichen Dienst eine wichtige Rolle. In privatrechtlichen Arbeitsverhältnissen war sie bislang weniger bedeutsam. Dies dürfte sich im Zuge der Etablierung des Allgemeinen Gleichstellungsgesetzes (AGG) ändern, welches in bestimmten Fällen dem Arbeitgeber die Rechtspflicht zur Begründung seiner Auswahlentscheidung auferlegt. Wenn das Auswahlverfahren den Anforderungen der DIN 33430 genügt hat, wird es dem Arbeitgeber am ehesten gelingen, eine rein an den beruflichen Anforderungen orientierte Auswahlentscheidung nachzuweisen und damit einen potenziellen Schadensersatzanspruch abzuwehren.

DIN 33430 als Auswahlrichtlinie

Abeln und Reimann (2004) zeigen außerdem eine Verbindung der DIN 33430 zum Betriebsverfassungsgesetz (BetrVG) auf. Bindet der Arbeitgeber seine Auswahlentscheidungen direkt an das Ergebnis der Eignungsbeurteilung (setzt dieses also nicht nur als ergänzendes Kriterium ein), so ist das Eignungsbeurteilungsverfahren als Auswahlrichtlinie anzusehen. Damit greift als Mitbestimmungstatbestand der Paragraf 95 des BetrVG, demzufolge Auswahlrichtlinien über die personelle Auswahl bei Einstellungen, Versetzungen, Umgruppierungen und Kündigungen der Zustimmung des Betriebsrates bedürfen. Im öffentlichen Dienst sind die Beteiligungsrechte der Personalvertretungen im Personalvertretungsgesetz (PersVG) ähnlich ausgestaltet wie im BetrVG. Die DIN 33430 kann nach Reimann (2005) als Auswahlrichtlinie nach PersVG gelten.

DIN 33430 als normkonkretisierende Verwaltungsvorschrift

Wegener (2003) spricht der DIN 33430 im öffentlichen Dienst eine besondere Bedeutung zu. Sie ist seiner Ansicht nach beispielsweise in der Lage, die im Beamtenrecht genutzten unbestimmten Rechtsbegriffe „Eignung", „Befähigung" und „fachliche Leistung" zu konkretisieren. *„Die DIN-Vorschriften nehmen an der normativen Wirkung also in der Weise teil, dass sie die materiellen Rechtsvorschriften näher konkretisieren, daher der juristische Begriff der „normkonkretisierenden" (Verwaltungs-)Vorschrift"* (Wegener, 2003, S. 10). Wegener (ebd.) geht daher davon aus, dass die DIN im behördlichen und rechtlichen Alltag trotz ihrer rechtlichen Nachrangigkeit den Verwaltungsvorschriften gleichgestellt wird. Darüber hinaus leistet die DIN nach Ansicht Wegeners einen Beitrag dazu, dass verschiedene, aber vergleichbare Fälle einheitlich nach dem gleichen (neuen) Standard beurteilt werden, was für die Verwaltung von hoher Bedeutung ist.

Unlauterer Wettbewerb mit falschen Zertifikaten

Sofern Anbieter mit Selbsterklärungen oder Zertifikaten behaupten, nach DIN 33430 zu arbeiten (siehe Abschnitt 7.3), fallen sie potenziell unter den Regelungsbereich des Gesetzes gegen den unlauteren Wettbewerb. Unzutreffende Erklärungen und Zertifikate verstoßen gegen dieses Gesetz und sind mit Abmahnungsgebühren bewehrt. So hatte beispielsweise ein Zertifizierer namens „Q-Pool 100" am 20. November 2002 mit einem Zertifikat bestätigt, dass das „DNLA Verfahren, Erfolgsprofil soziale Kompetenz (ESK)" sorgfältig und umfassend nach der DIN-

Norm 33430 auditiert worden sei. Dabei führt die DIN 33430 explizit aus, dass der Wert eines Verfahrens zur Eignungsbeurteilung nur im Rahmen seiner spezifischen Anwendung beurteilt werden kann und dass die Norm daher nicht zur isolierten Bewertung eines Verfahren geeignet ist (DIN 2002, S. 4; siehe Abschnitt 4.4, aber auch Abschnitt 7.5, in dem der DIN 33430 eine indirekte Bedeutung für die Bewertung von Testverfahren eingeräumt wird). Der BdP hat dem Zertifizierer „Q-Pool 100" eine Unterlassungserklärung vorgelegt, die am 13. November 2003 vom Zertifizierer unterschrieben wurde.

Unabhängig von den bisherigen Ausführungen kann die DIN 33430 sowohl im privatwirtschaftlichen als auch im öffentlich-rechtlichen Bereich Bedeutung erlangen, wenn sie in Verträgen bei der Beschreibung der zu erbringenden Leistung in Bezug genommen wird – z. B. durch Bezugnahme in einem Vertrag zwischen Auftraggeber und Auftragnehmer. Durch eine Vereinbarung in der Art: „Der Auftragnehmer verpflichtet sich, die Eignungsbeurteilung nach den Regelungen der DIN 33430 vorzunehmen" erwirbt der Auftraggeber einen Anspruch auf Leistung nach DIN. Durch derartige Hinweise auf die DIN 33430 können Aufklärungen und Vertragsvereinbarungen abgekürzt werden.

Verbindlichkeit durch Inbezugnahme

4.3 Der Qualitätsbegriff in DIN-Normen

Der Begriff „Qualität" hat unterschiedliche Bedeutungen, die sich nach Zollondz (2006) bis zum Taoismus zurückverfolgen lassen. Zollondz führt in seiner Darstellung verschiedener philosophischer Ansätze u. a. die Qualitätsauffassungen von Aristoteles, Galileo, Locke und Kant an. Für Aristoteles ist Qualität das, was den Unterschied des Wesens ausmacht. Galileo unterscheidet zwischen objektiven (z. B. Figur, Größe) und subjektiven (z. B. Farben, Töne) Qualitäten. Diese Unterscheidung wird von Locke in der Form primärer und sekundärer (in den Sinnen begründeter) Qualitäten aufgegriffen, wobei die Wahrnehmung und Erfahrung von Locke zum Grundprinzip der Bewertbarkeit erhoben werden. Die objektiven Qualitäten Lockes sind in der Philosophie Kants apriorisch, die subjektiven aposteriorisch. Das „Ding an sich" und somit auch die „Qualität an sich" sind Kant zufolge den Menschen grundsätzlich unzugänglich. Somit kommt die Qualität nicht dem Phänomen selbst zu, sondern ist ein a priori gegebenes Ordnungsschema des Verstandes. Die Erkenntnis der Qualität wird durch reine Verstandesbegriffe und die Urteilskraft der Vernunft bestimmt.

Qualität bezeichnet nach Kant ein Ordnungsschema des Verstandes

Umgangssprachlich ist Qualität eine Eigenschaft einer materiellen oder immateriellen Einheit. Zollondz (2006) zufolge lässt sich die Eigenschaft entweder als „Güte" oder als „Beschaffenheit" einer Einheit definieren. Qualität als Güte impliziert eine wertende, häufig vergleichende und auf einen Zweck bezogene Aussage. Qualitätsaussagen dieser Art sind oft mit kategorialen Einstufungen verbunden, beispielsweise wird einem Auto in Bezug auf die Sicherheit mit dem Urteil „fünf Sterne im Crashtest" eine bestimmte Güte zugeschrieben. Dabei wird vorab definiert, welche Kriterien erfüllt sein müssen, um einer bestimmten Güte-Kategorie zugeordnet zu werden.

Umgangssprachlich wird Qualität mit der „Güte" einer Sache assoziiert

Mit dem Fachbegriff „Qualität" ist keine Wertung verbunden

Demgegenüber ist mit der Qualität als Beschaffenheit keine Wertung verbunden. Zollondz (2006) gibt das Beispiel, dass eine Wolldecke dick oder dünn, grob oder feingewebt, weich oder hart beschaffen sein kann, ohne dass damit eine Wertung verbunden ist. Qualität als Beschaffenheit bezieht sich auf Qualitätsforderungen. So kann ein Kunde die Qualitätsforderung aufstellen, einen Schuh in der Schuhgröße 42 (Qualitätsforderung 1) mit einem Obermaterial aus Leder (Qualitätsforderung 2) erwerben zu wollen. Die geforderten Qualitätsmerkmale können gemessen werden, so dass die Erfüllung oder Nichterfüllung bestimmt werden kann – ohne dass dies etwas über die Güte des Schuhs aussagt. Entsprechend ist eine Norm ein Maß, ein Muster. Das Urmeter war die Norm für ein Längenmaß, auch Konfektionsgrößen von Kleidern sind Normen. Die Konfektionsgröße sagt nichts über die Güte der Kleidung, wohl aber über einen bestimmten Aspekt ihrer Beschaffenheit.

Qualität ist die realisierte Beschaffenheit einer Einheit bezüglich Qualitätsforderungen an diese

Im Sinne von DIN-Normen ist Qualität als relationaler Begriff definiert: Qualität ist die realisierte Beschaffenheit einer Einheit bezüglich Qualitätsforderungen an diese (Geiger, 2001, zitiert nach Zollondz, 2006, S. 163). Qualität wird also erst durch den Vergleich zweier Beschaffenheiten bewertbar, nämlich der Beschaffenheit, die an der interessierenden Einheit realisiert wurde einerseits und der geforderten Beschaffenheit andererseits. Die geforderte Beschaffenheit „hat die Begriffsbezeichnung Qualitätsforderung und ist die Gesamtheit der betrachteten Einzelforderungen an die Qualitätsmerkmale und ihre Werte" (Geiger, 2001, zitiert nach Zollondz, 2006, S. 163). Als Einheit wird dabei etwas aufgefasst, das einzeln beschrieben und betrachtet werden kann.

4.4 Inhalte der DIN 33430

Qualitätsstandards für berufsbezogene Eignungsbeurteilungen und Qualifikationsforderungen an die an der Eignungsbeurteilung beteiligten Personen

Die DIN 33430 (DIN, 2002) umfasst im Wesentlichen zwei Gegenstandsbereiche. Sie formuliert zum einen Qualitätskriterien und -standards für berufsbezogene Eignungsbeurteilungen und zum anderen Qualifikationsforderungen an die an der Eignungsbeurteilung beteiligten Personen. Die Anforderungen der DIN 33430 sind im Detail in der Checkliste „DIN Screen V2" im Anhang wiedergegeben. Der hier vorliegende Abschnitt beschränkt sich auf wesentliche Aspekte. Die Darstellung folgt – anders als die Checkliste im Anhang – der Originalgliederung der DIN 33430. Nach einem Überblick über den Inhalt des jeweiligen Abschnittes der DIN 33430 folgt eine tabellarische Zuordnung (siehe Tab. 4), welche Aussagen und welche so genannte „Verzweigungsfragen" (zur Erläuterung siehe Abschnitt 7.1.2) der Checkliste „DIN Screen V2" den jeweiligen Abschnitten der DIN 33430 zugeordnet sind. In Abschnitt 4.5 wird abschließend der Leitgedanke der DIN herausgearbeitet.

Ziele der DIN 33430

In der Einleitung zur DIN 33430 werden die Inhalte und Ziele der DIN 33430 herausgearbeitet. Die Norm bezieht sich auf berufsbezogene Eignungsbeurteilungen (z. B. in Zusammenhang mit der Berufswahl, der Bewerberauswahl und der Berufslaufbahnplanung), nicht aber auf Personalentscheidungen. Wie bereits oben ausgeführt, beschreibt sie Qualitätsstandards für berufsbezogene Eignungsbeurteilungen und stellt Qualifikationsforderungen an die an der Eignungsbeurteilung beteiligten Personen. Damit können verschiedene Gruppen, die mit beruflichen Eignungsbeurteilungen zu tun haben (organisationsinterne und -externe Anbieter entsprechender Dienstleistungen, Auftraggeber solcher Dienstleistungen, Personalverantwortliche, Kandidaten) von der Norm profitieren. Die Norm will zur Verbreitung von wissenschaftlich und fachlich fundierten Informationen über Verfahren zur Eignungsbeurteilung beitragen (also den in Kapitel 3 thematisierten Wissenstransfer fördern) und die fachgerechte Entwicklung sowie die Verbesserung und den sachgerechten Einsatz von Verfahren zur Eignungsbeurteilung unterstützen.

Diesen Absichten entsprechend wird im ersten Abschnitt der DIN 33430 folgender Anwendungsbereich formuliert: Die DIN 33430 bezieht sich auf (1) die Planung von berufsbezogenen Eignungsbeurteilungen, (2) die Auswahl, Zusammenstellung, Durchführung und Auswertung von Verfahren, (3) die Interpretation der Verfahrensergebnisse und die Urteilsbildung sowie (4) die Anforderungen an die Qualifikation der an der Eignungsbeurteilung beteiligten Personen. *Anwendungsbereich*

Im zweiten, „normative Verweisungen" überschriebenen Abschnitt wird auf das Bürgerliche Gesetzbuch sowie auf das Strafgesetzbuch verwiesen. *Verweisungen*

Um ein einheitliches Verständnis der Norm zu gewährleisten, werden im dritten Abschnitt elf Begriffe (von „Anforderungsanalyse" bis „Zuverlässigkeit") definiert. *Begriffe*

Der Text der Einleitung sowie des ersten und zweiten Abschnitts der DIN 33430 wurde in der im Anhang wiedergegebenen Checkliste „DIN Screen V2" (siehe Abschnitt 7.1) nicht berücksichtigt, da es sich lediglich um informative und nicht um normative Aussagen der DIN 33430 handelt. Aus dem ebenfalls informativen dritten Abschnitt der DIN 33430 wurden nur Bestandteile aus den Definitionen der beiden Begriffe „Gültigkeit" und „Zuverlässigkeit" in der Checkliste berücksichtigt (Aussagen 133 bis 140 der „DIN Screen V2"). *Informative Aussagen (nicht normativ)*

Während die ersten drei Abschnitte informativen Charakter haben, beginnt der normative Teil der DIN 33430 mit Abschnitt 4, der Qualitätskriterien und -standards für Verfahren zur berufsbezogenen Eignungsbeurteilung formuliert und explizite Vorgaben zur Auswahl und Zusammenstellung der Verfahren sowie zu ihrer Durchführung und Auswertung macht. Den in Abschnitt 4.1 formulierten Grundsätzen zufolge dürfen nur solche Verfahren für die berufsbezogene Eignungsbeurteilung eingeplant werden, die nachweislich einen Bezug zu den Anforderungen haben. Abschnitt 4.2.1 fordert, für jedes Verfahren der Eignungsbeurteilung darzulegen, wie es zu handhaben ist. Dies geschieht über Verfahrenshinweise, die den Anwender in die Lage versetzen, das Verfahren kritisch zu bewerten und es ordnungsgemäß anzuwenden. Die zur Eignungsbeurteilung eingesetzten Verfahren müssen den nachfolgenden drei Unterabschnitten zufolge (1) eine größtmögliche Durchführungs-, Auswertungs- und Interpretationsobjektivität besitzen, (2) eine der jeweiligen Art des Verfahrens und der angestrebten Aussage entsprechende möglichst hohe Zuverlässigkeit sowie (3) eine für die Fragestellung möglichst hohe Gültigkeit aufweisen. Bei der Auswahl von Verfahren muss dokumentiert *Qualitätskriterien für Verfahren zur berufsbezogenen Eignungsbeurteilung* werden, nach welchen Gesichtspunkten in Bezug auf die Zuverlässigkeit und Gültigkeit die Verfahren zur Eignungsbeurteilung ausgewählt wurden. Für den Fall, dass die eingesetzten Verfahren einen Vergleich mit Normstichproben vorsehen, müssen diese entsprechend Unterabschnitt 4.2.5 der Fragestellung und der Referenzgruppe der Kandidaten entsprechen. Außerdem ist die Angemessenheit der Normwerte spätestens alle acht Jahre zu prüfen. Der Abschnitt 4.3 widmet sich der Planung der Untersuchungssituation und fordert u. a., dass alle Aspekte der Durchführung und Auswertung der Verfahren zur Eignungsbeurteilung sowie die Ergebnisvermittlung vorab in Form von Regeln festgelegt werden. In wiederholten Auswahlprogrammen sind diese Regeln spätestens alle drei Jahre zu überprüfen. Zur Gewährleistung der Objektivität der Durchführung, das Thema des Abschnitts 4.4, wird u. a. gefordert, dass alle in den Verfahrenshinweisen enthaltenen Vorgaben und Empfehlungen, die sich auf die Durchführung beziehen, beachtet werden. In Abschnitt 4.5 wird eine umfassende Dokumentation gefordert. Abschnitt 4.6 sieht jeweils einen Unterabschnitt zu den Themen Auswertung, Interpretation und Urteilsbildung vor und stellt u. a. die Forderung auf, dass die Auswertung sich nach den vorher festgelegten Vorschriften richtet.

Verantwortlichkeiten

Abschnitt 5 der DIN 33430 regelt die Verantwortlichkeiten. Diesbezüglich führt die DIN 33430 zwei Begriffe ein: den „Auftragnehmer" einerseits und den „Mitwirkenden" anderseits. Als Auftragnehmer wird eine (organisationsinterne oder -externe) Person bezeichnet, die sich verpflichtet, für einen Auftraggeber eine berufsbezogene Eignungsbeurteilung im Sinne der Norm durchzuführen. Im Abschnitt 5 der DIN 33430 wird der „Auftragnehmer" zum Hauptverantwortlichen für die gesamte Eignungsbeurteilung erklärt. Ihm wird gestattet, bei der Durchführung Teilverantwortung auf die „Mitwirkenden" zu übertragen, wobei einige Bereiche (z. B. die Festlegung der Interpretationsregeln) explizit von der Delegierbarkeit ausgenommen werden. Mitwirkende sind an der Eignungsbeurteilung beteiligt, z. B. als Assessoren im Assessment Center oder als Mitwirkende an Eignungsinterviews. Die Mitwirkenden stehen unter Anleitung, Fachaufsicht und Verantwortung des Auftragnehmers.

Qualitätsanforderungen an die beteiligten Personen

Jeder Beteiligte muss für seinen Bereich qualifiziert sein. Im Abschnitt 6 der DIN 33430 werden Qualitätsanforderungen an die Personen formuliert, die an der Eignungsbeurteilung beteiligt sind. Dabei wird zwischen Qualitätsanforderungen (1) an den Auftragnehmer, (2) an den Mitwirkenden zur Durchführung von Eignungsinterviews sowie (3) an den Mitwirkenden bei Verhaltensbeobachtungen und -beurteilungen unterschieden. Die DIN 33430 (2002) verlangt vom qualifizierten Auftragnehmer *„fundierte Kenntnisse von Eignungsbeurteilungen und – soweit möglich – angeleitete Praxiserfahrungen in Entwicklung, Planung, Gestaltung und kontrollierter Durchführung von Verfahren zur Eignungsbeurteilung sowie deren Evaluation"* (S. 10). Die einzelnen Qualifikationselemente für Auftragnehmer und Mitwirkende sind in der Norm aufgelistet (siehe Abschnitt 7.2 für eine Auflistung der 43 Qualitätselemente). Während der Auftragnehmer alle genannten Qualitätsanforderungen erfüllen muss, werden für die beiden anderen genannten Gruppen nur spezifische Anforderungen formuliert.

Der Abschnitt 7, in dem Leitsätze für die Vorgehensweise bei berufsbezogenen Eignungsbeurteilungen formuliert werden, hat lediglich informativen Charakter. Hier werden im Sinne eines „Best practice-Ansatzes" Tipps zur Gestaltung der Praxis gegeben. Zu Beginn des Abschnitts wird auf die Bedeutung der Arbeits- und Anforderungsanalyse verwiesen. Den Auftraggebern und Mitwirkenden wird darüber hinaus empfohlen, den Kandidaten Informationen über den Arbeitsplatz zur Verfügung zu stellen und sie zu Beginn der Untersuchung umfassend aufzuklären, z. B. über die Untersuchung selbst, die daran beteiligten Personen und die Aufbewahrung der Daten. Gegebenenfalls bestehende technische Vorgaben sowie Vorgaben zu Zeiten (z. B. Laufzeiten von Aufgaben) sollten eingehalten werden. Auftragnehmer und Mitwirkende sollten die Originalmaterialien nutzen, mündliche Aufgabeninstruktionen übernehmen und die Protokollierung entsprechend der Vorschriften gestalten. Schließlich sollten sie Regeln zum Umgang mit Nachfragen der Kandidaten vorsehen.

Leitsätze zur Gewährleistung einer „Best Practice"

Der normative Anhang A der DIN 33430 formuliert zahlreiche Anforderungen an Verfahrenshinweise. Die Verfahrenshinweise müssen wahrheitsgetreu und umfassend informieren, beispielsweise über die Zielsetzungen der Verfahren, über den Konstruktionshintergrund des Verfahrens, über Gütekriterien des Verfahrens und die Art ihrer Bestimmung (insbesondere über die zugrunde liegenden empirischen Untersuchungen), über Angaben zur Durchführung, Auswertung und Interpretation der Verfahren. Verlangt wird auch eine Aufklärung über den Aufwand und Zeitbedarf. Die in Abschnitt 4 der DIN 33430 thematisierten Kriterien Zuverlässigkeit und Gültigkeit werden im Anhang A der DIN 33430 erneut aufgegriffen und ausführlicher behandelt. Die Gültigkeit wird in Konstruktgültigkeit, Kriteriumsgültigkeit und Inhaltsgültigkeit unterteilt. Die Zuverlässigkeitskennwerte eines Verfahrens müssen regelmäßig (mindestens alle acht Jahre) überprüft werden. Ebenso muss in regelmäßigen Abständen (ebenfalls mindestens alle acht Jahre) nachgewiesen werden, dass das Instrument für den intendierten Anwendungsbereich gültig geblieben ist.

Anforderungen an Verfahrenshinweise

Insbesondere aufgrund der umfassenden Anforderungen an Verfahrenshinweise, die im normativen Anhang A der DIN 33430 formuliert werden, kann die DIN 33430, wie in Abschnitt 7.4 erläutert wird, auch zur Beurteilung von Tests herangezogen werden, ohne selbst eine Produktnorm oder ein Beurteilungssystem für Tests zu sein.

DIN 33430 zur Beurteilung von Tests

Der informative Anhang B bietet in Form eines Glossars die Erläuterung von 54 Begriffen.

Glossar

Tabelle 4 zeigt, wie die Abschnitte der DIN 33430 den Aussagen und Verzweigungsfragen der Checkliste „DIN SCREEN V2" (siehe Abschnitt 7.1 sowie Anhang) zugeordnet sind.

Tabelle 4: Zuordnung der Inhalte der DIN 33430 zu den Aussagen und Verzweigungsfragen der Checkliste „DIN SCREEN" (Kersting, 2006c sowie Anhang)

DIN 33430		Checkliste „DIN SCREEN" (s. Abschnitt 7.1 und Anhang sowie Kersting, 2006c)	
Abschnitt			
Nr.	Titel	Aussagen	Verzweigungsfragen
1	Anwendungsbereich	–	–
2	Normative Verweisungen	–	–
3	Begriffe	133-140	–
4	Qualitätskriterien und -standards	1, 6-8, 15-16, 22-24, 33-35, 44-45, 56-61, 63-68, 77, 79, 89, 141, 151-165, 176-179, 180-188, 190, 192-203, 205-224, 249-260, 262-263, 266	V5, V13, V15, V18-V22, V40-V42, V45-V51, V-4-V58
5	Verantwortlichkeiten	143-150	–
6	Qualitätsanforderungen	271-318	V69
7	Leitsätze	166-168, 170-173, 225-248, 267-270	V43-V44, V59-V60
8	Anhang A (normativ) Anforderungen an Verfahrenshinweise	2-5, 9-14, 17-21, 26-32, 36-43, 46-55, 70-76, 78, 80-132, 204, 261	V1-V4, V6-V11, V14, V-6-V17, V23-V38

4.5 Die DIN 33430 und der Informations- und Feedbackansatz

Klare Ziele, Prozessorientierung und Dokumentation

Die DIN 33430 (DIN, 2002) fordert nicht die höchste Qualität von Eignungsbeurteilungen, sondern sie fordert eine Gestaltung der Eignungsbeurteilung, die den Prozess beherrschbar werden lässt. Dazu ist es notwendig, dass die Verantwortlichen ein Feedback über die Beschaffenheit ihrer Arbeit erhalten. In Abschnitt 3.2 wird aufgezeigt, dass die Praxis der Eignungsbeurteilung genau ein solches Feedback vermissen lässt. Die DIN 33430 setzt auf den Informations- und Feedbackansatz. Sie fordert beispielsweise eine klare Orientierung an einem Ziel; sie betrachtet den Prozess (und nicht nur das Endergebnis) sowie die Details der Eignungsbeurteilung; sie fordert eine Dokumentation aller erhobenen Informationen und eine Festlegung der Entscheidungsregeln. Durch diese Forderungen wird der Prozess der Eignungsbeurteilung so gestaltet, dass die Verantwortlichen ein systematisches Feedback über ihr Handeln erhalten. Die DIN 33430 schreibt niemanden vor, was genau er zu tun und zu lassen hat. Es geht nicht um eine präskriptive

Eignungsbeurteilung, nicht um eine immer gültige, verbindliche Entscheidungsgrundlage für den Einzelfall, es geht nicht um Wahrheit oder Menschenkenntnis, sondern es geht darum, dass die Verantwortlichen aus ihren Erfahrungen systematisch lernen können und diese Erfahrungen so aufbereiten, dass sie ihre Expertise an andere weitergeben können. Dadurch kann die Eignungsbeurteilung gleichzeitig qualitativ besser und effektiver werden. Das rationale und dokumentierte Vorgehen sichert der Organisation „nebenbei" das vorhandene Wissen ihrer Mitarbeiter, da die Dokumentationen der Entscheidungsregeln auch dann noch da sind, wenn der Mitarbeiter die Organisation verlässt.

Die der DIN 33430 innewohnende Idee der „lernenden Verfahren der Eignungsbeurteilung" lässt sich am Beispiel der DIN Forderungen zur Zuverlässigkeitsbestimmung bei mündlichen Verfahren (z. B. Eignungsinterviews, Assessment Center) veranschaulichen. Für den Fall, dass mehrere Beurteiler in ein Assessment Center oder Eignungsinterview eingebunden sind, fordert die DIN 33430, dass diese Beurteiler möglichst hoch übereinstimmen (DIN, 2002, S. 7). Um dieser Forderung nachzukommen, muss zunächst aber überhaupt erst einmal eine Information über den Übereinstimmungsgrad vorliegen. Dies ist in der Praxis häufig nicht der Fall. Bestimmt man aber die Übereinstimmung (eine entsprechende Software hierzu hat der Autor des vorliegenden Buches entwickelt, siehe www.personalauswahl-internet.de), so stellt man beispielsweise fest, dass die Beurteiler sich in drei Beurteilungsdimensionen in der Regel sehr einig sind, in einer vierten aber nicht. Die Diskrepanz zwischen Ist- und Sollwert wird messbar. Durch dieses Feedback wird nun ein Optimierungsprozess für einen bestimmten Verfahrensabschnitt ausgelöst. Die Beurteiler tauschen sich erneut über ihr Verständnis der kritischen Dimension und des Beurteilungsmaßstabes aus, legen gemeinsam neue Operationalisierungen fest usw. Ohne das Feedback über die Beurteilerübereinstimmung wäre das Defizit hingegen überhaupt nicht aufgefallen. Das Feedback erfolgt, anders als bei Bestimmungen der prädiktiven Kriteriumsvalidität, unmittelbar im Anschluss an das Verfahren, ist also zeitnah. Da in der Regel die Defizite nicht in allen, sondern nur in einigen Bereichen auftreten, ist das Feedback auch spezifisch.

Mit der DIN 33430 die Prozesse so gestalten, dass die Verantwortlichen aus ihren Erfahrungen lernen können

5 Einsprüche gegen den Gelbdruck der DIN 33430

55 Einsprüche gegen den Gelbdruck der DIN 33430

Im Oktober 2000 wurde ein Entwurf der DIN 33430, der so genannte Gelbdruck, der Öffentlichkeit zugänglich gemacht. Diese Veröffentlichung ist mit der Möglichkeit von formalen Einsprüchen verbunden (siehe Abschnitt 4.1). Insgesamt gingen innerhalb der gesetzten Frist bis Ende Januar 2001 55 Einsprüche ein, die 201 DIN A4 Seiten füllten. Zum Vergleich sei erwähnt, dass die amerikanischen „Standards" von fast 8.000 Seiten Feedback profitieren konnten (AERA/APA/NCME, 1999). Auch wenn die Einsprüche teilweise von Verbänden oder Unternehmen stammen, wird im Folgenden der Einfachheit halber von Personen gesprochen. 31 Personen wurden als „Praktiker" und 24 als „Wissenschaftler" klassifiziert, ohne dass damit ein Anspruch auf Repräsentativität für die jeweiligen Gruppen verbunden ist. Einige Personen hatten sich hinsichtlich der Einsprüche offensichtlich untereinander abgestimmt. Da dies aber nicht eindeutig geklärt werden kann und auch die Abstimmung der Einsprüche eine souveräne Entscheidung darstellt, werden die Personen im Folgenden als unabhängig voneinander betrachtet.

443 Einzelaussagen

Für die hier vorgestellte Auswertung wurden die Texte in Einzelaussagen zerlegt. Es ergaben sich 443 Aussagen. Zur Inhaltsanalyse der Einwände wurde ein Kategoriensystem mit 37 Kategorien entwickelt (siehe Tab. 5). Zwei unabhängige Rater ordneten die 443 Einwände diesen Kategorien zu. Der Grad der Übereinstimmung lag bei .70 (Kappa-Koeffizient) und kann als zufriedenstellend gelten. In den Fällen der Nicht-Übereinstimmung der beiden Rater wurde die endgültige Entscheidung durch einen dritten Rater vorgenommen. Tabelle 5 zeigt, welche Themen besonders häufig Gegenstand der Kritik waren. In die ersten drei Kategorien wurden Aussagen eingeordnet, die sich mit formalen Aspekten des Gelbdrucks beschäftigten. In die Kategorie 1, „Allgemeine formale Aspekte" fiel beispielsweise die Aussage, der gesamte Text müsse den (damals) „neuen" Rechtschreibregeln entsprechend gestaltet werden. In die zweite Kategorie wurden konkrete Formulierungsvorschläge eingeordnet. Hierzu zählt z.B. die Forderung, im Kontext von Assessment Centern nicht von „Übungen", sondern besser von „Aufgaben" zu sprechen. Kategorie 3 war allen Vorschlägen zu Umstellungen der Gliederung bzw. allgemeiner Kritik der Gliederung des Gelbdrucks vorbehalten. Insgesamt waren 105 Aussagen (23,7 %) formaler Art und wurden den Kategorien 1 bis 3 zugeordnet.

Umstritten: Wer darf Eignungsbeurteilungen durchführen?

Inhaltlich kontrovers diskutiert wurde vor allem die Frage, wer überhaupt Eignungsbeurteilungen durchführen darf. Dies war das Thema von 56 Aussagen (12,6 %, Kategorien 23 bis 25). Dabei ging es u.a. um Fragen der Grundqualifikation des Auftragnehmers (Kategorie 23). In einer Anmerkung des Gelbdrucks war formuliert worden: „Von einem im Sinne dieser Norm qualifizierten Auftragnehmer kann ohne weitere Überprüfung ausgegangen werden, wenn es sich um einen Diplom-Psychologen handelt, der sich regelmäßig einschlägig fortbildet"

Tabelle 5: Einsprüche gegen den Gelbdruck (geordnet nach Häufigkeit)

NK	Thema des Einspruchs	A[1]	%[2]	A[1]	%[2]
	Formale Aspekte (1–3, 13–25)			105	23,7
1	Allgemeine formale Aspekte	13	3		
2	Formale Aspekte einzelner Formulierungen (konkrete Vorschläge zur Verbesserung)	76	17,2		
3	Gliederung (Vorschläge zur Umstellung)	16	3,6		
	Anforderungen an die Qualifikation der beteiligten Personen			56	12,6
23	Grundqualifikation des Auftragnehmers	23	5,2		
24	Qualitätssicherung/Schulung des Auftragnehmers	23	5,2		
25	Aufgabendelegation	10	2,3		
	Gültigkeit/Validität (5–9)			38	8,6
5	... Anforderungen an die Validität sollten eindeutiger formuliert werden	7	1,6		
6	... Anforderungen an die Validität sollten quantitativ formuliert werden	17	3,8		
7	... Mindest-Validität mit ,4 angeben	7	1,6		
8	... Mindest-Validität mit ,5 angeben	1	,2		
9	Kritik an Details der Norm-Aussagen zur Validität	6	1,4		
	Zeitlicher Abstand der regelmäßigen Kontrolle der Gültigkeit der Normen (14–21)			33	7,5
14	Forderung nach einem „strengeren" (kürzeren) Zeitintervall – ohne quantitative Angabe	2	,5		
	Konkreter Vorschlag, Kontrolle alle ...				
15	... 2 Jahre	7	1,6		
16	... 2 bis 4 Jahre	5	1,1		
17	... 2 bis 5 Jahre	2	,5		
18	... 4 Jahre	2	,5		
19	... 4 bis 6 Jahre	2	,5		
20	... 5 Jahre	2	,5		
21	Es sollte kein konkreter Zeitraum vorgegeben werden	11	2,5		
34	Mangelnde Eindeutigkeit („Schärfe") der DIN 33430 (Gelbdruck) insgesamt			33	7,4
36	Missverständnisse			30	6,8

Tabelle 5 (Fortsetzung)

NK	Thema des Einspruchs	A¹	%²	A¹	%²
	Zuverlässigkeit/Reliabilität (10–13)			29	6,5
10	... Anforderungen an die Reliabilität sollten eindeutiger formuliert werden	18	4,1		
11	... Anforderungen an die Reliabilität sollten quantitativ formuliert werden	8	1,8		
12	Mindest-Reliabilität mit ,7 angeben	1	,2		
13	Kritik an Details der Norm-Aussagen zur Reliabilität	2	,5		
35	Mangelnder Praxisbezug			22	5,0
4	Anwendungsbereich			20	4,5
22	Forderung nach einer eindeutigen Angabe der Interrater-Übereinstimmung			20	4,5
26	Verfahren			15	3,4
29	Interpretation/Auswertung			11	2,5
28	Durchführung			6	1,4
37	Varia			6	1,4
33	Anforderungsanalyse			5	1,1
31	Objektivität			5	1,1
32	Beanspruchung der Kandidaten/Angemessenheit der Verfahren			4	,9
27	Instruktion			3	,7
30	Rückmeldung der Ergebnisse			2	,5
	Summe			443	100

Anmerkungen: NK: Nummer der Kategorie; ¹ Absolute Häufigkeit der Aussagen; ² In Prozent der insgesamt 443 Aussagen

(DIN, 2000, S. 10). Gegen diese Anmerkungen hatten sich etliche Personen in ihren Einsprüchen gewandt und gefordert, den Hinweis auf Diplom-Psychologen zu streichen. Andere Einsprecher wiederum begrüßten gerade diese Passage des Gelbdrucks. Ein anderer Aspekt in diesem Zusammenhang war die von zahlreichen Einsprechern vorgetragene Forderung, dass die an der Eignungsbeurteilung beteiligten Personen die Kenntnisse, über die sie nach DIN 33430 (Gelbdruck) verfügen müssen, auch nachweisen sollten. Für diesen Nachweis solle die DIN 33430 eine geeignete Prozedur vorsehen. Die Einsprecher forderten präzise Regelungen zu entsprechenden Schulungs- und Prüfungsmaßnahmen (Kategorie 24). Schließlich ging es um die Frage, welche Tätigkeiten von Auftragnehmer an Mitwirkende delegiert werden dürfen (Kategorie 25).

Ein zentrales Thema der Einsprüche waren auch die im Gelbdruck vorgesehenen Normaussagen zur Gültigkeit (Validität), die in 38 Aussagen (8,6 %) (Kategorien 5 bis 9) aufgegriffen wurden. Diesbezüglich wurde in den Einsprüchen immer wieder eine höhere Eindeutigkeit der als „weich" kritisierten Normaussagen gefordert. Dabei wurde entweder nur eine allgemeine Forderung nach einer eindeutigen Festlegung der Anforderungen an die Validität formuliert (Kategorie 5) oder aber es wurde explizit die Nennung einer quantitativen Ausprägung der Mindest-Validität gefordert (Kategorie 6). Als Mindest-Validität wurde von einigen Einsprechern der Wert 0,4 (Kategorie 7) und von anderen der Wert 0,5 (Kategorie 8) genannt. Fasst man die Kategorien 6 bis 8 zusammen, wurde in 25 Aussagen die Angabe eines quantitativ ausgeprägten Werts für die Mindest-Validität gefordert. Aussagen zum Thema Validität, die sich nicht auf die Frage der Mindest-Validität bezogen, wurden in die Kategorie 9 eingeordnet. Ein Beispiel ist die Forderung festzuschreiben, dass die Kriteriumsvalidität die wichtigste Art der Validität sei.

Erwünscht: Strengere Anforderungen an die Validität

Bereits im Gelbdruck wurde gefordert, Normen (im Sinne von Referenzkennwerten für Verfahren) spätestens alle acht Jahre zu überprüfen (DIN 2000, S. 8). Die Bezifferung des Prüfintervalls auf acht Jahre wurde in 33 Aussagen (7,5 %, Kategorien 14 bis 21) kritisch aufgegriffen. Einige Einsprecher forderten einen kürzeren Zeitraum, ohne sich diesbezüglich auf einen spezifischen Wert festzulegen (Kategorie 14). Andere unterbreiteten konkrete Vorschläge für die Verkürzung des Prüfintervalls. Die Überprüfung der Normen (Referenzkennwerte) sollte demzufolge besser alle 2 Jahre (Kategorie 15), alle 2 bis 4 Jahre (Kategorie 16), alle 2 bis 5 Jahre (Kategorie 17), alle 4 Jahre (Kategorie 18), alle 4 bis 6 Jahre (Kategorie 19) oder alle 5 Jahre (Kategorie 20) erfolgen. Es gab aber auch Einsprecher, die sich explizit gegen die Nennung irgendeiner Zeitvorgabe für eine Überprüfung der Normen aussprachen (Kategorie 21).

Uneinigkeit bezüglich des Zeitintervalls für die Kontrolle der Gültigkeit der Referenzkennwerte

Zahlreiche Einsprecher bemängelten in 33 Aussagen (7,4 %), dass die DIN 33430, wie sie sich im Gelbdruck darstellt, insgesamt viel zu uneindeutig formuliert sei und sprachliche Präzision und „Schärfe" vermissen lasse (Kategorie 34). Einzelne Formulierungen sowie Definitionen oder die ganze Norm seien unpräzise und „verwässert". Die im Gelbdruck häufig verwendeten Formulierungen, etwas sei „anzustreben" oder wäre „wünschenswert", sollten nach Ansicht der Einsprecher beispielsweise durch eindeutigere Formulierungen ersetzt werden.

Mangelhafte sprachliche Präzision und „Schärfe"

30 Aussagen (6,8 %) wurden als Missverständnisse (Kategorie 36) klassifiziert. Eine Quelle solcher Missverständnisse war beispielsweise die im Gelbdruck genutzte Formulierung: „Auch Verfahren mit einer numerisch gering erscheinenden – logisch positiven – Gültigkeit erlauben rationale, rechtfertigbare Entscheidungen" (DIN, 2000, S. 7). Die Formulierung „logisch positiv" wurde häufig missverstanden. Die Einsprecher verstanden die Formulierung beispielsweise so, dass Verfahren „natürlicherweise" eine Gültigkeit aufweisen würden und kritisierten diese Aussage, da es auch Verfahren gäbe, die nicht valide sind. Diese Ansicht war von den Autoren des Gelbdrucks aber nicht vertreten worden, sie wollten mit der Formulierung „logisch positiv" lediglich auf die Vorzeichen Problematik hin-

Missverständnisse

weisen, die sich ergibt, wenn Prädiktor und Kriterium unterschiedlich gepolt sind (etwa bei Schulnoten als Prädiktor und Einkommen als Kriterium).

Erwünscht: Strengere Anforderungen an die Reliabilität

Die 29 Aussagen (6,5 %), die sich dem Thema Zuverlässigkeit (Reliabilität) widmeten, ließen sich ähnlich gruppieren wie die Aussagen zum Thema Gültigkeit. Auch hier wurde eine stärkere Eindeutigkeit der Normaussagen gefordert. Diese Forderung nach Eindeutigkeit blieb entweder selbst unspezifisch (Kategorie 10) oder aber es wurde die Nennung einer (nicht näher bezifferten) quantitativen Ausprägung der Mindest-Reliabilität gefordert (Kategorie 11). Andere Einsprecher schlugen vor, die Mindest-Reliabilität mit 0.7 zu beziffern (Kategorie 12). Auch hier wurden Aussagen zum Thema Reliabilität, die sich nicht auf die Frage der Mindest-Reliabilität bezogen, in eine eigene Kategorie (Nr. 13) eingeordnet. Ein Beispiel für Aussagen der Kategorie 13 ist die Forderung, dass die DIN 33430 die Neubestimmung der Reliabilität fordern solle, wenn ein Verfahrens geändert wird.

Fehlender Praxisbezug

Der DIN 33430 (nach Ausweis des Gelbdrucks) mangele es an Praxisbezug, so der Tenor von 22 Aussagen (5 %), die in die Kategorie 35 eingeordnet wurden. Die Regeln würden, so eine beispielhaft ausgewählte Aussage dieser Kategorie, dem individuellen Ermessensspielraum und der Eigenverantwortlichkeit des Freiberuflers widersprechen.

Kritik am Geltungsanspruch der DIN 33430

Kategorie 4 war für Aussagen zum Anwendungsbereich der Norm vorgesehen. Der Gelbdruck sah beispielsweise vor, die Norm als „(...) Entscheidungshilfe in Streitfällen über Konsequenzen aus Eignungsentscheidungen und -gutachten" (DIN, 2000, S. 2) heranzuziehen. Kritik an diesem Geltungsanspruch wurde, ebenso wie andere Aussagen zum Thema „Anwendungsbereich", der Kategorie 4 zugeordnet. Insgesamt fielen 20 Aussagen (4,5 %) in diese Kategorie.

Unspezifische Aussagen zur Beobachterübereinstimmung

Für den Einsatz von Verfahren, die auf mündlich gewonnenen Informationen, Verhaltensbeobachtungen und -beurteilungen basieren, forderte der Gelbdruck Maßnahmen, die dazu führen, dass verschiedene Beobachter bei gleicher Beobachtungsgrundlage zu möglichst übereinstimmenden Beurteilungen gelangen (DIN, 2000, S. 9). Die Formulierung „möglichst übereinstimmend" wurde in 20 Aussagen (4,5 %) als unspezifisch kritisiert (Kategorie 22).

Unklarer Begriff „Verfahren"

Bereits im Gelbdruck trug die Norm den Titel: „Anforderungen an Verfahren und deren Einsatz bei berufsbezogenen Eignungsbeurteilungen". Damit stellte sich die Frage, was alles unter den Begriff „Verfahren" fällt. Die entsprechende Definition im Gelbdruck lautete: „Verfahren: Alle in standardisierter Form zur Unterstützung berufseignungsdiagnostischer Entscheidungen eingesetzten Verfahren (mit oder ohne Computerunterstützung), insbesondere das systematische Verfahren zur Prüfung der Bewerbungsunterlagen, Interviews, biografische Fragebögen, Assessment Center, Verhaltensübungen und Arbeitsproben sowie standardisierte Testverfahren" (DIN, 2000, S. 3). 15 Aussagen (3,4 %) widmeten sich diesem Thema und wurden in die Kategorie 26 eingeordnet. Die Aufzählung wurde beispielsweise als willkürlich kritisiert. Auch wurde die Forderung erhoben, im Rahmen der DIN 33430 zu regeln, dass nur standardisierte oder psychometrische Verfahren für Eignungsbeurteilungen eingesetzt werden dürften. Zahlreiche Einsprecher forderten, den Verfahrensbegriff möglichst weit auszulegen.

In die Kategorie 29 (Interpretation/Auswertung) wurden elf Aussagen (2,5 %) eingeordnet. Beispielhaft für diese Kategorie ist die Aussage, im Rahmen der Auswertung und Interpretation müssten Informationen über Konfidenzintervalle zur Verfügung gestellt werden. *Interpretation/ Auswertung*

Sechs Aussagen (1,4 %) widmeten sich der Verfahrensdurchführung (Kategorie 28). So wurde beispielsweise vorgeschlagen in der DIN 33430 auszuführen, dass bei Eignungsbeurteilungen von Minderjährigen die Zustimmung durch Erziehungsberechtigte einzuholen sei. *Verfahrensdurchführung*

Ebenfalls sechs Aussagen (1,4 %) konnten keiner der übrigen 36 Kategorien zugeordnet werden und wurden in die Kategorie 37 (Varia) eingeordnet. Als Beispiel kann die Aussage „Variablen können auch qualitativ sein" angeführt werden. *Restkategorie*

Das Thema Anforderungsanalyse (Kategorie 33) war Gegenstand von fünf Aussagen (1,1 %). Die im Gelbdruck definitorisch vorgenommene Trennung zwischen Arbeits- und Anforderungsanalyse wurde beispielsweise als artifiziell bewertet. *Anforderungsanalyse*

Auch dem Thema Objektivität (Kategorie 31) wurden fünf Aussagen (1,1 %) gewidmet. So wurde von den Autoren der DIN 33430 beispielsweise gefordert, die Kriterien der Objektivität konkret zu benennen. *Objektivität*

Mit vier Aussagen (0,9 %) war das Thema „Beanspruchung der Kandidaten/Angemessenheit der Verfahren" (Kategorie 32) in den Einsprüchen vertreten. Im informativen Anhang B des Gelbdrucks wurde der Begriff „Angemessenheit" wie folgt erläutert: „Verhältnis zwischen der zeitlichen, körperlichen und psychischen Belastung der Bewerber sowie der Verfahrenskosten einerseits und dem absolut und relativ aus der Anwendung des Verfahrens resultierendem Nutzen" (DIN, 2000, S. 17). In Aussagen, die der Kategorie 32 zugeordnet wurden, wurde dies kritisiert und beispielsweise hinterfragt, wie und von wem dieses Verhältnis bestimmt wird. *Beanspruchung/ Angemessenheit*

Die Formulierungen des Gelbdrucks zum Thema Instruktion wurden nur in drei Aussagen (0,7 %) aufgegriffen (Kategorie 27). Ein Beispiel ist der Hinweis eines Einsprechers, bei computergestützten Verfahren sollte die Instruktion nach Kriterien des angewandten Lernens aufgebaut werden. *Instruktion*

Nur zwei Aussagen (0,5 %) thematisierten die Rückmeldung der Ergebnisse (Kategorie 30). Im Gelbdruck wurde hierzu ausgeführt, dass alle Kandidaten ein Anrecht darauf haben zu erfahren, welche Ergebnisse sie erzielt haben (DIN, 2000, S. 6). Die Ergebnisrückmeldung sollte individuell und persönlich erfolgen. Hierzu wurde angemerkt, dass die Forderung nach einer „zeitnahen" sowie „schriftlichen" Rückmeldung zu ergänzen sei. *Rückmeldung der Ergebnisse*

5.1 Die unterschiedlichen Perspektiven der Praxis und der Wissenschaft auf die DIN 33430

Zusammenfassung von Kategorien

In einem weiteren Schritt wurde untersucht, ob sich die Kritik von Wissenschaftlern und Praktikern, wie sie sich in den Einsprüchen darstellt, unterscheidet. Dazu wurde eine Teilmenge der Kategorien analysiert. Zunächst wurden die formalen Aspekte (Kategorien 1 bis 3), die Missverständnisse (Kategorie 36) und die Rest-Kategorie (Kategorie 37) von der weiteren Analyse ausgeschlossen, da Aussagen dieser Kategorien keine inhaltlichen Positionen widerspiegeln. Außerdem wurden nur Kategorien analysiert, die mit mindestens zehn Aussagen besetzt waren. Alle Forderungen nach einer (wie auch immer gefassten) eindeutigen Angabe zur Mindest-Validität (Kategorien 5 bis 8) sowie Mindest-Reliabilität (Kategorien 10 bis 12) wurden ebenso zu einer Kategorie zusammengefasst wie alle Aussagen, die sich mit dem im Gelbdruck genannten Prüfintervall für die Kontrolle der Gültigkeit der Normen (Referenzkennwerte) beschäftigten (Kategorien 14 bis 21). Zur Prüfung der Unterschiede zwischen den Gruppen wurde mit dem U-Test von Mann-Whitney ein parameterfreies Verfahren gewählt, die Ergebnisse sind in Tabelle 6 dargestellt.

Praktiker formulierten im Durchschnitt mehr Einwände als Wissenschaftler

Zunächst ist festzuhalten, dass die Praktiker im Durchschnitt mehr Einwände formuliert haben als die Wissenschaftler. Aus den Einsprüchen der Praktiker ergaben sich insgesamt 306 Aussagen, also fast zehn Aussagen pro Kopf der 31 Praktiker. Demgegenüber formulierten die 24 Wissenschaftler insgesamt 137 Aussagen, also knapp sechs Aussagen pro Person. Dieses Verhältnis verschiebt sich noch etwas mehr in Richtung einer größeren quantitativen Produktivität der Praktiker, wenn man die in der Analyse berücksichtigte Teilmenge von 269 Aussagen betrachtet. 201 dieser 269 Aussagen stammen von Praktikern (6,5 pro Kopf), 68 von Wissenschaftlern (2,8 pro Kopf). Dies wirkt sich auf die in der Tabelle 6 betrachteten Mittelwerte aus. Ein um die unterschiedliche quantitative Produktivität bereinigter Wert ist der in der Tabelle 6 ebenfalls verzeichnete Prozentwert, der sich auf die Gesamtzahl der Aussagen pro Gruppe bezieht.

Praktiker und Wissenschaftler: Unterschiedliche Themen

Die Praktiker widmeten sich stärker als die Wissenschaftler der Frage der Eindeutigkeit der Aussagen der DIN (Gelbdruck) zur Gültigkeit, Zuverlässigkeit und Interrater-Übereinstimmung. Zahlreiche Praktiker forderten, für diese Gütekriterien konkrete Mindestausprägungen zu nennen, eine Forderung, die sachlich unbegründet ist (siehe dazu Abschnitt 6.1 sowie Kersting, 2006b) und von Wissenschaftlern kaum erhoben wurde. Weitere Themen, die eher im Fokus der Praktiker als der Wissenschaftler standen, waren der Anwendungsbereich der Norm und ihr Praxisbezug. Demgegenüber widmeten die Wissenschaftler ihre Aufmerksamkeit stärker als die Praktiker dem Thema der Aufgabendelegation.

Umstritten: Zeitintervalle für Kontrollen der Referenzkennwerte

Andere Bereiche provozierten bei Praktikern und Wissenschaftler gleichermaßen häufig Kritik – allerdings mit diametral entgegen gesetzten Vorzeichen. Ein Beispiel ist das Thema der regelmäßigen Kontrolle der Gültigkeit der Normwerte (Referenzkennwerte). Die DIN 33430 (in der aktuellen Fassung wie im Gelbdruck) fordert, dass die Angemessenheit von Normwerten (gemeint sind die Werte von

Tabelle 6: Einsprüche gegen den Gelbdruck, Gegenüberstellung Wissenschaft (N = 24) und Praxis (N = 31): U-Test von Mann-Whitney

Thema des Einspruchs	Prozent[1]		M[2] (Std.)[3]			
	W.[4]	P.[5]	W.[4]	P.[5]	U[6]	Sig.[7]
Forderung nach einer eindeutigen Angabe der (Mindest-) Validität (Kategorien 5-8)	1,5	15,4	,08 (,28)	,97 (,98)	134,0	,000
Forderung nach einer eindeutigen Angabe der Mindest-Reliabilität (Kategorien 10-12)	1,5	12,9	,08 (,28)	,81 (,65)	147,0	,000
Forderung nach einer eindeutigen Angabe der Interrater-Übereinstimmung	4,4	8,5	,13 (,45)	,55 (,51)	207,5	,000
Aufgabendelegation	14,7	–	,42 (,50)	,00 (,00)	217,0	,000
Anwendungsbereich	4,4	8,5	,13 (,45)	,55 (,99)	262,5	,015
Mangelnder Praxisbezug	4,4	9,5	,13 (,34)	,61 (,99)	268,5	,024
Zeitintervall Kontrolle der Gültigkeit der Normen (Referenzkennwerte) (Aussagen 14-21)	16,2	10,9	,46 (,51)	,74 (,58)	279,5	,073
Unspezifität/mangelnde „Schärfe" der Norm	7,4	13,9	,33 (,70)	,81 (1,1)	284,5	,083
Qualitätssicherung/Schulung des Auftragnehmers	14,7	6,5	,46 (,51)	,39 (,67)	327,0	,367
Grundqualifikation des Auftragnehmers	11,8	7,5	,38 (,58)	,45 (,68)	353,5	,709
Interpretation/Auswertung	7,4	3,0	,17 (,38)	,19 (,60)	360,0	,739
Verfahren	11,8	3,5	,33 (,82)	,23 (,50)	369,5	,950
Summe	100	100				

Anmerkungen: [1] In Prozent der insgesamt 201 Aussagen der Praktiker bzw. 68 Aussagen der Wissenschaftler; [2] Mittelwert; [3] Standardabweichung; [4] Wissenschaftler; [5] Praktiker; [6] Prüfgröße U; [7] Signifikanz

Normstichproben für Tests) spätestens alle acht Jahre zu prüfen ist. Über die Hälfte der Praktiker und knapp die Hälfte der Wissenschaftler kritisierten die diesbezüglichen Aussagen des Gelbdrucks, so dass sich in der in Tabelle 6 wiedergegeben Auswertung kein bedeutsamer Unterschied ergibt. Während die Einsprüche von 68 % der Praktiker aber dahin gingen, dass der genannte Zeitraum zu lang und somit zu großzügig sei, stellten 46 % der Wissenschaftler – die häufig selbst Verfahrensentwickler sind – die Sinnfälligkeit der Angabe irgendeines Zeitraums grundsätzlich in Frage. Die DIN 33430 (Gelbdruck) ist den Praktikern also in dieser Hinsicht zu liberal, die Wissenschaftler empfinden sie als zu streng.

Einige Wissenschaftler forderten Privilegien für Diplom-Psychologen

Als letztes Beispiel für die unterschiedlichen Perspektiven auf die DIN 33430 soll die Stellung der Diplom-Psychologen gelten. Wie bereits oben dargestellt, wurde im Gelbdruck der DIN 33430 den Diplom-Psychologen indirekt eine Art Sonderstatus eingeräumt. Mit einer Formulierung wurde festgehalten, dass man davon ausgehen könne, dass Diplom-Psychologen, die sich regelmäßig einschlägig fortbilden, qualifizierte Auftragnehmer im Sinne der Norm seien (DIN, 2000, S. 10). Das Thema wurde von Praktikern und Wissenschaftlern annähernd gleichermaßen lebhaft diskutiert (siehe Tab. 6). Insgesamt äußerten sich 38 % der Praktiker zu dieser Frage. 90 % der Praktiker, die sich dazu äußerten (das sind 36 % aller Praktiker) lehnten einen Sonderstatus für Diplom-Psychologen ab. Demgegenüber wurde das Thema von 17 % der Wissenschaftler aufgegriffen, die einen Sonderstatus für Psychologen allerdings uni sono begrüßten und die Interessen der Psychologen gerne noch mehr vertreten gesehen hätten.

Qualität im Sinne einer hohen Ausprägung qualitätsrelevanter Merkmale

Insgesamt spiegeln die Einwände, die von im wissenschaftlichen Bereich tätigen Personen vorgebracht wurden, die allgemeinen Begriffe und Prinzipien der Diagnostik als wissenschaftliche Disziplin wider. Qualität in diesem Sinne bedeutet eine hohe Ausprägung qualitätsrelevanter Merkmale, also z. B. umfassende und tiefe Kenntnisse der Diagnostiker.

Einige Praktiker wünschten sich eine Produktnorm

Mit einer Multidimensionalen Skalierung wurde versucht, anhand der Kritik der Praktiker deren Wahrnehmungsraum der DIN (Gelbdruck) zu strukturieren. Abbildung 1 zeigt, dass die Einwände zur mangelhaften Eindeutigkeit der DIN 33430 (z. B. hinsichtlich der Prüfung der Gültigkeit der Normwerte, hinsichtlich Gültigkeit und Zuverlässigkeit) nahe beieinanderstehen. Hier wünschen sich die Praktiker konkrete Vorgaben, hingegen soll der Anwendungsbereich der DIN möglichst offen gehalten werden. Auf der anderen Dimension kann man Aussagen zu Verfahren (Instrumenten) einerseits und Aussagen zu den Prozesselementen der Eignungsbeurteilung andererseits unterscheiden. Hier zeigt sich, dass die Einwände der Praktiker sich mehr auf die Verfahren (Instrumente) konzentrieren. Möglicherweise erhofften sich die Praktiker eine konkrete Produktnorm und nicht die von der Kommission erarbeitete Prozessnorm.

Unterschiedliche Qualitätsbegriffe

Die Unterschiedlichkeit der Einsprüche gegen den Entwurf (Gelbdruck) der DIN 33430 kann im Sinne unterschiedlicher Qualitätsbegriffe (siehe Abschnitt 4.3) interpretiert werden. Die Tatsache, dass diese unterschiedlichen Qualitätsbegriffe in der Regel implizit bleiben, erschwert die Rezeption und vor allem das Verständnis der DIN 33430. Da der Qualitätsbegriff selbst nicht reflektiert wird, stellt jede Gruppe den Anspruch, dass die DIN 33430 ihrer (impliziten) Qualitätsvorstellung gerecht wird/werden soll.

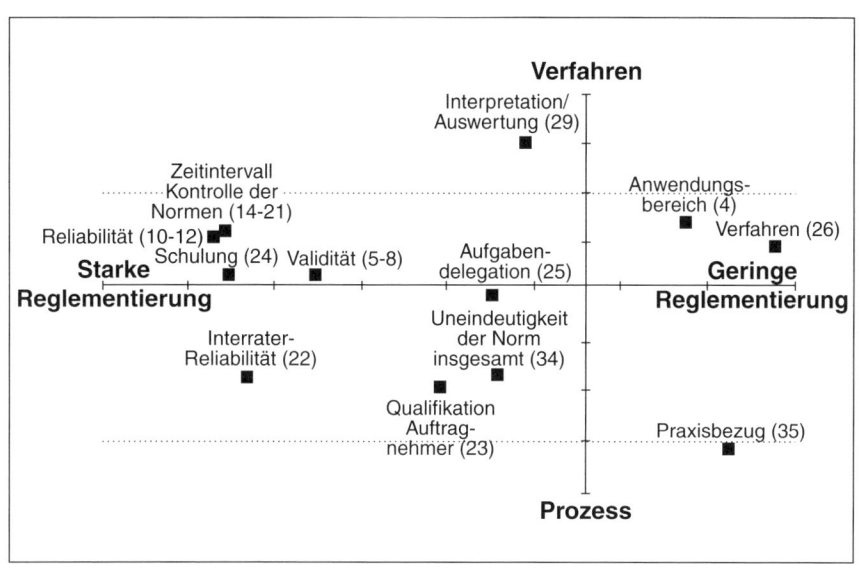

Abbildung 1: Multidimensionale Skalierung der Einsprüche der Praktiker (N = 31); Euklidisches Distanzmodell
Anmerkungen: Stress = .18; RSQ = .80; In Klammern: Nummern der Kategorien laut Tabelle 5

5.2 Modifikationen des Gelbdrucks zur publizierten Version der DIN 33430

Etwa 20 % der Einsprüche gegen den Gelbdruck (DIN, 2000) wurden bei der Überarbeitung zur publizierten Version der DIN 33430 (DIN, 2002) berücksichtigt. Darüber hinaus wurden weitere, nicht direkt aus den Einsprüchen ableitbare Modifikationen vorgenommen. Insgesamt fällt die DIN 33430 weniger „streng" aus als der Gelbdruck, da, wie im Folgenden gezeigt wird, auf einige Qualitätsforderungen verzichtet wurde.

Etwa 20% der Einsprüche gegen den Gelbdruck wurden berücksichtigt

Die Formulierung des Gelbdrucks, der zufolge die Norm als Entscheidungshilfe in Streitfällen dienen soll, ist beispielsweise in der Endfassung der DIN 33430 nicht mehr enthalten. Dies ändert allerdings nichts daran, dass die DIN 33430 prozessrechtliche Bedeutung entfalten kann, wenn um die Rechtmäßigkeit einer Personalentscheidung gestritten wird (siehe Abschnitt 4.2).

Gestrichen: DIN 33430 als Entscheidungshilfe in Streitfällen

Während im Gelbdruck für verschiedene Verfahren (z. B. Interviews und Intelligenztests) unterschiedliche Orientierungswerte für die Ausprägung der Zuverlässigkeit genannt wurden, findet sich in der verabschiedeten Fassung der DIN 33430 nur noch die Angabe eines Wertebereichs. Ein entsprechender Wertebereich mit Orientierungsfunktion für die Validität wurde neu aufgenommen. Diese Orientie-

Vergleich der Kennwerte alternativer Verfahren ist nicht mehr vorgesehen

rungswerte finden sich im nicht normativen „Anhang B" der Norm, während der Orientierungswert zur Reliabilität im Gelbdruck als (ebenfalls nicht normative) Anmerkung im Text platziert war. Mit Bezug auf die „Auswahl und Zusammenstellung der Verfahren zur Erfassung der Eignungsmerkmale" (DIN, 2000, S. 5) sah der Gelbdruck vor, die Verfahrensauswahl auch hinsichtlich der Validität und Reliabilität ggf. existierender alternativer Verfahren mit einem überlappenden Geltungsanspruch zu begründen. Diese Vorschrift wurde in der verabschiedeten Form gestrichen.

DIN 33430 „entschärft": Empfehlungen statt normative Aussagen

Neu aufgenommen wurde der nicht normative Abschnitt 7, der „Leitsätze für die Vorgehensweise bei berufsbezogenen Eignungsbeurteilungen" (DIN, 2002, S. 12) formuliert. Hier findet sich ein Absatz „7.1 Anforderungsbezug", der Aussagen zur Arbeits- und Anforderungsanalyse umfasst und beschreibt, wie aus diesen Analysen Eignungsmerkmale abgeleitet werden können. Elemente dieser Ausführungen waren im Gelbdruck Bestandteil des normativen Teils der DIN 33430. Ebenso wurden einige der Regelungen zur Vorauswahl, die im Gelbdruck noch im normativen Teil standen (DIN, 2000, S. 5), in den nicht normativen Teil der Empfehlungen verschoben. Auch Teile des normativen Abschnitts „A.2.7" des Gelbdruck (DIN, 2000, S. 15f.), der Vorschriften für eine objektive Durchführung, Auswertung und Interpretation enthielt, finden sich nun in gekürzter Form in den nicht normativen Empfehlungen in Abschnitt 7 der veröffentlichten Version wieder. Durch die Wandlung von normativen Aussagen im Gelbdruck zu Empfehlungen in der veröffentlichten Version wurde die DIN 33430 insgesamt „entschärft".

Originalmaterialien

Hinsichtlich der Durchführung wurde ein Hinweis aufgenommen, dass stets die Originalmaterialien verwendet werden müssen (DIN, 2002, S. 8; siehe Aussage 200 in der Checkliste „DIN SCREEN V2" im Anhang).

Keine Pflicht zur Ergebnisrückmeldung

Im Gelbdruck wurde den Kandidaten ein Recht auf eine Ergebnisrückmeldung eingeräumt (DIN, 2000, S. 6). Dies wurde in der verabschiedeten Form nicht beibehalten, hier ist lediglich die Rede davon, dass bei der Planung der Vorgehensweise mit dem Auftraggeber vereinbart werden muss, wie den Kandidaten das Ergebnis vermittelt wird (DIN, 2002, S. 8, Aussage 163 in der Checkliste „DIN SCREEN V2" im Anhang). Diese Formulierung ermöglicht es, auf eine Rückmeldung zu verzichten, sofern dieser Verzicht mit dem Auftragnehmer vereinbart wird (siehe auch Abschnitt 6.2).

Kombination von Verfahren erleichtert

Bei Eignungsbeurteilungen ist es üblich, dass verschiedene Kandidaten die einzelnen Verfahren oder Verfahrensbestandteile (z. B. mehrerer Verhaltensübungen in einem Assessment Center) in einer unterschiedlichen Reihenfolge durchlaufen. Ebenso ist es üblich, verschiedene Verfahren (z. B. eine Assessment Center-Übung und einen Test) miteinander zu kombinieren und/oder nur Bestandteile aus einem Gesamtverfahren einzusetzen (z. B. Abschnitte aus einem Interview oder Subskalen von Tests). Im Gelbdruck wurde für diese Fälle ein mehr oder minder direkter Nachweis darüber gefordert, dass diese Kombinationen und Variationen die Gütekriterien der Verfahren nicht beeinträchtigen (DIN, 2000, S. 6f.). Eine entsprechende Forderung wird in der verabschiedeten Fassung der Norm nicht mehr erhoben. Zum Thema Beanspruchung wurde im Gelbdruck formuliert: „Sofern ein Verfahren aus mehreren voneinander klar abgrenzbaren Teilen (z. B. Interviewabschnitte oder Subskalen) besteht, muss anhand der Handanweisung geprüft werden, ob bzw. unter welchen Bedingungen die Vorgabe einzelner Teile möglich ist, um die Belastung der Kandidaten gering zu halten" (DIN, 2000, S. 6). Diese Aussage wurde gestrichen.

Auch der Hinweis auf eine besondere Stellung des Diplom-Psychologen wurde gestrichen. Mehr noch: Mit Ausnahme der „psychometrischen" Verfahren (DIN, 2002, S. 25) sowie einem Verweis auf „psychologische" Forschungsergebnisse im Abschnitt zur Konstruktvalidität (ebd., S. 17) kommt im normativen Teil der DIN 33430 kein Wort mehr vor, das den Wortstamm „psycho" enthält (lediglich bei den Begriffserläuterungen im dritten Abschnitt sowie im Anhang B werden entsprechende Worte genutzt). Ebenso wurde das Wort „Diagnostik" gestrichen, nur auf Seite 4 der DIN 33430 (2002) wird formuliert, dass die „Medizinische Diagnostik" nicht Gegenstand der DIN 33430 ist. Die DIN 33430 ist, dies sollte durch die Wortwahl unterstrichen werden, keine berufständische Norm für Psychologen und Psychodiagnostiker, sondern eine arbeitsfeldbezogene Norm für alle Personen, die im Gebiet der Eignungsbeurteilung tätig sind (siehe Abschnitt 4.1).

Nicht berufsständisch, sondern arbeitsfeldbezogen

Der Abschnitt zu den Verantwortlichkeiten des Auftragnehmers ist in der verabschiedeten Form der DIN 33430 ausführlicher gefasst als im Gelbdruck. Neu aufgenommen wurden klare Regeln, welche Aufgaben der Auftragnehmer nicht an die Mitwirkenden delegieren darf (DIN, 2002, S. 9; Aussagen 144 bis 147 in der Checkliste „DIN Screen V2" im Anhang).

Klare Regelung der Verantwortung

Schließlich wurde der gesamte Text in Richtung einer besseren Verständlichkeit und Handhabbarkeit der Norm redaktionell überarbeitet. Missverständliche Formulierungen wie die von der „logisch positiven" Gültigkeit (siehe oben, Abschnitt 5) wurden überarbeitet, die Begrifflichkeiten wurden teilweise modifiziert (beispielsweise wird anstelle des im Gelbdruck genutzten Wortes „Interview" in der verabschiedeten Form der DIN 33430 das Wort „Eignungsinterview" genutzt).

Redaktionelle Überarbeitung

6 Kritik an der DIN 33430

Inhaltsübersicht

Während im fünften Kapitel die Einsprüche von Organisationen, Unternehmen und Praktikern gegen den Entwurf der DIN 33430 (DIN, 2000) thematisiert wurden, ist das sechste Kapitel der Kritik an der veröffentlichten Version der DIN 33430 (DIN, 2002) gewidmet. Zunächst werden die Beanstandungen an der DIN 33430 referiert. Dabei wird zwischen der Kritik unterschieden, die sich tatsächlich auf die DIN 33430 bezieht (siehe Abschnitt 6.1) und der Kritik, die sich auf Fehlinformationen, -interpretationen und Missverständnisse gründet (siehe Abschnitt 6.2). Soweit sich die Kritik auf die DIN 33430 bezieht (siehe Abschnitt 6.1) werden die Einwände unmittelbar gewürdigt und kommentiert. Im Abschnitt 6.3 äußert dann der Autor des vorliegenden Buches seine eigenen Bedenken gegen die DIN 33430, die sich in eine Kritik an DIN-Normen im Allgemeinen (siehe Abschnitt 6.3.1) und in eine Kritik der Zusammensetzung des DIN 33430 Ausschusses (siehe Abschnitt 6.3.2) sowie des Textes der DIN 33430 (siehe Abschnitt 6.3.3) im Besonderen gliedern.

6.1 Darstellung der Kritik an der DIN 33430 und Stellungnahme zur Kritik

Kritik des Prüfintervalls für Normen

Die in den Einsprüchen gegen den Entwurf der DIN 33430 (DIN, 2000) formulierte Kritik (siehe Kapitel 5) besteht fort, sofern die kritisierten Aspekte bei der Überarbeitung des Gelbdrucks keine Berücksichtigung fanden (siehe Abschnitt 5.2). Dies gilt beispielsweise für das stark kritisierte „Prüfintervall von acht Jahren für die Kontrolle der Gültigkeit der Normen (Referenzkennwerte)", welches vom Ausschuss unverändert beibehalten wurde (siehe dazu auch Abschnitt 6.2).

Kompromisslösung

Wie in Abschnitt 5.1 dargestellt, standen den Forderungen nach kürzeren Prüfintervallen (und somit einer strengeren Norm) Forderungen gegenüber, auf eine derartige Regelung gänzlich zu verzichten. Die Festlegung auf einen Zeitraum von acht Jahren ist ein Kompromiss. Die numerische Ausprägung des Intervalls (ein Abstand von acht Jahren) kann, ebenso wie andere Festlegungen für Prüfintervalle (z. B. das Intervall für TÜV-Abnahmen von Kraftfahrzeugen) nicht sachlich hergeleitet werden.

Zu „streng" oder zu „mild"?

Grundsätzlicher Natur ist die kontrovers diskutierte Frage, ob die DIN 33430 zu streng oder zu mild ist. Szabó (2002) empfindet die DIN 33430 als ein unbotmäßiges Eingreifen in den freien Beruf des Psychologen. Demgegenüber berichtet Gourmelon (2001, 2003), dass die von ihm befragten Personen den Entwurf zur Norm als zu uneindeutig bewerteten, was auch als mangelnde „Strenge" interpretiert werden kann. Die Uneindeutigkeit führe dazu, so die Kritiker, dass es in einem konkreten Fall der Eignungsbeurteilung nur schwer zu entscheiden sei, ob die Anforderungen der Norm erfüllt werden oder nicht. Dieser Einwand dürfte auch gegenüber der verabschiedeten Fassung der Norm fortbestehen.

Lange Zeit blieb das bereits bei der Veröffentlichung des Gelbdrucks kritisierte Problem bestehen, dass die DIN 33430 Regelungsbedarf schafft, der nicht durch die DIN selbst befriedigt wird. So wird von den Auftragnehmern und Mitwirkenden im eignungsdiagnostischen Prozess zwar der Nachweis definierter Kenntnisse und Erfahrungen verlangt, die Frage wie dieser Nachweis zu erbringen ist, bleibt aber ausgespart (Stemmler, Borkenau & Schmitt, 2003). Hier ist im Nachhinein, durch die in Abschnitt 7.2 dargestellte Regelung zum Erwerb von Personenlizenzen Abhilfe geschaffen worden.

Abhilfe erst im Nachhinein

Vertreter von psychologischen Berufsverbänden und Fachgruppen äußerten Bedenken, ob Nichtpsychologen den Anforderungen der Eignungsdiagnostik überhaupt gerecht werden können (Brücher-Albers, 2003; Schuler, 2003; Weber, 2003). Dies ist ein ernstzunehmender Einwand, eine Beschränkung der Tätigkeitsausübung auf Diplom-Psychologen stellt allerdings allein schon deshalb keine Lösung des Problems dar, da die Anzahl der Diplom-Psychologen angesichts der jährlich organisierten Eignungsbeurteilungen dafür nicht ausreicht (siehe Abschnitt 1.2). Außerdem kommen Qualitäts- und Kenntnisdefizite auch bei Diplom-Psychologen vor (siehe ebd.). Der Ansatz der DIN 33430 besteht darin, die erbrachte Leistung sicht- und messbar werden zu lassen und nicht allein aufgrund der Berufsgruppenzugehörigkeit zu beurteilen. Entscheidend ist, dass die Qualität stimmt, nicht, wer die Qualität erbringt. Sofern aber Diplom-Psychologen den Anforderungen der Eignungsdiagnostik aufgrund ihrer Ausbildung besser gewachsen sind als Angehörige anderer Berufsgruppen, sollte sich gerade eine Transparenz in der Leistungsbewertung bei erfolgten Eignungsbeurteilungen positiv für den Berufsstand auswirken.

Leistung zählt mehr als Berufsgruppenzugehörigkeit

Weber (2003) sieht außerdem die Gefahr, dass das Studium der Psychologie entwertet wird, wenn nach dem Studium postgraduale Fortbildungen zur DIN 33430 besucht werden müssen. Diesem Einwand wurde mit dem in Abschnitt 7.2 vorgestellten Fortbildungs- und Lizenzsystem in soweit Rechnung getragen, dass die Lizenzprüfungen unabhängig vom Besuch der Fortbildungsveranstaltungen absolviert werden können. Wer sich als qualifiziert einschätzt, kann sich unmittelbar der Prüfung unterziehen. Entsprechend fordern Stemmler et al. (2003), die in der DIN geforderten Qualifikationsmerkmale bereits im Psychologiestudium zu vermitteln. Universitätsinstitute unterschiedlicher Fachrichtungen (z. B. Psychologie, Betriebswirtschaftslehre, Jura usw.), die bereits im Studium die Voraussetzungen zum Bestehen der DIN 33430 Lizenzprüfung (siehe Abschnitt 7.2) schaffen, können sich damit im konkurrenzorientierten Wettbewerb der Hochschulen profilieren.

Prüfungen ohne vorherige Fortbildungen

Kritik an der verabschiedeten Form der DIN 33430 wurde vor allem von den Arbeitgeberverbänden und dem Deutschen Städtetag eingebracht. Die Kritik dieser Organisationen wird teilweise in den nachfolgenden Absätzen des vorliegenden Kapitels, teilweise aber auch erst im Abschnitt 6.2 dargestellt. Der Bundesarbeitgeberverband der Chemie e.V. und die Bundesvereinigung der Deutschen Arbeit-

BDA kritisiert die DIN 33430

geber (BDA) zählten zu den Einsprechern gegen den Gelbdruck. Mit Briefen an das DIN vom 19. August 2002 bzw. 07. November 2002 hat die BDA ihren Einspruch auch gegen die verabschiedete Version der DIN 33430 aufrecht erhalten und darum gebeten, die DIN 33430 zurückzuziehen. Der Deutsche Städtetag hat sich dieser Kritik der Arbeitgeberverbände im August 2002 angeschlossen und seinen Mitgliedern empfohlen, die DIN 33430 nicht anzuwenden. Die Kritik der BDA ist u. a. in einer online veröffentlichten Stellungnahme nachzulesen (BDA, 2002).

Kein Bedarf für die DIN 33430?

Die Kritiker räumen zwar ein hohes Interesse an der Qualität von Eignungsbeurteilungen ein, sehen aber keinen Bedarf für die DIN 33430, da sich die bislang eingesetzten Verfahren gut bewährt hätten. Diese Einschätzung steht im Gegensatz zu den empirischen Befunden zum Status quo der Eignungsdiagnostik, die in Abschnitt 1.1 referiert wurden.

DIN 33430 als Wettbewerbsnachteil für die deutsche Wirtschaft

Die DIN 33430 gilt den genannten Verbänden als Beispiel für eine Überregulierung, die unnötige Kosten verursache und zu einem Verlust an Effizienz und Flexibilität führe. In der Praxis kommt es nach Ansicht der Kritiker vor allem auf die Schnelligkeit der Eignungsbeurteilung an (siehe dazu Abschnitt 3.3.1). Die Beachtung der DIN 33430, insbesondere ihrer umfassenden Dokumentationspflichten, wird als bloße Verzögerung und daher als kontraproduktiv empfunden. Die Norm stellt somit nach Ansicht der Arbeitgeberverbände einen Wettbewerbsnachteil für die deutsche Wirtschaft dar.

Nur was gemessen und dokumentiert wird, kann auch ausgewertet und optimiert werden

Die notwendige Dokumentation ist zweifelsohne aufwändig. Allerdings werden dadurch die Prozesse einmalig so beschrieben, dass sie kommunizierbar, reproduzierbar, kritisierbar, überprüfbar und somit optimierbar werden. Nur was gemessen und dokumentiert wird, kann auch ausgewertet werden. Wenn die Qualität geprüft und im Sinne einer „lernenden Organisation" weiter verbessert werden soll, müssen zu allen Prozessen und in allen Phasen exakte Daten zur Verfügung stehen. Der Verzicht auf eine Dokumentation der Vorgehensweise führt auch nicht automatisch zu größerer Effizienz, da durch diesen Verzicht „das Rad beständig neu erfunden werden muss". Schließlich sichert die ordentliche Dokumentation des Vorgehens das vorhandene Wissen einer Organisation. Viele Organisationen verlassen sich offensichtlich allein darauf, dass das Wissen über Personalentscheidungen im Kopf ihrer Personalverantwortlichen gespeichert ist – und unwiderruflich verloren geht, falls diese Mitarbeiter die Organisation verlassen.

Zeit- und kostenaufwändige Schulungen

Die in der DIN 33430 formulierten Qualifikationsanforderungen an die an der Eignungsbeurteilung beteiligten Personen sind nach Ansicht des BDA viel zu detailliert und weitgehend und würden das Curriculum eines Psychologiestudiums abbilden. Dadurch würden, so die Befürchtung, flächendeckende, zeit- und kostenaufwendige Schulungen notwendig.

Diese Position widerspricht der vorher geäußerten Proklamation, dass die Qualität der Eignungsdiagnostik (und somit auch die Qualifikation der an der Eignungsbeurteilung beteiligten Personen) bei deutschen Unternehmen gut ausgeprägt ist. Wäre dem so, müssten die beteiligten Personen ohne Schulungen auskommen.

Oder die BDA geht davon aus, dass die in der DIN genannten Qualifikationsanforderungen für die Praxis irrelevant sind. Dies ist unplausibel angesichts der Einschlägigkeit der geforderten Qualifikationen sowie angesichts der Tatsache, dass in zahlreichen anderen nationalen und internationalen Qualitätsstandards vergleichbare Qualifikationen gefordert werden (siehe Kapitel 2). Die Kritik lässt außerdem die Tatsache unberücksichtigt, dass der Umfang der in der DIN 33430 geforderten Kenntnisse in Abhängigkeit von der ausgeübten Funktion variiert, die eine Person im Prozess der Eignungsbeurteilung einnimmt (siehe Abschnitt 4.4 und 7.2). Für Mitwirkende an Verhaltensbeobachtungen (z. B. Assessoren) sieht beispielsweise das Fortbildungssystem der Föderation Deutscher Psychologenvereinigungen (siehe Abschnitt 7.2), soweit überhaupt ein Training notwendig ist, eine dreitägige Schulung vor. Ein derartiger Trainingsumfang ist in Organisationen durchaus üblich und darstellbar (etwa für Trainings zum Thema „Mitarbeiter- und Vorgesetztengespräch"). Dem Aufwand ist darüber hinaus der finanzielle Nutzen gegenüberzustellen, der durch eine Steigerung der Qualität der Eignungsdiagnostik erzielbar wird (siehe Abschnitt 3.1).

Der Umfang der geforderten Qualifikation variiert in Abhängigkeit von der Funktion

Dies gilt auch für die Kosten, die durch potenzielle Zertifizierungen verursacht werden. Die Verbände sind der Ansicht, dass die DIN 33430 einen nicht unerheblichen Zertifizierungsbedarf (siehe dazu Abschnitt 7.3) nach sich ziehen könnte. Dies allerdings ist keine Kritik an der DIN 33430, da diese keine Zertifizierung vorschreibt oder auch nur empfiehlt. Organisationen lassen sich dann zertifizieren, wenn sie darin einen Wettbewerbsvorteil sehen.

Der Markt bestimmt die Nachfrage nach Zertifikationen

Da die DIN 33430 eine Bedeutung bei der richterlichen Entscheidungsfindung erlangen kann (siehe Abschnitt 4.2), wird befürchtet, dass die Norm dem Recht ein unangemessenes Einfallstor in die Eignungsbeurteilungen der Organisationen öffne.

Vermehrte Rechtsstreitigkeiten

De facto legt das Allgemeine Gleichstellungsgesetz (AGG) und nicht die DIN 33430 dem Arbeitgeber die Rechtspflicht zur Begründung seiner Auswahlentscheidung auf. Die DIN 33430 bietet den Organisationen hier einen Rechtsschutz, da es dem Arbeitgeber am ehesten gelingen wird, eine rein an den beruflichen Anforderungen orientierte Auswahlentscheidung nachzuweisen und damit einen potenziellen Schadensersatzanspruch abzuwehren, wenn das Auswahlverfahren den Anforderungen der DIN 33430 genügt (siehe Abschnitt 4.2).

DIN 33430 bietet Rechtsschutz bei AGG Klagen

Die Norm sei, so ein weiterer Kritikpunkt, „kompliziert formuliert". Dieser Kritik wurde durch die Publikation von Büchern mit leicht verständlichen Erläuterungen und Anwendungsbeispielen Rechnung getragen (siehe z. B. Hornke & Winterfeld, 2004; Kersting, 2006c; Westhoff, Hellfritsch, Hornke, Kubinger, Lang, Moosbrugger, Püschel & Reimann, 2005; Westhoff, 2006).

Leicht verständliche Erläuterungen der DIN 33430

Nach Ansicht der genannten Verbände wurde der Anwendungsbereich der DIN 33430 im Laufe der Ausschussarbeit unvernünftig ausgedehnt. Während es ursprünglich primär um psychologische Testverfahren gegangen sei, würden nun alle Verfahren (z. B. auch Assessment Center und Interviews) einbezogen. Das ursprüngliche Ziel eines von Psychologen entwickelten Qualitätsstandards für psy-

Klientelpolitik

chologische Testverfahren wird als akzeptabel gewertet, die Verbände forderten, wie bereits oben erwähnt, die verabschiedete Prozessnorm zurückzunehmen und allenfalls zu einer auf externe Anbieter begrenzte Produktnorm für psychologische Testverfahren umzuwandeln. In der verabschiedeten Form ziele die DIN 33430 vor allem darauf, neue Einnahmequellen und Beschäftigungsfelder für Psychologen zu erschließen. In diesem Kontext wird von einer „Klientelpolitik" gesprochen. Es wird der Eindruck erweckt, die DIN 33430 sei eine Arbeitsbeschaffungsmaßnahme für eine bestimmte Berufsgruppe (Psychologen-Schutznorm). So würden die weiter oben bereits als zu umfangreich thematisierten Qualifikationsanforderungen an die an Eignungsbeurteilungen beteiligten Personen die Inhalte eines Psychologie-Studiums abbilden und daher studierte Psychologen einseitig bevorzugen. Demgegenüber würden berufliche Praxiserfahrungen nur unzureichend gewürdigt.

Psychologen-Schutznorm

Der Vorwurf einer Klientelpolitik überrascht angesichts der Tatsache, dass Psychologen in der DIN-Norm kein hervorgehobener Status zuerkannt wird und die Norm exakt eben aus diesem Grunde von berufsständisch argumentierenden Psychologen kritisiert wurde (siehe oben). Die Norm bezieht sich auf „berufsorientierte Eignungsbeurteilung" und eben bewusst nicht – nur – auf psychologische Eignungsdiagnostik.

Unbegründeter Vorwurf

Die Idee einer Produktnorm für Tests, die im Bereich der Berufseignungsdiagnostik ohnehin verhältnismäßig selten zum Einsatz kommen (siehe Abschnitt 1.1), ist wenig überzeugend, entspricht aber durchaus auch den Wünschen zahlreicher Psychologen. Insbesondere viele in der Praxis der Eignungsdiagnostik tätige Psychologen sind nach wie vor enttäuscht, dass die DIN 33430 keine Produktnorm ist (z. B. im Sinne eines Test-TÜV). Die Bewertung eines Tests, unabhängig von dessen Einsatz, z. B. nach Art eines Testgütesiegels, ist nicht sinnvoll, da man zur Qualitätssicherung den jeweiligen diagnostischen Auftrag, die Rahmenbedingungen, das Verfahren und die mitwirkenden Personen simultan betrachten muss. Die DIN 33430 zielt auf eine Prozesslenkung, nicht auf eine isolierte Prüfung von Teilelementen. Nach der DIN 33430 ist nicht ein Test an sich problematisch, sondern der Gebrauch kann problematisch sein, der von einem Test gemacht wird.

Keine Produktnorm für Tests

Auch wenn die Qualität eines einzelnen Prozesselementes wie eines Tests gegeben ist, muss nicht auch der Gesamtprozess, bei dem der Test eingesetzt wird, qualitativ hochwertig sein. Umgekehrt allerdings verdirbt bereits die mangelhafte Qualität eines Elements die Qualität des Gesamtprozesses. Man kann somit zwar niemals formulieren, dass ein Test der DIN 33430 entspricht, gleichwohl kann man aber konstatieren, dass ein Prozess der Eignungsbeurteilung *nicht* der DIN 33430 entspricht, weil bereits ein Prozesselement nicht den DIN 33430 Anforderungen genügt. Der vielfach geäußerte Wunsch nach Qualitätsbeurteilungen für Tests wurde im Rahmen der Folgeinitiativen zur DIN 33430 berücksichtigt, indem ein eigenständiges Testbeurteilungssystem erarbeitet wurde (Testkuratorium, 2006), bei dem die Informationsanforderungen der DIN 33430 an Verfahrenshinweise eine grundlegende Rolle spielen (siehe Abschnitt 7.4 sowie Kersting, 2006b).

Neues Testbeurteilungssystem bezieht DIN 33430 mit ein

Keine Berücksichtigung konnte allerdings die als Kritik an der DIN 33430 formulierte Forderung finden, für Testgütekriterien wie Reliabilität und Validität

Mindestausprägungen festzulegen, wie dies beispielsweise in dem COTAN- und EFPA-Testbeurteilungssystem praktiziert wird (siehe Abschnitte 2.2.1 und 2.2.2). Eine Bewertung der Güte eines Tests aufgrund der numerischen Ausprägung von Kennwerten wäre, wie Kersting (2006b) ausführt, nur dann möglich, wenn die Kennwerte vollständig vom Messinstrument selbst dominiert wären. De facto charakterisieren Testgütekennwerte nach der klassischen Testtheorie jedoch die jeweils realisierte Kombination aus einem Test einerseits und einer Untersuchungsgruppe andererseits, wie Fischer bereits 1968 (S. 133) ausführt. Die Ausprägung der Gütekriterien hängt wesentlich von der Verteilung der Parameter in der Referenzpopulation ab. Die Zuverlässigkeit eines Tests variiert also beispielsweise in Abhängigkeit davon, welche Referenzpopulation herangezogen wird. Sie charakterisiert somit nicht die Genauigkeit eines Messinstruments an sich, sondern seine Genauigkeit in Bezug auf eine bestimmte Population. Entscheidend für die aus der Interaktion zwischen dem Test und der Untersuchungsgruppe resultierenden Kennwerte sind z. B. die Streuungen der Werte in der jeweiligen Gruppe. Gerade in der angewandten psychologischen Diagnostik hat man es z. B. häufig mit Streuungseinschränkungen zu tun, wenn etwa im Kontext der Studierendenauswahl nur Personen mit Abitur zu einem Auswahltest zugelassen werden. Würde man in einer solchen Situation die Kennwerte eines Tests bestimmen, so lassen sich diese nicht ohne weiteres mit den Kennwerten vergleichen, die an einer bildungsrepräsentativen und somit heterogenen Gesamtgruppe erhoben wurden. Für eine Testbeurteilung sind diese Umstände der Kennwertberechnung zu berücksichtigen.

Testgütekennwerte werden nicht nur vom Test bestimmt

Darüber hinaus handelt es sich bei Kennwerten lediglich um Einzelschätzungen. Schmidt (1992) verdeutlicht die Relativität solcher Einzelschätzungen anhand einer Studie zur Kriteriumsgültigkeit eines eignungsdiagnostischen Tests. Die Studie wurde mit 1.428 Personen durchgeführt und ergab für den Test eine Kriteriumsvalidität von $r = .22$. Schmidt zerlegte die Gesamtgruppe per Zufall in 21 Teilgruppen mit je 68 Personen (dies entspricht dem Median an Stichprobengrößen von Studien zur Kriteriumsvalidität eignungsdiagnostischer Tests) und bestimmte für jede der Teilgruppen die Kriteriumsvalidität. Die resultierenden Kriteriumsvaliditäten lagen im Bereich von $r = .02$ bis $r = .39$ (siehe Abb. 2). Nach dem EFPA-System würde die Kriteriumsvalidität ein und desselben Tests also mal als „nicht ausreichend", mal aber als „gut" gewertet, je nachdem welche Stichprobenergebnisse der Gutachter gesehen hätte. Diese Art des statistischen Schließens gilt seit der Etablierung der Metaanalyse als überwunden. Mit fixen Beurteilungskategorien nach Art des COTAN- und EFPA-Systems würde man zu dem Primat der Situationsspezifität regredieren. Erst die Abkehr von der Überbewertung der Einzelstudien und die Einführung von Metaanalysen (z. B. Hunter & Hunter, 1984) zeigte, dass Validitätskoeffizienten in hohem Maße generalisierbar sind, und die echte, nicht zu Lasten statistischer Artefakte gehende Varianz kaum Raum für Moderatoreffekte lässt. Die Heterogenität der Befunde einschlägiger Einzelstudien ließ sich überwiegend auf drei Artefakte zurückführen: (a) unterschiedlich reliable Prädiktoren und Kriterien, (b) Streuungsdifferenzen zwischen den untersuchten Stichproben, und (c) zufallsbedingte Variation der Korrelations- bzw. Regressionskoeffizienten. Testbeurteilungen, die sich allein an der numerischen Ausprägung von Koeffizi-

Testgütekennwerte sind relativ

enten orientieren, sind dem Einfluss dieser hier genannten Artefakte weitgehend hilflos ausgeliefert.

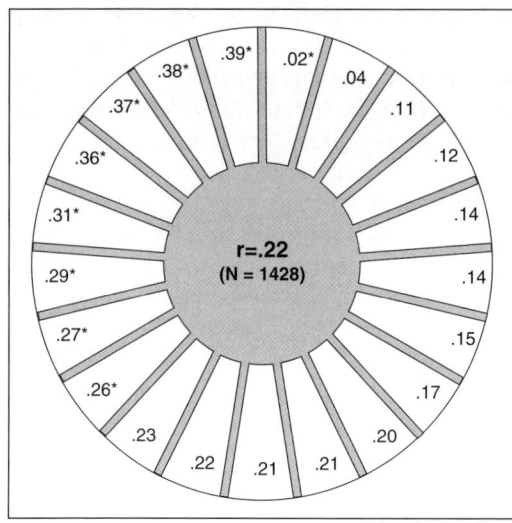

Abbildung 2:
Variation der numerischen Ausprägung der Kriteriumsvalidität in Abhängigkeit von der Stichprobe (Schmidt, 1992)
Anmerkung: Anhand einer Studie mit 1.428 Personen wurde für einen Test eine Kriteriumsvalidität von r = .22 ermittelt. Schmidt (1992) zerlegte die Gesamtgruppe per Zufall in 21 Teilgruppen mit je 68 Personen und bestimmte für jede der Teilgruppen die Kriteriumsvalidität.

Einseitig gestaltete Untersuchungspläne als „Kennwert-Doping"

Fataler noch ist die Tatsache, dass eine Fixierung auf die numerische Ausprägung von Kennwerten einseitig gestaltete Untersuchungspläne provozieren würde. Falls hohe Koeffizienten wider besseres Wissen als Qualitätsmerkmal eines Tests „geadelt" würden, würde man in Zukunft die Untersuchungen so gestalten, dass nicht die Wahrscheinlichkeit für Erkenntnisse, sondern die Wahrscheinlichkeit für hohe Koeffizienten steigt. Da die Kennwerte eine Kombination aus Test und Untersuchungsgruppe sind, kann man die erforderlichen Qualitätswerte für schlechte Tests mit „besonderen" Untersuchungsgruppen erzielen. Hierzu ist es z. B. förderlich, heterogene Stichproben zu untersuchen, die breite Streuungen aufweisen. Für die Gültigkeitsprüfung kann man Kriterien heranziehen, die vor allem reliabel sind und bei denen z. B. eine Prädiktor-Kriteriums-Kontamination vorliegt usw. Bei der Bestimmung der Retest-Reliabilität wirkt sich in der Regel die Wahl eines sehr kurzen Zeitintervalls positiv auf den Kennwert (aber nicht auf die Erkenntnis) aus. Aus diesen Gründen wird in der DIN 33430 (2002, S. 4 bis 6) gefordert, nicht nur die numerischen Höhe von Kennwerten zu beurteilen, sondern auch die Qualität der Untersuchungen zu berücksichtigen, in denen die Kennwerte bestimmt wurden.

Miscellaneous correlations

Ein weiteres und letztes Beispiel kann anhand von Kriteriumsgültigkeiten aufgezeigt werden. Häufig werden über ein Dutzend Skalen eines Tests mit zahlreichen Kriterien korreliert. Aus den möglicherweise über 100 Korrelationen suchen sich die Testautoren dann einige wenige „hohe" Korrelationen als Nachweis der Kriteriumsvalidität heraus. Hier kann es in einer Testbeurteilung nicht darum gehen, die Höhe dieser Korrelationen zu klassifizieren. Bei der simultanen Bestimmung zahlreicher Korrelationskoeffizienten kumulieren die statistischen Fehlerwahrscheinlichkeiten, so dass in diesem Fall im Rahmen der Testbeurteilung geprüft werden muss, ob eine entsprechende Kontrolle durchgeführt wurde. Dazu bedarf es eines vertieften Verständnisses von Statistik und von methodisch angemessenen Vorgehensweisen (siehe Hager, 2005). Entsprechend schreibt die DIN 33430 keine schematisch zu prüfenden Mindestausprägungen von Kennwerten vor, sondern fordert, dass die für die Testauswahl entscheidenden Personen entsprechend qualifiziert sind. Die entsprechenden Grundlagen werden im Rahmen der Fortbildungen vermittelt und im Rahmen von Lizenzprüfungen nachgewiesen (siehe Abschnitt 7.2).

6.2 Kritik an der DIN 33430 aufgrund fehlerhafter Interpretationen des Normtextes

Neben der im vorherigen Kapitel referierten Kritik, die ihren Ursprung in der DIN 33430 nimmt, wird die DIN 33430 häufig aufgrund von Fehlinformationen, Missverständnissen und Fehlinterpretationen auf Seiten der Kritiker beanstandet. Soweit diese Missverständnisse weit verbreitet sind, sollen sie hier dargestellt und ausgeräumt werden.

Missverständnisse

In einem Artikel im Arbeitgeber-Magazin, der weitgehend auf der bereits weiter oben (siehe Abschnitt 6.1) zitierten Stellungnahme der BDA beruht, führt Schmidt-Rudloff (2002, S. 10) aus: „Die Norm bildet die Vorstellung ab, dass berufsbezogene Einstellungstests von einem externen Anbieter durchgeführt werden. Aus diesem Grund wird dieser durchgehend als ‚Auftragnehmer' und der Betrieb oder dessen Personalabteilung als ‚Auftraggeber' bezeichnet". Die Annahme, die DIN 33430 fordere die Beauftragung von externen Dienstleistern, ist ebenso verbreitet (siehe z. B. Simon, 2006, S. 56) wie falsch. Im Gegenteil stellt die Norm bereits in der Einleitung (S. 3) heraus, dass Auftragnehmer im Sinne der Norm organisationsintern und -extern sein können. Die Einstellungstests durchführende Personalabteilung im Beispiel von Schmidt-Rudloff (2002) ist eindeutig ein „Auftragnehmer" im Sinne der Norm. Inner- wie außerbetrieblich spielt dabei keine Rolle.

Organisationsinterne und -externe Auftragnehmer

Im Weiteren wird argumentiert, dass in der Praxis nicht die kontrollierten Bedingungen herrschen, die bei akademischen Fragestellungen wünschenswert sind. „Für viele Positionen gibt es keine Referenzgruppen, da es sich um Einzelfunktionen handelt" (Schmidt-Rudloff, 2002, S. 10). Tatsächlich verzichtet die Norm auf die Forderung nach Referenzgruppen. Sie formuliert lediglich Qualitätskriterien für den Fall, dass sich der Auftragnehmer freiwillig dafür entscheidet, mit Referenzgruppen zu arbeiten. Auch in dem Text von Simon (2006) wird auf Seite 56 die kontrafaktische Behauptung aufgestellt, die DIN 33430 würde große „Probandenmengen" verlangen. Allerdings gibt es in der DIN 33430 eine Aussage, die möglicherweise das hier zu Tage tretende Missverständnis hervorgerufen hat (siehe Abschnitt 6.3.3.3).

Referenzgruppen sind nicht vorgeschrieben

Laut Bericht im „Arbeitgeber Magazin" wird in der Norm der Kandidatenschutz überbetont. „Eine institutionelle Rückmeldung detaillierter Ergebnisse an Teil-

Ergebnisrückmeldungen können unterbleiben

nehmer von Verfahren zur Eignungsdiagnostik erfordert einen nicht akzeptablen Entwicklungs- und Umsetzungsaufwand" (Schmidt-Rudloff, 2002, S. 10). Auch diese Fehlinterpretation der DIN 33430 ist weit verbreitet, tatsächlich wird eine derartige Rückmeldung der Ergebnisse an Teilnehmer in der Norm nicht vorgeschrieben.

Keinerlei Eingriff in die Entscheidungshoheit der Arbeitgeber

Darüber hinaus wurde in einigen Einsprüchen gegen den Gelbdruck kritisiert, dass die Norm in die Entscheidungshoheit der Arbeitgeber eingreifen würde, ein Missverständnis, welches auch der veröffentlichten DIN 33430 entgegengebracht wird. Dabei wird in der DIN 33430 deutlich zwischen der Eignungsbeurteilung einerseits und der Personalentscheidung andererseits unterschieden: „Nur die Eignungsbeurteilung ist Gegenstand dieser Norm. Personalentscheidungen bleiben in der Hand der Personalverantwortlichen in Unternehmen, Betrieben, Institutionen oder Verwaltungen" (DIN, 2002, S. 3). Die Personalentscheidung ist ein von der Eignungsbeurteilung unabhängiger Vorgang, auch wenn beide in einer Mittel-Zweck-Relation stehen (Schuler, 1996, S. 151). Während die Eignungsbeurteilung auf eine Maximierung der Kriteriumsgültigkeit zielt, geht es bei der Personalentscheidung um ein Optimum an Zweckmäßigkeit und wirtschaftlichem Nutzen, wobei zugleich stets soziale, soziologische sowie andere inner- und überbetriebliche Belange (Personalbedarf, Ausleseverhältnis, Alterszusammensetzung der Belegschaft, Konjunkturlage auf dem Arbeitsmarkt, geplante Produktionserweiterungen usw.) berücksichtigt werden müssen (Jäger, 1970, S. 641).

Anlassfreie Kritik

Ein grundlegendes Verständnisproblem mit der Norm offenbart Simon (2006). Nach seiner Ansicht will die Norm „etwas objektivieren, das letztendlich nicht objektivierbar ist: ein Bewerber mit seiner Persönlichkeit, seinen Wesenszügen, Vorlieben, Aversionen – all dem was seine einzigartige Individualität ausmacht. (…)" (S. 56). Ein Zusammenhang dieser Kritik mit dem tatsächlichen Text der Norm lässt sich nicht herstellen.

Auch 20 Jahre „alte" Normdaten können noch angemessen sein

Andere Missverständnisse herrschen eher in Psychologenkreisen vor. Ein weit verbreitetes Missverständnis betrifft die Regelung zu den Prüfintervallen der Angemessenheit von Normwerten (im Sinne von Referenzkennwerten). Hierzu steht in der DIN 33430 (2002): „Die Angemessenheit der Normwerte ist spätestens alle 8 Jahre zu prüfen." (S. 7). Diese Forderung wurde häufig dahingehend kritisiert, dass es extrem aufwändig sei, beispielsweise einen Test alle acht Jahre umfassend neu zu normieren. Dies allerdings wird von der Norm überhaupt nicht gefordert. Verlangt wird lediglich, die Angemessenheit der bestehenden Normierung nachzuweisen. Dazu reicht es aus, anhand eines aktuellen Datensatzes das Verhältnis der aktuellen Werte zu den „alten" Werten aufzuzeigen. Sofern die aktuellen Werte nicht wesentlich von den bisherigen Werten abweichen, können die „alten" Normwerte weiter verwendet werden.

Keine Vorgaben für die numerische Ausprägung von Testkennwerten

Verständnisprobleme gibt es auch hinsichtlich der Mindestausprägungen für Testgütekriterien. In Testdarstellungen folgt dem Bericht entsprechender Koeffizienten häufig sinngemäß der Zusatz: Diese Ausprägung entspricht (übertrifft) der (die) von der DIN 33430 geforderten Ausprägungshöhe. Eine derartige Argumentation entbehrt jeglicher Grundlage. Wie im vorherigen Kapitel ausgeführt, hat sich die

DIN-Kommission mit Bedacht gegen eine alleinige Interpretation der numerischen Ausprägungen von Kennwerten als unmittelbares Qualitätsmerkmal von Tests entschieden. Dies wird oft verkannt, da in dem so genannten „Anhang B" der DIN 33430 (2002, S. 24) zur Reliabilität ausgeführt wird: „Erfahrungsgemäß ergeben sich bei Zuverlässigkeitsuntersuchungen je nach gewählter Verfahrensklasse und Art der Zuverlässigkeit Werte zwischen r = 0.70 bis 0.85". Abgesehen davon, dass es sich hierbei um eine beschreibende und nicht um eine wertende Aussage handelt, gilt es zu beachten, dass der „Anhang B" nicht normativ (sondern informativ) ist. Er hat (ebenso wie alle „Anmerkungen" der DIN 33430 und alle „Leitsätze") keinerlei normative Kraft. Im Rahmen der (ebenfalls nicht normativen) Begriffserläuterungen (Abschnitt 3 der DIN, 2002, S. 4 bis 6) wird zur Zuverlässigkeit und Gültigkeit explizit ausgeführt, dass neben der numerischen Höhe der Koeffizienten auch die Qualität der Untersuchungen mit zu bewerten ist, in denen die Koeffizienten bestimmt wurden. Als Qualitätsmerkmale werden die Angemessenheit des Untersuchungsansatzes für das zu messende Merkmal sowie die Größe, die Repräsentativität (für die Zielgruppe) und die Aktualität der Untersuchungsgruppe benannt (siehe Aussagen 134 bis 140 der Checkliste „DIN SCREEN" von Kersting (2006c sowie Anhang)). Bezüglich der Validitätsbestimmung wird darüber hinaus auch auf das Vorliegen unabhängiger Vergleichs- und Wiederholungsuntersuchungen hingewiesen (DIN, 2002, S. 7 sowie Aussage 187 der Checkliste „DIN SCREEN" von Kersting (2006c sowie Anhang)).

6.3 Eigene Kritik an der DIN 33430

Die eigene Kritik an der DIN 33430 kann aus dem Allgemeinen oder aus dem Besonderen abgeleitet werden. Im Allgemeinen ist die Form einer DIN-Norm zu kritisieren, im Besonderen die Zusammensetzung des DIN 33430 Ausschusses sowie der Text der DIN 33430.

Kritik der DIN 33430

6.3.1 Allgemeine Kritik an DIN-Normen

Zunächst kann die Qualitätsauffassung nach DIN, die weiter oben im Abschnitt 4.3 erläutert wurde, problematisiert werden. Eine normkonforme Eignungsbeurteilung nach DIN 33430 ist nicht zwangsläufig eine qualitativ hochwertige Eignungsbeurteilung. Zwar gibt es in der DIN 33430 einige Forderungen, die auf Qualität im Sinne von hoher Güte zielen, insgesamt garantiert ein Qualitätsmanagement nach DIN 33430 aber nicht die hohe Qualität des Prozesses der Eignungsbeurteilung, sondern eine hohe Qualität des Qualitätsmanagementprozesses, der auch für qualitativ minderwertige Eignungsbeurteilungen genutzt werden kann. Die Norm ist in wesentlichen Bestandteilen eine Verfahrens- und Dokumentationsvorschrift. Dies ist per se nicht problematisch, solange alle Beteiligten um den (in Abschnitt 4.3 dargestellten) Qualitätsbegriff von DIN-Normen wissen – was in der Praxis nicht der Fall ist. Weit verbreitet ist das Missverständnis von Klein-Moddenborg und Voigt (2003), die davon ausgehen „dass DIN-gerechte Verfahren die Treffsicher-

Ein Qualitätsmanagement nach DIN 33430 garantiert keine Qualität im Sinne von „Güte" heit einer Personalentscheidung erhöhen und sich damit unmittelbar rechnen" (S. 184). „DIN" wird hier als ein Indikator für „Güte" fehlinterpretiert, während der Qualitätsbegriff von DIN-Normen Qualität als Beschaffenheit definiert und damit keine Wertung verbindet (siehe Abschnitt 4.3). Zu kritisieren ist somit nicht die innerhalb der Normungswelt vorgenommene Definition von Qualität als Beschaffenheit, eine Definition, die zahlreiche Vorteile mit sich bringt, sondern zu kritisieren ist die zumindest in Kauf genommene nahe liegende Verwechslung dieses sehr spezifischen Qualitätsbegriffs mit der weit verbreiteten Definition der Qualität als optimale Güte. Die umfangreiche Dokumentation und ein mangelhaftes Verständnis des Qualitätsbegriffes von Normen können den Anschein einer Qualität im Sinne von optimaler Güte erwecken, Auftraggeber und Auftragnehmer glauben sich unter solchen Umständen mit dem Verweis auf die DIN 33430 salviert.

DIN-Normen sind statisch und potenziell innovationshemmend

Ein anderes grundsätzliches Problem von DIN-Normen besteht darin, dass sie einem Konformitätsmodell verpflichtet sind und keinem Verbesserungsmodell. Ziel ist es, den definierten Anforderungen genüge zu tun. Wer sich verpflichtet, der Norm gemäß zu arbeiten, verpflichtet sich zunächst nur, das Niveau zu erfüllen, welches die Norm definiert. Dabei handelt es sich häufig um den kleinsten gemeinsamen Nenner, der in einer – auf Konsens angelegten – Ausschussarbeit erzielt werden kann. Der „Dienst nach Vorschrift" wird aber umgangssprachlich zu Recht nicht als Qualitätssiegel aufgefasst. Qualität im Sinne von optimaler Güte ist nicht das Ergebnis (juridischer) Reglementierung, sondern von Wissen, Können und von Verantwortung. Diese Werte können nicht durch Normen substituiert werden. Dem potenziell statischen und somit innovationshemmenden Erfüllungsparadigma von DIN-Normen steht das Optimierungsparadigma von Wettbewerben gegenüber. Modelle, die diesem Ansatz verpflichtet sind, begnügen sich nicht mit der Erfüllung von Vorgaben, sondern setzen einerseits auf die Selbstverantwortung in der Qualitätsbewertung und versuchen andererseits über Auszeichnungen und Preise für besonders gelungene Prozesse eine Qualitätsoptimierung zu erreichen. Demgegenüber ist eine DIN statisch und führt nicht zu einer beständigen Qualitätsoptimierung. Im Sinne des in Abschnitt 3.2 beschriebenen Konzepts der Handlungssteuerung führt eine erreichte Leistung normalerweise dazu, dass der Maßstab verändert, nämlich anspruchsvoller gestaltet wird. Der Maßstab, den die DIN 33430 setzt, bleibt hingegen konstant. Langfristig stellt die Anforderung der DIN 33430 daher möglicherweise eine zu leichte Aufgabe dar, deren Bewältigung kein Erfolgserlebnis zur Folge hat. Die Erfüllung der Anforderungen der DIN 33430 ist insgesamt gesehen eine notwendige, aber keine hinreichende Bedingung für die Qualität von Eignungsbeurteilungen. Es empfiehlt sich, den DIN-Ansatz um Optimierungsansätze (z. B. Wettbewerbe und Auszeichnungen) zu ergänzen (siehe Kapitel 8).

6.3.2 Kritik der Zusammensetzung des DIN 33430 Ausschusses

An der Entwicklung der DIN 33430 haben in direkter Form ausschließlich Organisationen der freien Wirtschaft teilgenommen, für die Eignungsbeurteilungen zum Kerngeschäft zählen (z. B. Testverlage oder Personalberatungsunternehmen), die also mit Eignungsbeurteilungen im weitesten Sinne Geld verdienen. Die in der Gesellschaft häufiger vorkommenden Unternehmen, die mit anderen Produkten oder Dienstleistungen Umsatz erzielen, dazu Personal einstellen sowie befördern und für die Eignungsbeurteilungen Zeit und/oder Geld investieren müssen, waren hingegen nicht direkt vertreten. Ebenfalls unberücksichtigt blieb die Gruppe derjenigen, die von Testentscheidungen betroffen sind. Ungünstig ist außerdem, dass (trotz entsprechender Versuche) keine Vertreter der Arbeitgeberverbände und/oder Gewerkschaften für die Mitarbeit im Normenausschuss gewonnen werden konnten. Der Deutsche Städtetag war mit einem Schreiben vom 26. Februar 1998, der Bundesverband der Deutschen Arbeitgeberverbände mit einem Schreiben vom 2. März 1998 um Mitwirkung an der DIN 33430 gebeten worden. Auch wenn somit das Versäumnis nicht allein in der Verantwortung des Normenausschusses liegt, bleibt die Zusammensetzung des Ausschusses hinsichtlich der Mitwirkung interessierter Kreise gleichwohl unbefriedigend. Zumindest in einzelnen Phasen hätte die Normarbeit schließlich durch die Einbeziehung von Vertretern bestimmter Minderheiten (z. B. Behindertenverbänden) profitieren können.

Ausbleibende Mitwirkung betroffener Gruppen

6.3.3 Kritik des Textes der DIN 33430

Von den oben bereits aufgeführten Kritiken an dem Text der DIN 33430 erscheint insbesondere der Einwand berechtigt, dass die DIN 33430 schwer verständlich ist. Dies zeigt sich auch an der Vielzahl der Missverständnisse, die im Abschnitt 6.2 referiert wurden. Für die Missverständlichkeit des Textes gibt es verschiedene Ursachen. Zum einen korrespondiert die Komplexität des Normtextes mit der Abstraktheit und Komplexität des Normgegenstandes, der Eignungsdiagnostik. Zum anderen ist es häufig so, dass sich das Ergebnis einer Konsensarbeit wie der DIN 33430 mehr durch Vollständigkeit als durch Leserlichkeit auszeichnet. Die Probleme des Textes der DIN 33430 sind aber nicht nur durch den Normgegenstand sowie durch die Notwendigkeit der Vollständigkeit und Abstraktion bedingt, sondern auch durch „handwerkliche" Fehler, wie in den folgenden Abschnitten aufgezeigt wird. Wie bereits oben erwähnt, liegen mittlerweile mit den Büchern von Hornke und Winterfeld (2004), Kersting (2006c), Westhoff et al. (2005) sowie Westhoff (2006) Publikationen vor, die ein leichteres Verständnis der DIN 33430 ermöglichen sollen.

Ursachen für die Missverständlichkeit des Textes

6.3.3.1 Schwer nachvollziehbare Gliederung, Redundanzen und Uneindeutigkeiten

Ein zentrales Problem des Normtextes ist dessen Gliederung, deren Logik nur schwer nachzuvollziehen ist und zahlreiche Redundanzen (siehe unten) verursacht. Verständnisfördernd wäre eine prozessorientierte Gliederung, wie sie beispielsweise den Standards der Assessment Center-Technik des Arbeitskreises Assessment Center (2004) innewohnt. In der Checkliste „DIN SCREEN" von Kersting (2006c

Schwer nachvollziehbare Gliederung

sowie Anhang) werden die Aussagen der DIN 33430 nachträglich in eine solche Ordnung eingefügt, was die Leserlichkeit und praktische Anwendbarkeit erhöht.

Zahlreiche Redundanzen

Die zahlreichen Redundanzen der DIN 33430 (2002) sollen hier nur beispielhaft wiedergegeben werden. So wird etwa auf Seite 15 ausgeführt: „Der aktuellste Nachweis über die Gültigkeit des Verfahrens für den intendierten Anwendungsbereich ist jünger als acht Jahre", und auf Seite 16 wird formuliert: „Einige der vorliegenden Gültigkeitsbelege sind jünger als acht Jahre."

Inhaltliche Variationen

Derartige Wiederholungen sind ermüdend, schaden dem Verständnis aber nicht. Problematisch wird es, wenn Wiederholungen mit inhaltlichen Variationen verknüpft sind. So wird etwa auf Seite 6 der DIN 33430 (2002) ausgeführt: „In den Verfahrenshinweisen für standardisierte Verfahren zur Eignungsbeurteilung müssen: (...) die Zielsetzungen und Anwendungsbereiche benannt werden." Demgegenüber heißt es auf Seite 15: „Die Verfahrenshinweise müssen Angaben zu Zielsetzungen der Verfahren enthalten, die es dem Anwender ermöglichen, seinen Beitrag zur Eignungsbeurteilung zu erkennen (...)." Die Variation besteht darin, dass die Anforderung der Spezifikation der Zielsetzung einmal auf „Verfahren", einmal aber auf „standardisierte Verfahren" bezogen wird. Dieses Beispiel thematisiert zugleich das schwerwiegendste Problem des Normtextes, nämlich die Unbeständigkeit bei der Verwendung des Verfahrensbegriffs (siehe unten).

Vorschrift oder Empfehlung?

Dopplungen finden sich insbesondere in Kapitel 7 der Norm, den so genannten „Empfehlungen". Beispielsweise wird zur Gewährleistung der Objektivität der Durchführung im Abschnitt 4.4 der Norm gefordert, dass alle in den Verfahrenshinweisen enthaltenen Vorgaben und Empfehlungen, die sich auf die Durchführung beziehen, beachtet werden. In Abschnitt 4.5 der Norm wird eine umfassende Dokumentation gefordert. Diese Aspekte werden dann im Kapitel 7 der Norm wiederholt. Während die Abschnitte 4.4 und 4.5 allerdings normativen Charakter haben, ist Kapitel 7 nur informativ. Dies führt zu einer Verunsicherung, ob die genannten Regeln nun „Soll"- oder „Kann"-Charakter haben. In diesem Kontext sei auch erwähnt, dass der im informativen Kapitel 7 der Norm auf Seite 12 vorgenommene Verweis auf gesetzliche Vorgaben, z.B. die Datenschutzbestimmungen, deplaziert ist, da es sich hier nicht um Empfehlungen mit „Kann"-Charakter handelt, sondern um verpflichtende Regeln.

Dokumentation außerhalb der Verfahrenshinweise?

Eine weitere verwirrende Dopplung findet sich in Bezug auf die Dokumentation der Gültigkeitshinweise. Während diesbezüglich auf Seite 6 der Norm eindeutig gefordert wird, dass „in den Verfahrenshinweisen für standardisierte Verfahren (...) alle Gütekriterien und eingesetzten Analysemethoden nachvollziehbar dokumentiert werden" (DIN, 2002, S. 6), wird die Aussage später im Text relativiert: „Die Gültigkeitshinweise und die dazu eingesetzten statistischen Analysemethoden sind in den Verfahrenshinweisen bzw. in einer Auftraggebern, Kandidaten und interessierten Fachvertretern zugänglichen Publikation zu dokumentieren" (DIN, 2002, S. 16). Während also zunächst eindeutig auf die Verfahrenshinweise als einziges Dokumentationsdokument verwiesen wird, werden später im Text Alternativen eröffnet, wodurch die Geltung der ersten Aussage in Frage gestellt wird.

6.3.3.2 Unklarer Anwendungsbereich der DIN 33430

Das größte Problem des Textes der DIN 33430 besteht hinsichtlich seines missverständlich definierten Anwendungsbereiches. Die Norm formuliert „Anforderungen an Verfahren und deren Einsatz bei berufsbezogenen Eignungsbeurteilungen". Von daher ist es von zentraler Bedeutung zu klären, was genau unter „Verfahren" zu verstehen ist. Der für die DIN 33430 zentrale Begriff „Verfahren" wird im Abschnitt „Begriffe" (DIN, 2002, S. 5) sowie erneut im Anhang B (S. 23f.) definiert. Die Definition im Anhang B lautet wie folgt:

- „B 48. Verfahren zur Eignungsbeurteilung: Praxiserprobte und wissenschaftlich abgesicherte Erkenntnismittel, die in standardisierter Weise zur Eignungsbeurteilung eingesetzt werden." (DIN, 2002, S. 23). Als Anmerkung wird ergänzt: „Dazu gehören insbesondere Eignungsinterviews, biographische Fragebögen, berufsbezogene Persönlichkeitsfragebögen, Assessment Center, Arbeitsproben sowie Tests". Zusätzlich findet sich noch ein Verweis auf die Definition „B 49" von „standardisierten Verfahren".

„Standardisierte Verfahren" werden in der Begrifferläuterung „B 49" wie folgt definiert:
- „B 49. Verfahren, standardisierte: Sammlung von Fragen oder Aufgaben, die gemäß einer wissenschaftlich akzeptieren Inhalts- und Testtheorie erstellt und im Blick auf eine Referenzgruppe (...) empirisch fundiert und normiert wurden" (DIN, 2002, S. 24). Ergänzt wird noch eine Anmerkung zur Durchführung, Auswertung und Interpretation, auf die weiter unten näher eingegangen wird.

Durch den unklaren „Verweis" von einer Definition (B 48), in welcher „Verfahren" eher sehr weit gefasst werden (inkl. Eignungsinterviews, Assessment Center) auf eine Definition (B 49), in welcher der Begriff „Verfahren" eindeutig auf psychometrische Tests beschränkt wird, bleibt an etlichen Stellen des Textes unklar, ob mit den in der DIN 33430 formulierten „Anforderungen an Verfahren und deren Einsatz bei berufsbezogenen Eignungsbeurteilungen" nun „Verfahren" im Sinne der Begriffdefinition „B 48" oder „standardisierte Verfahren" im Sinne der Begriffsdefinition „B 49" gemeint sind. Der Umstand, dass in der Begriffsdefinition „B 48" bereits auf die Definition „B 49" verwiesen wird, obwohl die genannten Beispiele Eignungsinterviews und Assessment Center keine standardisierten Verfahren im Sinne der Definition „B 49" sind, trägt ebenso zur Unklarheit bei, wie die Tatsache, dass an anderen Stellen in der Norm vom „Instrument" (DIN, 2002, S. 15) sowie von „psychometrischen" Verfahren (S. 25) gesprochen wird, beide Begriffe aber nicht erläutert werden.

Vor allem bleibt unklar, ob sich der Anhang A, der einen Großteil des normativen Teils der DIN 33430 ausmacht, auf alle Verfahren (im Sinne „B 48") bezieht oder nur auf standardisierte Verfahren (im Sinne „B 49"). Für die diesbezügliche Verunsicherung wird bereits in den Überschriften der einzelnen Abschnitte gesorgt. So ist der Abschnitt A.4 mit „Zielsetzung der Verfahren" (DIN, 2002, S. 15), der Abschnitt A.5 aber mit „Theoretische Grundlagen psychometrischer Verfahren" überschrieben. Irreführend ist auch die Anmerkung zur Definition der „standardisierten Verfahren", der zufolge standardisierte Verfahren „nach festgelegten Regeln durchgeführt, ausgewertet und interpretiert" werden. Dadurch wird der Inhalt der DIN 33430 in Frage gestellt, denn bislang wurde im Text ausgeführt, dass *alle* Verfahren der Eignungsbeurteilung, z. B. Eignungsinterviews und Assessment Center, nach festgelegten Regeln durchgeführt, ausgewertet und interpretiert werden sollten und nicht nur die standardisierten Verfahren.

Anforderungen an Eignungsinterviews sowie Assessment Center einerseits und Tests und Fragebögen andererseits nicht hinreichend differenziert

Zahlreiche Anforderungen der DIN 33430, insbesondere die im Anhang A spezifizierten Anforderungen an Verfahrenshinweise, sind von ihrem Wesen her auf „standardisierte Verfahren" im Sinne der Begriffsdefinition „B 49" bezogen. Dies lässt sich auch den Ausführungen der Norm auf Seite 6 entnehmen, wo die Inhalte der Verfahrenshinweise differenziert dargestellt werden. Dort wird ausgeführt, dass zu jedem Verfahren der Eignungsbeurteilung in den Verfahrenshinweisen darzulegen ist, wie es zu bewerten und zu handhaben (Durchführung, Auswertung und Interpretation) ist. Die Verfahrenshinweise für standardisierte Verfahren zur Eignungsbeurteilung werden demgegenüber gesondert betrachtet, indem weitere Anforderungen formuliert werden, wobei insbesondere die empirischen Untersuchungen und die Verfahrenskonstruktion genannt werden. Die empirischen Untersuchungen und die Verfahrenskonstruktion sind auch Thema des normativen Anhangs A, so dass man annehmen könnte, dieser Anhang bezöge sich nur auf „standardisierte Verfahren". Dies wäre allerdings auch nicht sinnvoll, da einige (aber nicht alle) der im Anhang A formulierten Anforderungen eben durchaus auch auf z. B. Assessment Center und Eignungsinterviews angewendet werden können.

Der Stellenwert empirischer Untersuchungen ist unklar

Die Verunsicherung über den Verfahrensbegriff beeinträchtigt auch den Stellenwert, den die DIN 33430 empirischen Untersuchungen einräumt. Einerseits wird ausgeführt, dass empirische Untersuchungen die Basis jeglicher Verfahrensauswahl und -anwendung sind, wenn beispielsweise kategorisch gefordert wird, dass die Gültigkeit des Verfahrens „aufgrund von empirischen Analysen" (DIN, 2002, S. 7) bestimmt werden muss. Anderseits wird der Eindruck erweckt, die Durchführung empirischer Untersuchungen sei fakultativ, etwa wenn formuliert wird: „Sofern die Verfahrenshinweise sich auf eine empirische Arbeit beziehen, müssen diese eine kritische Würdigung der Ergebnisse hinsichtlich ihrer theoretischen und methodischen Grundlagen ermöglichen" (ebd., S. 15). Ungeachtet der Problematik der Uneindeutigkeit ist es fraglich, ob die Forderung nach empirischen Untersuchungen z. B. für Eignungsinterviews, die in der Praxis häufig mit äußerst geringen Fallzahlen durchgeführt werden, realistisch ist. Zwar räumt die DIN 33430 die Möglichkeit einer Argumentation über eine Validitätsgeneralisierung ein (DIN, 2002, S. 16), womit die Durchführung eigener empirischer Untersuchungen umgangen werden kann, das Wissen über diese Technik dürfte in der Praxis aber kaum verbreitet sein. Die Ausführungen der Norm zu den empirischen Untersuchungen legen nahe, dass die Autoren der DIN hier nur an die „standardisierten Verfahren" im Sinne der Begriffsdefinition „B 49" gedacht haben, der Text sich hingegen auf alle Verfahren im Sinne der Begriffsdefinition „B 48" bezieht.

Verfahrensspezifische Anforderungen

Es wäre eindeutiger und verständlicher gewesen, die Anforderungen pro (gängiger) Verfahrensklasse (z. B. Interview, Assessment Center, Test usw.) zu spezifizieren, auch wenn es dadurch zu Redundanzen gekommen wäre.

6.3.3.3 Unzureichende Thematisierung der Anforderungsanalyse

Von zentraler Bedeutung für den Prozess der Eignungsdiagnostik ist die Anforderungsanalyse. Diese wird im normativen Teil der DIN 33430 unzureichend thematisiert und letztendlich nur in zwei Sätzen aufgegriffen. Zum einen wird in den Grundsätzen formuliert: „Für die berufsbezogene Eignungsbeurteilung dürfen nur solche Verfahren eingeplant werden, die nachweislich einen Bezug zu den Anforderungen haben" (DIN, 2002, S. 6; Aussagen 151 bis 153 sowie 266 der Checkliste „DIN SCREEN" von Kersting (2006c sowie Anhang)). Zum anderen wird bei der Auswertung gefordert: „Es dürfen nur Informationen zu anforderungsrelevanten Eignungsmerkmalen ausgewertet werden" (DIN, 2002, S. 8; Aussage 208 der Checkliste „DIN SCREEN" von Kersting (2006c sowie Anhang)). Außerdem werden vom Auftragnehmer Kenntnisse zum Thema erwartet (DIN, 2002, S. 10; Aussagen 276 bis 279 der Checkliste „DIN SCREEN" von Kersting (2006c sowie Anhang)). Ein weiterer Abschnitt zur Anforderungsanalyse auf Seite 12 der Norm (DIN, 2002) hat, ebenso wie die entsprechenden Begriffsdefinitionen, keinen normativen Charakter. Die DIN 33430 trifft keine Angaben, wie man nachweisen kann oder soll, dass die gewählten Verfahren einen Bezug zu den Anforderungen haben, oder wie die Anforderungsrelevanz der Eignungsmerkmale festgestellt wird.

Zu wenige normative Aussagen zur Anforderungsanalyse

Die Kenntnisse zur Arbeits- und Anforderungsanalyse sowie zur Operationalisierung der Eignungsmerkmale werden nur von Auftragnehmern, nicht aber von Mitwirkenden verlangt. Dabei ist es kaum vorstellbar, wie jemand sinnvoll an einem Verfahren mitwirken kann, ohne zu wissen, wie die abstrakten Eignungsmerkmale durch beobachtbares Verhalten indiziert werden. Auch der Vergleichsmaßstab, den die Mitwirkenden für ihre Arbeit benötigen, erschließt sich häufig (wenn ein kriteriumsorientierter Interpretationsansatz gewählt wird) erst durch die Anforderungsanalyse.

Auch Mitwirkende sollten über Kenntnisse zur Anforderungsanalyse verfügen

6.3.3.4 Problematische Validitätsauffassung

Die DIN 33430 geht implizit davon aus, dass sich die Gültigkeit (Validität) in die drei Validitätsarten (1) Konstrukt-, (2) Kriteriums- und (3) Inhaltsgültigkeit differenzieren lässt, und dass diese Validitätsarten eigenständig sind. Diese Auffassung kommt beispielsweise in den folgenden Formulierungen zum Ausdruck: „Grundsätzlich muss die Gültigkeit des Verfahrens aufgrund von empirischen Analysen zur Konstrukt-, Kriteriums- oder Inhaltsvalidität nachgewiesen werden (...)" (DIN, 2002, S. 7). Auch auf Seite 16 wird von empirischen Nachweisen „der Inhalts-, Kriteriums- und/oder Konstruktgültigkeit" gesprochen, anschließend werden die drei genannten Validitätsarten erläutert. Dieser Auffassung unterschiedlicher Validitätsarten, die sich offensichtlich gegenseitig ersetzen können (dies verdeutlicht das „oder" in der Aufzählung), steht die ganzheitliche, von der Konstruktgültigkeit dominierte Validitätsauffassung gegenüber. Die Bedeutung der unterschiedlichen Validitätsarten wird bei diesem Ansatz der Tatsache untergeordnet, dass die Konstruktvalidität von primärer Bedeutung ist, da bei der Diagnostik stets von dem beobachteten Verhalten auf theoretische Begriffe geschlossen wird. *„(...) [C]onstruct*

Ganzheitlicher Validitätsbegriff

validity is indeed the unifying concept of validity that integrates criterion and content consideration into a common framework for testing rational hypothesis about theoretical relevant relationships" (Messick, 1980, S. 1015). Auch Jäger (1986) räumt der Konstruktvalidität im Vergleich zur Kontent- und Kriteriumsvalidität eine herausragende Bedeutung ein. Die beiden zuletzt genannten Validitätsarten können Jäger zufolge zur Konstruktvalidität beitragen, diese aber nicht, wie in der DIN 33430 angedeutet, ersetzen.

Inhaltsvalidität allein reicht nicht aus

Nach DIN 33430 genügt es, wenn für einen Test lediglich der Nachweis der Inhaltsgültigkeit (einer ohnehin problematischen Validitätsart, siehe z. B. Sireci, 1998) erbracht wird, ohne Nachweise der Konstrukt- und Kriteriumsgültigkeit. Mit Ausnahme einiger spezifischer, im Kontext von Eignungsbeurteilungen eher unwahrscheinlichen Situationen, in denen es nur darauf ankommt, ob die Items eines Verfahrens ein Itemuniversum abbilden (z. B. bei der Aneignung eines Lehrstoffes), ist eine solche Beschränkung auf die Inhaltsgültigkeit nicht sinnvoll.

Kriteriumsvalidierung als blinde Technologie

Ebenso wäre ein Test, der lediglich Nachweise der Kriteriumsgültigkeit erbringt, im Sinne der entsprechenden DIN 33430 Anforderungen positiv zu bewerten, gleichwohl, wie Jäger (1986) ausführt, insbesondere die Kriteriumsvalidität eine schwache Validierungsform darstellt. Kriteriumsvalidierungen bleiben demzufolge „(...) blinde Technologie, solange die Zusammenhänge zwischen Test- und Kriteriumsverhalten nicht psychologisch erhellt, und das heißt theoretisch auf den Begriff gebracht sind" (Jäger, 1986, S. 284, siehe auch Kersting, 2004b). Prüfungen der Kriteriumsvalidität sind darüber hinaus nach Jäger hinsichtlich ihrer Generalisierbarkeit unbefriedigend und hinken den Veränderungen hinterher, da z. B. Berufserfolg in Abhängigkeit von den jeweiligen Werten und Normen sowie dem technologischen Wandel stets anders definiert wird. Während die den Prädiktoren zugrunde liegenden Konstrukte psychologisch definiert sind, stellen Außenkriterien sozial definierte Konstrukte dar (Wiggins, 1973).

6.3.3.5 Unstimmigkeiten im Detail

Ein kriteriumsorientierter Interpretationsansatz ist zulässig

Darüber hinaus finden sich Unstimmigkeiten im Detail, die hier nur anhand weniger Beispiele dargestellt werden sollen. Im Abschnitt zur Interpretation führt die Norm beispielsweise aus, die „Ausprägung der interessierenden Merkmale ist im Blick auf die Referenzgruppe zu bewerten" (DIN, 2002, S. 9). Diese Aussage ist fachlich problematisch und steht im Widerspruch zur restlichen Norm. Unter fachlichen Gesichtspunkten ist das normorientierte Vorgehen der Interpretation gleichwertig zu einem kriteriumsorientierten Interpretationsansatz, bei dem die Ausprägung der interessierenden Merkmale einer Person im Hinblick auf die Erfüllung eines definierten Kriteriums (z. B. Fehlerfreiheit im Diktat) festgelegt wird (siehe z. B. Klauer, 1983). Dabei ist der verwendete Vergleichsmaßstab unabhängig von der Verteilung der Ausprägungsgrade des interessierenden Merkmals.

Inkonsistent zum restlichen Normtext ist die zitierte Aussage, da an anderer Stelle das normorientierte Vorgehen als eine Option (und nicht als einzige Möglichkeit) dargestellt wird. So heißt es etwas auf Seite 7: „Sofern für die Eignungsbeurteilung Verfahren eingesetzt werden, die den Vergleich mit Normwerten vorsehen, müssen diese der Fragestellung und der Referenzgruppe (...) der Kandidaten entsprechen" (DIN, 2002). Hier wird die Anforderung der Norm nur für diejenigen Fälle formuliert, in denen der Anwender sich für eine normorientierte Vorgehensweise entscheidet (siehe auch Abschnitt 6.2). Entsprechend hätte die Formulierung zur Interpretation lauten müssen: „Sofern für die Eignungsbeurteilung Verfahren eingesetzt werden, die den Vergleich mit Normwerten vorsehen, ist die Ausprägung der interessierenden Merkmale im Blick auf die Referenzgruppe zu bewerten".

Eine Interpretation anhand von Normstichproben ist möglich, aber nicht zwingend notwendig

Fachlich problematisch zu werten ist auch die Tatsache, dass in der DIN 33430 (DIN, 2002) in dem Absatz zur „Interpretation" kein Bezug zur Zuverlässigkeit (Reliabilität) und Gültigkeit (Validität) hergestellt wird, die für die Interpretation von entscheidender Bedeutung sind.

Fehlender Bezug zwischen Interpretation einerseits und den Gütekriterien andererseits

Schließlich fehlen in der DIN 33430 Hinweise zur Eignungsbeurteilung von Menschen mit Beeinträchtigungen und/oder Behinderungen.

Menschen mit Behinderungen

7 Begleit- und Folgemaßnahmen zur DIN 33430

Der Text der DIN 33430 allein erzielt keine ausreichende Wirkung

Mit der DIN 33430 (DIN, 2002) sind die „Qualitätsstandards" für die Eignungsdiagnostik vorerst festgelegt. In der Folge geht es um die Anwendung der Standards in der Praxis. Bei den bisherigen Qualitätsstandards (siehe Kapitel 2) wurde vor allem darauf vertraut, dass allein die Kenntnisnahme dieser Standards die Praxis wirkungsvoll beeinflussen würde (wissensbasierter Ansatz). Ein derartiges Vertrauen in die Kraft der Rationalität ist verwunderlich, da die Dissoziation zwischen „Wissen und Handeln" der Psychologie aus vielen Bereichen (z. B. aus dem Bereich der Gesundheitspsychologie, siehe z. B. Leppin, 2002) vertraut ist. Wissen allein ist selten ein Auslöser für Verhaltensänderungen, entsprechend zeigt sich die eignungsdiagnostische Praxis von den bislang existierenden Standards unbeeindruckt (siehe Abschnitt 1.1). Der DIN 33430 droht ein ähnliches Schicksal, wenn sie es beim DIN Text belässt, der im Wesentlichen lediglich Wissensbestände formuliert, ohne einen Zusammenhang zu den praktischen Erfahrungen der Eignungsdiagnostiker herzustellen.

So wird die DIN 33430 konkret anwendbar

Damit die Norm in der Praxis konkret anwendbar und nützlich wird, wurden Begleit- und Folgemaßnahmen zur DIN 33430 gestartet. Leitlinie dieser Maßnahmen war die bereits in Abschnitt 3.2 angesprochene Idee der Handlungssteuerung durch Zielsetzungen und Feedback. Gemäß der „Goal Setting Theory" (Locke & Latham, 1990) sollten Ziele (a) anspruchsvoll, (b) spezifisch, (c) konkret und (d) positiv formuliert werden, die Zielerreichung sollte (e) in zeitlicher Nähe liegen. Zwar ist die DIN 33430 selbst dem Informations- und Feedbackansatz verpflichtet (siehe Abschnitt 4.5), die in der DIN 33430 genannten Ziele bleiben aber abstrakt. Aussagen zur Prüfung der Zielerreichung werden nicht getroffen. Durch den Text der DIN 33430 allein erhalten die Praktiker keinerlei Feedback über die Qualität ihrer aktuellen Arbeit. Damit das abstrakte Ziel der DIN 33430 motivierend und handlungssteuernd werden kann, sollte es in Teilziele herunter gebrochen werden. Außerdem sollten Mechanismen etabliert werden, die den Handelnden ein Feedback über die Diskrepanz zwischen Ist- und Sollwert bzw. über die Zielerreichung geben.

Inhaltsübersicht

Die bislang eingeleiteten Begleit- und Folgemaßnahmen zur DIN 33430 realisieren das zeitnahe Feedback durch Checklisten (siehe Abschnitt 7.1), Lizenzen (siehe Abschnitt 7.2) und/oder Zertifikate (siehe Abschnitt 7.3) sowie Beurteilungen durch Fachexperten (siehe Abschnitt 7.4). Diese Maßnahmen werden in den folgenden vier Abschnitten des siebten Kapitels erläutert. Im letzten Abschnitt des siebten Kapitels (siehe Abschnitt 7.5) wird die DIN 33430 unter einer internationalen Perspektiven betrachtet.

7.1 Checklisten zur DIN 33430

Mit dem Standard „DIN 33430" ist ein Qualitäts-Sollwert für die eignungsdiagnostische Praxis gesetzt. Die Wahrnehmung des Ist-Zustands sowie der Vergleich von Ist- und Sollwert kann durch Checklisten unterstützt werden. Checklisten zur DIN 33430 ermöglichen eine erste Prüfung und eine Überwachung der Qualität von Verfahren und deren Einsatz bei beruflichen Eignungsbeurteilungen. Die Anwendung kann auf mögliche Qualitätsmängel aufmerksam machen, so dass in der Folge die Ursachen mangelnder Qualität beseitigt werden können. Der zentrale Vorzug von Checklisten besteht darin, dass Sie dem Anwender ein unmittelbares Feedback geben.

Checklisten geben ein unmittelbares Feedback

Bereits im Jahre 2005 lagen vier Checklisten zur DIN 33430 vor, die im Rahmen einer Diplomarbeit (Stach, 2005) miteinander verglichen wurden. Stach (ebd.) legte ihrer Arbeit (1) den „Leitfaden zur Konformitätsprüfung mit der DIN 33430" von Hadamus (2003), (2) das „PdZ Screening" (2001), (3) die „Checkliste zur DIN 33430 von Hornke und Kersting" (Hornke & Kersting, 2004) sowie (4) den „Themenkatalog des TÜV zur Umsetzung der DIN 33430" (2002) zugrunde (alle Quellen zitiert nach Stach, 2005), wobei allerdings nur die unter (1) und (3) genannten Listen die DIN 33430 vollständig abbilden. Unter anderem befragte Stach (ebd.) 13 Experten, welche der vier Checklisten sie wählen würden. Dabei ergab sich zwar eine Präferenz für die Checkliste von Hornke und Kersting (2004), die gleichwohl aber in verschiedener Hinsicht stark kritisiert wurde. Kersting erarbeitete auf der Basis der Checkliste von Hornke und Kersting eine deutlich modifizierte Checkliste, die unter der Bezeichnung „DIN Screen" publiziert wurde (Kersting, 2006c, d, siehe auch die Besprechung von Hänsgen, 2006). Diese Publikation stellt die Grundlage für die im Anhang A wiedergegebene Checkliste „DIN Screen V2" („V2" für Version 2) dar, die nachfolgenden Erläuterungen entsprechen weitgehend dieser Publikation. Zur begrifflichen Abgrenzung wird die 2006 publizierte Checkliste (Kersting, 2006c) im Folgenden als „Version 1" bezeichnet, sofern eine Unterscheidung der beiden Versionen notwendig ist. Eine derartige Differenzierung ist aber nur selten notwendig, die geringfügigen Unterschiede der ersten Version gegenüber der hier vorliegenden zweiten Version werden weiter unten (siehe Abschnitt 7.1.5) im Detail aufgelistet. Aufgrund der weitgehenden Übereinstimmung der beiden Listen (insbesondere wurde die Nummerierung und – mit Ausnahme der Verzweigungsfragen Nummer 21 und Nummer 22 sowie der Aussage Nr. 263 – der Text der Aussagen beibehalten) kann im Folgenden, sofern nichts anderes erwähnt wird, für beide Versionen die Bezeichnung „DIN Screen" genutzt werden.

Bisherige Checklisten

7.1.1 Die Checkliste „DIN Screen"

Die Checkliste „DIN Screen" setzt sich aus 318 Prüfaussagen zusammen, deren Grundlage die DIN 33430 (DIN, 2002) ist. Die Aussagen sind fortlaufend nummeriert, die Nummern der Aussagen sind somit eindeutig. „DIN Screen" bildet die

„DIN Screen" bildet alle normativen Aussagen der DIN 33430 ab

Kapitel 4 bis 7 der DIN 33430 sowie den Anhang A – und somit alle normativen Aussagen der DIN 33430 (mit Ausnahme der normativen Verweisungen) – vollständig ab. Nicht berücksichtigt wurde das lediglich Informationszwecken dienende Glossar im Anhang sowie die Kapitel 1 bis 3 („Anwendungsbereich", „Normative Verweisungen" sowie „Begriffe"). Eine Ausnahme stellen acht nicht normative Aussagen zur Zuverlässigkeit (Aussagen Nr. 133 bis 136) und zur Gültigkeit (Aussagen Nr. 137 bis 140) dar, die dem Abschnitt 3 der DIN 33430 entstammen und in „DIN SCREEN" übernommen wurden. Tabelle 4 in Kapitel 4.4 zeigt, wie die Abschnitte der DIN 33430 den Aussagen und Verzweigungsfragen der Checkliste „DIN SCREEN" zugeordnet sind.

„DIN SCREEN" beschreibt den Soll-Wert

Die Qualitätsprüfer können in Selbst- oder Fremdbeurteilung anhand von „DIN SCREEN" kontrollieren, ob die Anforderungen der DIN für einen konkreten Fall erfüllt sind. Alle Aussagen in „DIN SCREEN" beschreiben den Sollwert. Bei einem Prozess der beruflichen Eignungsbeurteilung, der den Anforderungen der DIN 33430 entspricht, ist daher zu erwarten, dass alle Aussagen zutreffend sind (Antwortkategorie „ja" (Version 2) bzw. „trifft zu" (Version 1)). Aussagen, die auf den zu prüfenden Prozess nicht zutreffen, indizieren zumindest weiteren Analysebedarf, häufig aber auch ein Qualitätsproblem. Die in „DIN SCREEN" formulierten Prüfaussagen funktionieren als Indikatoren solcher möglichen Probleme, denen dann Abhilfe geleistet werden kann. Durch die Anwendung der „DIN SCREEN" erhalten Praktiker somit im Sinne des in Abschnitt 3.2 erläuterten Prinzips der Handlungskontrolle ein unmittelbares Feedback über die Qualität ihrer Arbeit.

Fußnoten zur Erläuterung der DIN Aussagen

Die Aussagen von „DIN SCREEN" spiegeln in der Regel den Text der DIN 33430 wider, in einigen Fällen wurden Ergänzungen oder Modifikationen vorgenommen. Einige Aussagen werden in Form von Fußnoten erläutert. Zur leichteren und eindeutigeren Auffindbarkeit tragen diese Erläuterungen die gleiche Indexnummer wie die Aussage, auf die sie sich beziehen. Die Erläuterungen sind teilweise der DIN 33430 entlehnt, teilweise aber auch als Interpretation der DIN 33430 ergänzt. Die Qualitätsprüfer sind gehalten, im Zweifelsfall (insbesondere bei Abweichungen von den DIN-Anforderungen) die Originalformulierungen in der DIN 33430 (DIN, 2002) nachzulesen, um einen „falschen Alarm" möglichst auszuschließen. Hinter jeder Aussage ist in Klammern angegeben, auf welche Seite der DIN 33430 (DIN, 2002) sich die Aussage bezieht. (Grundlage der Seitenzahlangaben ist das Dokument „Ref. Nr. DIN 33430:2002-06".)

Prozessorientierung

Wie in Abschnitt 6.3.3.1 kritisiert, besteht ein zentrales Problem des Normtextes der DIN 33430 in seiner Gliederung, deren Logik nur schwer nachzuvollziehen ist. Zur Erstellung der „DIN SCREEN" wurde daher der Text der DIN 33430 nicht nur in Einzelaussagen zerlegt (dies geschah bereits in der Checkliste von Hornke und Kersting, 2004), sondern auch thematisch geordnet. Anders als die DIN 33430 (und anders als in der Checkliste von Hornke und Kersting, 2004) orientiert sich die Gliederung der „DIN SCREEN" an dem Prozess der Eignungsbeurteilung und unterscheidet die folgenden Bereiche.
1. Anforderungen an Verfahrenshinweise (Aussagen 1 bis 140)
2. Planung von berufsbezogenen Eignungsbeurteilungen (Aussagen 141 bis 173)

3. Auswahl und Zusammenstellung von Verfahren (Aussagen 174 bis 193)
4. Durchführung, Auswertung und Interpretation der Verfahrensergebnisse sowie Urteilsbildung (Aussagen 194 bis 248)
5. Dokumentation (Aussagen 249 bis 270)
6. Anforderungen an die Qualifikation der an der Eignungsbeurteilung beteiligten Personen (Aussagen 271 bis 318)

Zu jedem dieser sechs Bereiche bietet „DIN Screen" im Sinne der Teilzielbildung eine separate Checkliste. Je nach Organisation kann es auch sinnvoll sein, dass die einzelnen Checklisten von jeweils anderen Qualitätsprüfern bearbeitet werden, die über besondere Expertise für den zu prüfenden Bereich verfügen.

Sechs separate Checklisten

Die DIN 33430 differenziert zwischen normativen Aussagen und nicht normativen Aussagen. Alle „Anmerkungen" der DIN 33430 und die in Kapitel 7 der DIN 33430 formulierten Leitsätze für die Vorgehensweise bei berufsbezogenen Eignungsbeurteilungen sowie das (für „DIN Screen" ohnehin nicht berücksichtigte) Glossar sind beispielsweise nicht normativ, sondern lediglich informativ. „DIN Screen" gibt diese Unterscheidung wieder und differenziert 273 normative und 45 nicht normative Aussagen. Die sechs Checklisten von „DIN Screen" sind so aufgebaut, dass zunächst die normativen Aussagen aufgelistet werden und (so vorhanden) anschließend (durch einen Strich grafisch separiert) die nicht normativen Aussagen. Aus diesem Grund gibt es beispielsweise zwei Abschnitte zur Anforderungsanalyse, zunächst die normativen Aussagen (Anforderungsanalyse I, Aussagen 151 bis 153) und dann die nicht normativen Aussagen (Anforderungsanalyse II, Aussagen 166 bis 173) zur Anforderungsanalyse. Wenn eine Aussage mit „nein" (bzw. mit „trifft nicht zu" bei Version 1) bewertet wird, die keinen normativen Charakter hat, stellt dies die Kompatibilität des Prozesses mit der DIN 33430 formal nicht in Frage. Gleichwohl indizieren auch diese Fälle Optimierungspotenzial.

Normative und nicht normative Aussagen

Sofern einzelne Anforderungen der DIN 33430 mehrere Themenbereiche betreffen, kommen sie in mehreren Listen vor. Dies ist bei sechs Aussagen explizit der Fall. Wenn die DIN 33430 beispielsweise regelt, dass die dem Verfahren beigefügten Instruktionen für den Kandidaten so beschaffen sein müssen, „dass die Ergebnisse so wenig wie möglich durch den Kandidaten selbst verfälscht werden können" (DIN, 2002, S. 6f.), so ist diese Aussage sowohl für die Checkliste „1", Anforderungen an Verfahrenshinweise als auch für die Checkliste „3", Auswahl und Zusammenstellung von Verfahren, relevant. Entsprechend kommt diese Aussage in beiden Listen der „DIN Screen" vor (Aussage Nr. 67 und Nr. 181). So wird die separate Nutzbarkeit der Listen sichergestellt. Wenn z. B. Testkonstrukteure oder Rezensenten von Tests nur die Checkliste 1, „Anforderungen an Verfahrenshinweise" nutzen (zur separaten Nutzbarkeit der Listen siehe Abschnitt 7.1.3), so werden sie daran erinnert, dass die Verfahrenshinweise entsprechende Instruktionen vorsehen müssen. Umgekehrt werden Entscheider bei der Bearbeitung der Checkliste 3 daran erinnert, bei der Auswahl von Verfahren auf diesen Aspekt zu achten. Als weiterer Sonderfall ist anzumerken, dass die Aussage 142 der Checkliste „2.1" die Aussagen 295 und 296 der Checkliste „6.1" zusammenfasst. Die Aussage 190 der Checkliste „3.5" fasst die Aussagen 56 und 57 der Checkliste „1.6" zusammen.

Doppelt vorkommende Aussagen

310 eigenständige Aussagen

„DIN Screen" umfasst somit 310 eigenständige Aussagen, von denen sechs Aussagen in zwei Listen abgedruckt sind (im Folgenden sind die Nummern der entsprechenden Aussagen-„Pärchen" durch einen Schrägstrich getrennt aufgeführt: 23/63; 24/64; 25/65; 67/181; 182/249; 185/250) und vier andere Aussagen (Nr. 56 und 57 sowie Nr. 295 und 296) zusätzlich in zwei weiteren (Nr. 142 sowie Nr. 190) wiederholt werden, so dass sich insgesamt 318 Aussagen ergeben.

Unterschiedliche Perspektiven

Bei einigen der genannten Fälle handelt es sich um implizite Doppelungen einzelner Aussagen der DIN 33430. So werden die von der DIN 33430 geforderten Vorschriften für eine objektive Durchführung, Auswertung und Interpretation (DIN, 2002, S. 6) beispielsweise sowohl unter der Perspektive der Informationsanforderungen (Vermeidung von Fehlern in der Durchführung, Auswertung und Interpretation, Aussagen 23 bis 25) als auch unter der Perspektive des Gütekriteriums Objektivität (Aussagen 63 bis 65) aufgegriffen. Auch wenn diese beiden Perspektiven häufig zu der gleichen Bewertung führen werden, muss das Urteil nicht in allen Fällen gleich ausfallen, so dass eine explizite Verknüpfung nicht gegeben ist.

Keine Auszählung

Die impliziten und expliziten „Doppelungen" von Aussagen wären problematisch, wenn eine Bewertung anhand von Häufigkeitsauszählungen intendiert wäre. Dies ist aber nicht der Fall (siehe Abschnitt 7.1.6).

7.1.2 Handhabung der Checkliste „DIN Screen"

Drei Antwortmöglichkeiten

Die Aussagen der „DIN Screen V2" sind anhand einer zweistufigen Skala mit den beiden Ausprägungen „ja" und „nein" zu beantworten. Zusätzlich wurde eine alternative Antwortmöglichkeit („nicht zu bewerten") aufgenommen. Diese Alternative kann gewählt werden, wenn Qualitätsprüfer sich aus unterschiedlichen Gründen außerstande sehen, ein Urteil zu der in Frage stehenden Aussage zu fällen. Allerdings sollte von dieser Bewertungskategorie nur in (schriftlich) begründeten Ausnahmefällen Gebrauch gemacht werden. Am Ende jeder Checkliste findet sich Platz für Anmerkungen, weitere Blätter können ergänzt werden. Eine schriftliche Erläuterung ist vorgeschrieben, wenn die Kategorie „nicht zu bewerten" gewählt wurde. Darüber hinaus steht es den Prüfern frei, zu jeder Aussage Anmerkungen zu formulieren, um z. B. ihr Urteil zu erläutern. Damit diese Anmerkungen sicher aufgefunden werden, sollte bei der entsprechenden Aussage das Kästchen „Anmerkungen" angekreuzt werden. Die Anmerkungen sind dann am Ende der Checkliste auf die vorbereiteten Blätter einzutragen, wobei jeder Anmerkung die Nummer der Aussage vorangestellt werden sollte, auf die sie sich bezieht. Ein Beispiel für die möglichen Antwortkategorien ist in Abbildung 3 dargestellt.

Angabe der Quellen

Um die „DIN Screen"-Aussagen zu bearbeiten, werden die jeweils notwendigen Informationen in Dokumenten nachgeschlagen. Die der Prüfung zugrunde gelegten Dokumente werden auf der ersten Seite von „DIN Screen" vermerkt. In der äußersten rechten Spalten der „DIN Screen V2"-Checklisten sollte festgehalten werden, auf welcher Seitenzahl in dem Prüfdokument die jeweils gesuchte Information gefunden wurde. Ein Beispiel: Aussage 61 lautet: „In den Verfahrens-

	ja	nein	nicht zu bewerten	Anmerkungen	Quelle (Seite)
159	Es wurden im Vorhinein Regeln aufgestellt, die alle Aspekte der Durchführung der Verfahren festlegen. (DIN, S. 8)	○	□	○	○	
H19	Hinweis: Falls „nein" gewählt wird, muss bei der Aussage 164 der vorliegenden Checkliste sowie bei der Aussage 253 in der Checkliste 5 ebenfalls „nein" angekreuzt werden.					

Abbildung 3: Beispiel für die Antwortkategorien der Checkliste „DIN SCREEN V2" sowie für eine Bewertungsverknüpfung

hinweisen werden Angaben zur Objektivität des Verfahrens gemacht" (Kersting, 2006c, S. 27). Die Prüfer schauen nun in die Verfahrenshinweise zum Verfahren x und finden die Angaben zur Objektivität beispielsweise auf Seite 32 der Verfahrenshinweise. Um eine spätere Nachvollziehbarkeit der Prüfung zu erleichtern, wird bei Aussage in der äußersten rechten Spalten der „DIN SCREEN V2" unter „Quelle (Seite)" eingetragen: „S. 32". Sofern es mehrere Quellen gibt, muss die Quelle, auf die sich die Seitenangabe bezieht, spezifiziert werden.

Umgang mit Aufzählungen

Einige Aussagen enthalten Aufzählungen. Durch Unterstreichungen ist kenntlich gemacht, wenn es sich dabei um logische „Und-Verknüpfungen" handelt. In diesem Fall muss jede Komponente/jeder Aspekt der Aufzählung erfüllt sein, damit die Aussage als zutreffend („ja") gelten kann (siehe dazu das Beispiel in Kasten 5).

Kasten 5: Beispiel für eine „DIN SCREEN"- Aussage mit logischer „Und-Verknüpfung"

> Checkliste „2", Aussage 149:
> Der Auftragnehmer stellt sicher, dass alle Mitwirkenden in ihren jeweiligen Aufgabenbereich entsprechend eingewiesen und für ihre Aufgaben spezifisch geschult sind. (DIN, S. 9)
> Die Bewertung „ja" ist nur dann zu wählen, wenn beide Teilaussagen zutreffend sind, der Auftragnehmer also sicherstellt, dass alle Mitwirkenden sowohl in ihren jeweiligen Aufgabenbereichen entsprechend eingewiesen als auch für ihre Aufgaben spezifisch geschult sind.

Verzweigungsfragen

In 69 Fällen sind den zu bewertenden Aussagen „Verzweigungsfragen" vorangestellt, um sicherzustellen, dass nur die für den jeweiligen Anwendungszweck relevanten DIN-Anforderungen geprüft werden. Die Zeilen mit „Verzweigungsfragen" sind grau hinterlegt. In diesem Fall werden einzelne, nachfolgende Aussagen übersprungen. (Es wird also nicht etwa das Kästchen „nicht zu bewerten" angekreuzt, sondern die Aussage wird ohne Bearbeitung übersprungen). Auch bei den Verzweigungsfragen ist es die Aufgabe der Prüfer, ein Urteil zu fällen und diese Verzweigungsentscheidung bei Bedarf nachvollziehbar werden zu lassen und zu verantworten. Lautet die Verzweigungsfrage beispielsweise: „Gibt es Gruppen, bei denen das Verfahren nicht als Entscheidungsgrundlage genutzt werden darf?" (Verzweigungsfrage 31 (V31), siehe Checkliste „1", vor Aussage 103, Kersting, 2006c, S. 32), so ist nicht gefragt, welche Ansicht die Autoren bzw. Herausgeber oder die Vertreiber des Verfahrens in dieser Sache haben, sondern wie bei den Aussagen selbst entscheidet das Urteil der Qualitätsprüfer über die Verzweigung. Bei „DIN SCREEN V2" kreuzt der Qualitätsprüfer seine Antwort auf die „Verzweigungsfrage" (nämlich „ja" oder „nein") in der Checkliste an. Lautet die Antwort auf die „Verzweigungsfrage" „nein", so führt dies dazu, dass eine oder mehrere Folgeaussagen „übersprungen" werden. Dass eine oder mehrere Folgeaussagen zu überspringen sind, wird grafisch verdeutlicht, indem das „Kästchen", welches zum „Überspringen" auffordert, eckig ist, während die Mehrzahl der Kästchen „rund" ist. Sofern kein „Überspringen" indiziert wird (also bei „Ja"-Antworten auf Verzweigungsfragen), wird einfach die nächste Aussage oder Verzweigung in der Liste bearbeitet. Zur Erleichterung der Auffindbarkeit und Kommunikation sind auch die Verzweigungsfragen durchnummeriert und mit „V1" bis „V69" eindeutig gekennzeichnet.

Hinweise auf Bewertungsverknüpfungen

Darüber hinaus gibt es 38 „Hinweise" auf sachliche Bewertungsverknüpfungen aufgrund von hierarchischen Beziehungen zwischen Aussagen. So fordert die DIN 33430 z. B., die berufsbezogene Eignungsbeurteilung sorgfältig zu planen, „indem alle Aspekte der Durchführung (...) der Verfahren (...) vorab festgelegt werden" (DIN, 2002, S. 8). Hierzu gibt es in „DIN SCREEN" zwei Aussagen. Eine Aussage konstatiert, dass die Regeln zur Durchführung festgelegt wurden (Nr. 159), eine andere Aussage (Nr. 253) hält fest, dass diese Regeln dokumentiert sind. Existieren aber gar keine Regeln, können diese auch nicht dokumentiert sein. Daher folgt auf ein „nein" bei Aussage 159 automatisch auch ein „nein" bei Aussage 253. Solche Bewertungsverknüpfungen werden durch die „Hinweise" explizit geregelt, wie das Beispiel in Abbildung 3 (oben) zeigt. Die Hinweise beziehen sich immer auf die unmittelbar über dem Hinweis stehende Aussage. Zur grafischen Veranschaulichung sind Kästchen, deren Ankreuzen das Ankreuzen weiterer Kästchen automatisch nach sich zieht, nicht rund, sondern eckig gestaltet. Die Zeilen mit den entsprechenden Verknüpfungshinweisen sind grau hinterlegt. Wie die Aussagen und Verzweigungen sind zur Erleichterung der Auffindbarkeit und Kommunikation auch die „Hinweise" von „H1" bis „H38" durchnummeriert. Die hinter einem „Hinweis" und einer „Verzweigung" angegebenen Nummern der Aussagen beziehen sich zumeist auf die Aussagen innerhalb einer Checkliste; Checklistenübergreifende Verknüpfungen werden explizit gekennzeichnet.

Auswirkungen der Verzweigungen und Verknüpfungen

Verzweigungsfragen können dazu führen, dass einige Aussagen für den zu prüfenden Fall nicht beurteilungsrelevant sind und folglich bei der Qualitätskontrolle außer Acht gelassen werden können. Demgegenüber führen die Hinweise auf Verknüpfungen dazu, dass bei der Nicht-Erfüllung einer zentralen Anforderung zwangsläufig weitere Defizite sichtbar werden, die für die Qualitätskontrolle und -optimierung bedeutsam sind.

7.1.3 Separate Prüfung pro Verfahren und pro Checkliste

Häufig werden im Rahmen von berufsbezogenen Eignungsbeurteilungen mehrere Verfahren simultan eingesetzt, z. B. ein Test und ein Interview sowie Rollenspiele. In diesem Fall sind die Aussagen von „DIN SCREEN", die sich auf einzelne Verfahren (z. B. Test, Interview) beziehen, separat für jedes genutzte Verfahren zu prüfen.

Separate Prüfung pro Verfahren

Der Einsatz mehrerer Verfahren innerhalb einer Eignungsbeurteilung kann also dazu führen, dass einzelne Checklisten mehrfach eingesetzt werden. Eine ganz andere Frage liegt vor, wenn der Einsatz ausgewählter einzelner Checklisten anstelle aller Checklisten erwogen wird. Hinsichtlich der separaten Nutzung einzelner Checklisten ist zu bedenken, dass ein Prozess der Eignungsbeurteilung nur dann den Anforderungen der DIN 33430 entspricht, wenn alle Aspekte den Sollwerten entsprechend gestaltet werden. Gleichwohl kann es informativ sein, einzelne Themenkomplexe separat auf ihre DIN-Kompatibilität hin zu überprüfen. Obwohl die DIN 33430 eine Prozess- und keine Produktnorm ist, kommt dem „Produkt" „Verfahrenshinweise" beispielsweise eine zentrale Bedeutung zu. Rund die Hälfte der Aussagen der DIN 33430 bezieht sich auf Anforderungen an Verfahrenshinweise. Zwar gewährleisten Verfahrenshinweise, die den Anforderungen der DIN 33430 genügen, keinesfalls die Qualität des Gesamtprozesses der berufsbezogenen Eignungsbeurteilung. Umgekehrt aber kann ein Prozess der Eignungsbeurteilung in keinem Fall den Anforderungen der DIN 33430 genügen, wenn nicht einmal die in der DIN 33430 formulierten Anforderungen an die Verfahrenshinweise erfüllt sind. Für eine DIN-kompatible Eignungsbeurteilung sind Verfahrenshinweise, die den in Checkliste „1" dargestellten Anforderungen entsprechen, eine notwendige, wenn auch nicht hinreichende Bedingung. Die Kontrolle der Verfahrenshinweise erlaubt also ein rasches Negativ-Screening eines Verfahrens. Eine berufsbezogene Eignungsbeurteilung, bei der ein Verfahren eingesetzt wird, für das keine DIN 33430-kompatiblen Verfahrenshinweise vorliegen, ist in jedem Fall eine qualitativ unzureichende Eignungsbeurteilung nach DIN 33430.

Informative Verfahrenshinweise als notwendige, aber nicht hinreichende Bedingung

Während sich zahlreiche Aussagen der DIN 33430 explizit nur auf die Eignungsbeurteilung beziehen, kann die „DIN SCREEN" Checkliste „1" zur DIN 33430 mit ihren 140 ausgewählten, verfahrensbezogenen Aussagen für Tests aus allen Anwendungsbereichen genutzt werden Somit eignet sich die „DIN SCREEN" Checkliste „1" zur DIN 33430 für ein rasches Negativ-Screening von Testverfahren und als Vorbereitungsstufe einer Testbeurteilung, ohne selbst ein Testbeurteilungssystem zu sein (siehe Abschnitt 7.4). Die Checkliste „1" der „DIN SCREEN" (Aussagen 1 bis 140) gilt offiziell als „Standard zur Information und Dokumentation von Instrumenten zur Erfassung menschlichen Erlebens und Verhaltens" des Testkuratoriums der Föderation Deutscher Psychologenvereinigungen.

Checkliste 1 als offizieller Standard

„DIN Screen" als Planungshilfe

Die separate Nutzung einzelner „DIN SCREEN" Checklisten bleibt allerdings auf spezifische Interessenslagen begrenzt (z. B. Prüfung der Verfahrenshinweise von Testverfahren). Die Aufteilung in Themenkomplexe dient vorrangig der leichteren Handhabung und nicht der isolierten Nutzung. Die Unterteilung in Themenkomplexe ermöglicht es, „DIN SCREEN" nicht nur als Leitfaden zur Qualitätskontrolle und Qualitätsoptimierung, sondern auch als Leitfaden für die Planung von Eignungsbeurteilungen zu nutzen.

7.1.4 Computerversion von „DIN SCREEN"

Intelligente Checkliste: Automatische Verzweigung und Verknüpfung

Durch die Verzweigungen und die Hinweise auf Verknüpfungen wird „DIN SCREEN" zu einer „intelligenten" Checkliste. Das manuelle „Springen" in den Listen ist allerdings aufwändig und fehleranfällig. Zusätzlich zu der Papierversion wird daher eine Computerversion von „DIN SCREEN" angeboten, welche eine automatische Verzweigung und Verknüpfungsbewertung leistet und außerdem einen tabellarischen Ergebnisbericht erstellt. Weitere Informationen zur Computerversion von „DIN SCREEN" finden sich im Internet (siehe www.kersting-internet.de/DIN-Screen.html).

7.1.5 Unterschiede zwischen der ersten und zweiten „DIN SCREEN" Version

Optimierung im Detail

Bei der im Anhang dargestellten Version der „DIN SCREEN" handelt es sich um eine geringfügig optimierte Fassung der von Kersting (2006c) publizierten ersten Version. In der ersten Version wurden die Aussagen mit „trifft zu" bzw. „trifft nicht zu" beantwortet, für die Antworten der Verzweigungsfragen waren keine Ankreuzmöglichkeiten vorgesehen. Demgegenüber sieht die zweite Version die Antwortkategorien „ja" oder „nein" vor, und diese Antwort wird auch bei den Verzweigungsfragen verlangt. In der zweiten Version wurde außerdem eine weitere Spalte (rechts außen) eingefügt. Hier kann eingetragen werden, auf welcher Seitenzahl in dem Prüfdokument (Quelle) die jeweils gesuchte Information gefunden wurde. Darüber hinaus waren die „Hinweise" in der ersten Version der „DIN SCREEN", anders als in der aktuellen Version, nicht nummeriert. In der ersten Version gab es eine Inkonsistenz bei den Verzweigungsfragen. Während bei 68 der 69 Verzweigungsfragen immer dann Folge-Aussagen übersprungen wurden, wenn die Verzweigungsfrage mit „nein" beantwortet wurde, war es bei Verzweigungsfrage „V22" genau umgekehrt: Hier führte eine „Ja"-Antwort zum Überspringen der nachfolgenden Aussage. In der aktuellen Version wurde die Verzweigungsfrage „V22" so umformuliert, dass jetzt ebenfalls ein „nein" das Überspringen nach sich zieht. Darüber hinaus wurde eine falsche Verzweigung („V20") korrigiert und der Text der Verzweigungsfrage „V21" gegenüber der ersten Version geringfügig modifiziert. Eine Textmodifikation gab es auch bei Aussage Nr. 263.

7.1.6 „DIN Screen" als Ausgangspunkt einer Initiative zur Qualitätsoptimierung

„DIN Screen" eignet sich für ein grobes Screening (das idealerweise, zumindest aber in besonders wiegenden Beurteilungsfällen von mindestens zwei unabhängig arbeitenden Qualitätsprüfern vollzogen wird), nicht aber für eine differenzierte Beurteilung der Qualität von Verfahren und deren Einsatz bei berufsbezogenen Eignungsbeurteilungen. Jeder Versuch, diese Qualität(en) allein aufgrund von Auszählungen der mit „ja" und „nein" beantworteten Aussagen zu bestimmen, stellt einen Missbrauch der Checklisten dar. Dies liegt vor allem daran, dass die Anforderungen sich in ihrer Bedeutsamkeit deutlich unterscheiden. Welche Anforderungen aber als besonders bedeutsam oder weniger bedeutsam gelten, variiert in Abhängigkeit von der Fragestellung und den Umständen des jeweiligen Verfahrenseinsatzes und der jeweiligen Eignungsbeurteilung. Qualitätsanforderungen haben selbst eine Qualität, sie sind angemessen, überzogen oder zu gering – und zwar im Bezug auf den jeweiligen Anwendungszweck. Auch die Tatsache, dass einige Aussagen der DIN 33430 an mehreren Stellen von „DIN Screen" aufgegriffen werden (siehe Abschnitt 7.1.1), vereitelt eine Bewertung nach der „Auszählmethode".

Die Bedeutsamkeit der Anforderungen variiert von Fall zu Fall

„DIN Screen" zielt nicht auf eine statische Beurteilung ab, sondern auf eine dynamische Qualitätsoptimierung. Die Checklisten verstehen sich als Ausgangspunkt eines vertrauensvollen und vertrauensbildenden Dialogs zwischen Qualitätsprüfern und Verantwortlichen und als Anfang einer Initiative zur Qualitätsoptimierung von Verfahren und deren Einsatz bei Eignungsbeurteilungen.

„DIN Screen" als Ausgangspunkt eines Dialogs über Qualitätsoptimierung

7.2 Fortbildungen und Lizenzprüfungen zur Personenlizenzierung für berufsbezogene Eignungsbeurteilungen nach DIN 33430

Es wird häufig darüber geklagt, dass Eignungsbeurteilungen von mangelhaft qualifizierten Personen durchgeführt werden (siehe Abschnitt 1.1). Die in Abschnitt 2.3 referierten berufsständischen Initiativen zur Qualifizierung sollten hier Abhilfe schaffen, haben in der Praxis aber keine ausreichende Verbreitung gefunden. Eine DIN kann demgegenüber eine größere autoritative Wirkung entfalten, da sie allen Verantwortlichen – ungeachtet ihrer Berufsgruppenzugehörigkeit – Standards setzt. Die DIN 33430 fordert von den Personen, die in verantwortlicher Position an Eignungsbeurteilungen beteiligt sind, bestimmte Qualifikationen. Allerdings sieht die DIN 33430 keine Regelungen vor, wie die notwendigen Qualifikationen erworben und nachgewiesen werden können (siehe die entsprechende, in Abschnitt 6.1 referierte Kritik an der DIN). In einer Weiterentwicklung der DIN 33430 hat die Föderation Deutscher Psychologenvereinigungen im März 2004 dies Lücke gefüllt und eine „Fortbildungs- und Prüfungsordnung zur Personenlizenzierung für berufsbezogene Eignungsbeurteilungen nach DIN 33430" erlassen (Testkuratorium der Föderation Deutscher Psychologenvereinigungen, 2004). Das entsprechende Fortbildungs- und Lizenzprüfungssystem wird im Folgenden dargestellt. Zunächst

Inhaltsübersicht

wird die Herleitung der für die Fortbildung und Prüfung relevanten Kenntnisse aus der DIN 33430 dargestellt. Anschließend wird das Fortbildungskonzept (siehe Abschnitt 7.2.1) und das System der Prüfungen zur Personenlizenzierung für berufsbezogene Eignungsbeurteilungen nach DIN 33430 erläutert (siehe Abschnitt 7.2.2) und kritisiert (siehe Abschnitt 7.2.3). Die Darstellungen in den Abschnitten 7.2.1 und 7.2.2 entsprechen zum Teil der Publikation von Kersting und Püttner (2006).

Ableitung aus der DIN 33430

Die Inhalte der Fortbildungen sowie der Lizenzprüfungen wurden unmittelbar aus den in der DIN 33430 formulierten „Qualitätsanforderungen an den Auftragnehmer und die Mitwirkenden" abgeleitet (siehe DIN, 2002, Seiten 10 und 11 bzw. die Aussagen 271 bis 294 sowie 297 bis 318 und die Verzweigungsfrage V69 der Checkliste „DIN SCREEN" von Kersting (2006c sowie Anhang)). Die personenbezogenen Qualitätsanforderungen werden in der DIN 33430 überwiegend in Listenform präsentiert und sind mit Aufzählungszeichen versehen. Aus diesen Aufzählungen ergeben sich 35 Qualitätsanforderungen. Acht weitere Qualitätsanforderungen ergeben sich aus dem Fließtext[2] der Seiten 10 und 11 der DIN 33430 (DIN, 2002), so dass in der DIN 33430 insgesamt 43 Qualifikationsanforderungen benannt werden. Diese 43 Qualifikationsanforderungen (siehe Tab. 7) stellen einerseits die Inhalte der Fortbildungen und andererseits den Stoff der Prüfung zur Personenlizenzierung für berufsbezogene Eignungsbeurteilungen nach DIN 33430 dar.

Auftragnehmer

Wie bereits im Abschnitt 4.4 erläutert, unterscheidet die DIN 33430 zwischen dem Auftragnehmer einerseits und den so genannten Mitwirkenden andererseits. Als Auftragnehmer wird eine (organisationsinterne oder -externe) Person bezeichnet, die sich verpflichtet, für einen Auftraggeber eine berufsbezogene Eignungsbeurteilung im Sinne der Norm durchzuführen. Er verantwortet, plant und gestaltet die Eignungsbeurteilung, stellt das Untersuchungssystem auf, wählt die Verfahren und die Mitwirkenden aus, organisiert den Prozess, führt die geplanten Maßnahmen durch und berichtet dem Auftraggeber über die Ergebnisse. Auftragnehmer im Sinne der DIN 33430 können, wie bereits erwähnt, auch organisationsinterne Personen sein, etwa die mit der Personalauswahl beauftragte Personalabteilung.

Mitwirkende

Mitwirkende sind an der Eignungsbeurteilung beteiligt, z. B. als Assessoren im Assessment Center oder Mitwirkende an Eignungsinterviews. Die Mitwirkenden stehen unter Anleitung, Fachaufsicht und Verantwortung des Auftragnehmers. In deutschsprachigen Publikationen werden Personen, die von der DIN 33430 als

---

[2] In dem Fließtext der Seiten 10 und 11 der DIN 33430 (DIN, 2002) wurden die folgenden acht Elemente identifiziert (in Klammern die Nummer der entsprechenden Aussagen der Checkliste „DIN Screen" von Kersting (2006c sowie Anhang)): „den Eignungsmerkmalen zugrunde liegenden Konstrukte" (272); „Qualitätsstandards" (273); „Qualitätssichernde Maßnahmen" (274); „Rechtliche Rahmenbedingungen" (275); „Rahmenbedingungen von Eignungsinterviews" (310); „Evaluationen von Eignungsinterviews" (311); „Rahmenbedingungen von Verhaltensbeobachtung und -beurteilung" (298); „Evaluationen von Verhaltensbeobachtung und -beurteilung" (297). Die hinsichtlich der „Rahmenbedingungen" und der „Evaluation" vorgenommene Unterscheidung zwischen den „Eignungsinterviews" einerseits und der „Verhaltensbeobachtung und -beurteilung" andererseits ergibt sich indirekt aus dem Text der DIN 33430.

„Mitwirkende" bezeichnet werden, häufig als „Gehilfe" oder „Assistent" bezeichnet, im englischsprachigen Raum werden die Bezeichnungen „technicians", „associates", „aides", „assistants" und „extenders" genutzt.

Der Umfang der in der DIN 33430 geforderten Kenntnisse variiert in Abhängigkeit von der Funktion, die eine Person im Prozess der Eignungsbeurteilung einnimmt. Entsprechend sieht das Fortbildungs- und Prüfungssystem der Föderation Deutscher Psychologenvereinigungen drei unterschiedlichen Lizenzen vor:
- Lizenz MV für Mitwirkende an Verhaltensbeobachtungen
- Lizenz ME für Mitwirkende an Eignungsinterviews
- Lizenz A für Auftragnehmer

Drei unterschiedliche Lizenzen

Die Fortbildungsangebote sind ebenfalls auf diese drei Gruppen zugeschnitten.

Personen, die an der Durchführung und Auswertung von Verhaltensbeobachtung und -beurteilung beteiligt sind (Lizenz MV), benötigen u. a. Kenntnisse über Rahmenbedingungen von Verhaltensbeobachtung und Verhaltensbeurteilung sowie über Rahmenbedingungen von Eignungsinterviews, Kenntnisse über Verfahren zur Informationsgewinnung, über einschlägige Evaluationen sowie über spezifizierte Bereiche aus dem Themenkontext Beobachtung und Beurteilung (z. B. Beobachtungseinheiten, Ratingverfahren, Beobachtungsfehler usw.).

Lizenz MV (Verhaltensbeobachtungen)

Ist man an Eignungsinterviews beteiligt (Lizenz ME), benötigt man zusätzlich Kenntnisse u. a. zu den Themen Interviewklassifikationen, Handhabung von Interviewleitfäden, Frage- und Formulierungstechniken, interviewbezogene Beurteilungskriterien sowie Fragebereiche und ihre rechtliche Zulässigkeit.

Lizenz ME (Eignungsinterviews)

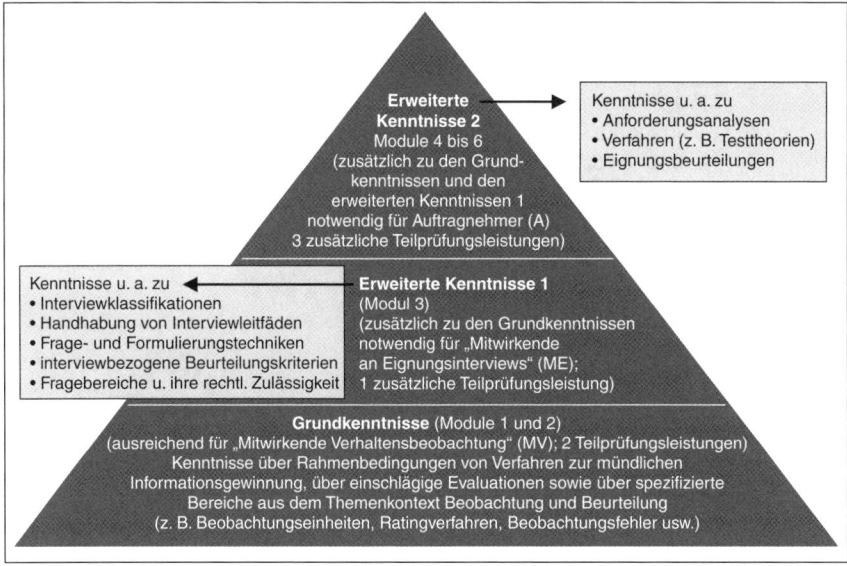

Abbildung 4: Qualitätsanforderungen der DIN 33430 an Auftragnehmer und Mitwirkende (geringfügig modifiziert nach Kersting & Püttner, 2006)

Lizenz A (Auftragnehmer)	Der Auftragnehmer (Lizenz A) muss über die genannten Kenntnisse hinaus noch weitere Qualitätsanforderungen erfüllen, im Einzelnen werden u. a. Kenntnisse zu Anforderungsanalysen (z. B. Methoden), zu Verfahren (z. B. Testtheorien, Gütekriterien) und zu Eignungsbeurteilungen (z. B. Geltungsbereiche) erwartet (siehe Abb. 4).
Sechs Module	Die Fortbildung (siehe Abschnitt 7.2.1) und die Lizenzprüfung (siehe Abschnitt 7.2.2) wurden modular gestaltet, wobei sechs Module eingerichtet wurden. Die 43 Qualitätsanforderungen der DIN 33430 wurden auf diese sechs Module der Fortbildung und Prüfung verteilt, die Zuordnung ist in Tabelle 7 wiedergegeben.
Grundwissenbuch	Das Testkuratorium hat ein Buch mit dem Titel „Grundwissen für die berufsbezogene Eignungsbeurteilung nach DIN 33430" herausgegeben (Westhoff et al., 2005), in dem die benötigten Kenntnisse von 12 Autoren erläutert werden. Sowohl die Fortbildungen als auch die Lizenzprüfungen orientieren sich an diesem Buch. Die Nummern der Module entsprechen den Nummern der Buchkapitel.

Tabelle 7: Inhalte, Zielgruppe und Dauer der Module zur Fortbildung und Prüfung zur Personenlizenzierung für berufsbezogene Eignungsbeurteilungen nach DIN 33430 (Föderation Deutscher Psychologenverbände, 2004)

Modul/ Kapitel	Titel und Inhalt (Elemente, in Klammern: Nr. der entsprechenden Aussage in der Checkliste[a])	Zielgruppe[b]	Tag(e)[c]; Teilpr.[d]
1	Titel: Einführung in die DIN-Norm 33430 Elemente: 1. Rechtliche Rahmenbedingungen (275) 2. Qualitätsstandards (273) 3. Rahmenbedingungen von Eignungsinterviews (310) 4. Evaluationen von Eignungsinterviews (311) 5. Rahmenbedingungen von Verhaltensbeobachtung und Verhaltensbeurteilung (298) 6. Evaluationen von Verhaltensbeobachtung und Verhaltensbeurteilung (297) 7. Durchführungsbedingungen eignungsdiagnostischer Verfahren (286)	A, MV, ME	1
2	Titel: Verhaltensbeobachtung u. Verhaltensbeurteilung Elemente: 8. „Beobachtung": Begriff und Verständnis (299) 9. Systematik der Beobachtung (300) 10. Operationalisierungen von Eignungsmerkmalen (301) 11. Definition und Abgrenzung von Beobachtungseinheiten (302)	A, MV, ME	2

Tabelle 7 (Fortsetzung)

Modul/ Kapitel	Titel und Inhalt (Elemente, in Klammern: Nr. der entsprechenden Aussage in der Checkliste[a])	Zielgruppe[b]	Tag(e)[c]; Teilpr.[d]
	12. Registrierung und Dokumentation der Beobachtungen (303) 13. Auswertung und Bewertung der Beobachtungen (304) 14. Bezugsmaßstab (305) 15. Ratingverfahren und Skalierungsverfahren (306) 16. Formen der Urteilsbildung (statistisch und nicht statistisch) (307) 17. Beobachtungsfehler und Beobachtungsverzerrungen (308) 18. Gütekriterien (Objektivität, Zuverlässigkeit, Gültigkeit [einschließlich Übereinstimmungsgültigkeit]) (309)		
3	*Titel: Eignungsinterviews* *Elemente:* 19. Interviewklassifikationen (312) 20. Handhabung von Interviewleitfäden (313) 21. Fragetechniken, Formulierungstechniken (314) 22. Interviewbezogene Beurteilungskriterien (315) 23. Fragebereiche und ihre rechtliche Zulässigkeit (316 und 317)	A, ME	2
4	*Titel: Anforderungsanalyse, Konstrukte und Prozeduren der Eignungsbeurteilung* *Elemente:* • *Bereich Anforderungen* 24. Kenntnisse der Arbeits- und Anforderungsanalyse (276) 25. Kenntnisse von Methoden zur Analyse von Arbeitsanforderungen (277) 26. Kenntnisse von Verfahren zur Darstellung der Ergebnisse in Form eines Anforderungsprofils (278) • *Bereich Konstrukte und Operationalisierungen* 27. Die den Eignungsmerkmalen zugrunde liegenden Konstrukte (272) 28. Kenntnisse der Vorgehensweisen in der Eignungsbeurteilung (289) 29. Kenntnisse über Methoden zur Operationalisierung von Eignungsmerkmalen (279) 30. Kenntnisse über verschiedene Strategien der Eignungsbeurteilung (290) 31. Beurteilungsprozeduren (verfahrens- und prozessbezogen) (291)	A	2

Tabelle 7 (Fortsetzung)

Modul/ Kapitel	Titel und Inhalt (Elemente, in Klammern: Nr. der entsprechenden Aussage in der Checkliste[a])	Zielgruppe[b]	Tag(e)[c]; Teilpr.[d]
5	Titel: Psychometrische Grundlagen d. Eignungsbeurteilung Elemente: 32. Grundkenntnisse über Verfahren der Eignungsbeurteilung (280) 33. Statistisch-methodische Grundlagen (281) 34. Testtheorien (klassische Testtheorie und Item-Response-Theorien), Messtheorien (282) 35. Gütekriterien (287) 36. Konstruktionsgrundlagen von Verfahren der Eignungsbeurteilung (284) 37. Evaluationsmethodik einschließlich Kosten-Nutzenaspekte (283)	A	1
6	*Titel: Evaluation der Eignungsbeurteilung* *Elemente:* 38. Gutachtenerstellung (288) 39. Abschätzung der Prognosegüte von berufsbezogenen Eignungsbeurteilungen und darauf aufbauenden Entscheidungen (292) 40. Kenntnisse der Ergebnisse einschlägiger Evaluationsstudien (293) 41. Einsatzmöglichkeiten von Verfahren[3] (285) 42. Geltungsbereiche von Eignungsbeurteilungen[3] (294) 43. Qualitätssichernde Maßnahmen (274)	A	2

Anmerkungen: [a] Checkliste: Checkliste „DIN SCREEN" von Kersting (2006c sowie Anhang); [b] A = Auftragnehmer, MV = Mitwirkende Verhaltensbeobachtung, ME = Mitwirkende an Eignungsinterviews; [c] Tage = Trainingstage; [d] Teilpr. = Teilprüfungsleistungen

7.2.1 Fortbildungen

Max. Trainingsbedarf: 10 Tage

Wie bereits erwähnt, können die in der DIN 33430 geforderten Kenntnisse und Fertigkeiten in einer modular aufgebauten Fortbildungsveranstaltung erworben werden. Mit der formalen Organisation der Fortbildungen wurde die Deutsche Psychologen Akademie (DPA) beauftragt. Von den sechs Modulen sind zwei Module eintägig, vier Module mit deutlichen Übungsanteilen sind zweitägig (siehe Tab. 7), so dass sich über alle sechs Module ein Trainingsbedarf von 10 Tagen ergibt.

---

[3] In der „Fortbildungs- und Prüfungsordnung zur Personenlizenzierung für berufsbezogene Eignungs-beurteilungen nach DIN 33430" der Föderation Deutscher Psychologenvereinigungen (http://www.bdp-verband.org/bdp/politik/2004/40920_ordnung.pdf) sind die „Einsatzmöglichkeiten und Geltungsbereiche" zu einem Punkt zusammengefasst worden.

Die Fortbildung für Mitwirkende an Verhaltensbeobachtungen (MV) besteht aus den Modulen 1 und 2. Die Fortbildung für Mitwirkende an Eignungsinterviews (ME) besteht aus den Modulen 1 bis 3 und die Fortbildung für Auftragnehmer (A) besteht aus den Modulen 1 bis 6 (siehe Abb. 4 sowie Tab. 7).

Zuordnung der Module

7.2.2 Prüfungen zum Erwerb der Personenlizenzen für berufsbezogene Eignungsbeurteilungen nach DIN 33430

Durch die erfolgreiche Absolvierung von Prüfungen kann eine „Personenlizenz für berufsbezogene Eignungsbeurteilungen nach DIN 33430" erworben werden. Für die inhaltliche Gestaltung dieser Prüfungen wurde ein zweiköpfiger „Lizenzprüfungsausschuss" gebildet. Die beiden Mitglieder werden vom Testkuratorium (TK) nominiert und vom Föderationsvorstand berufen. Die Aufgaben des Lizenzprüfungsausschusses bestehen in der Festsetzung der Prüfungsaufgaben und in der Bestellung der Prüfer. Jede Prüfung wird von zwei, unabhängig voneinander arbeitenden Prüfern abgenommen. Mit der Behandlung von Widersprüchen gegen Entscheidungen des Lizenzprüfungsausschuss wurde das Testkuratorium betraut. Die organisatorische Durchführung der Lizenzprüfungen obliegt der Deutschen Psychologen Akademie (DPA).

Zwei unabhängige Prüfer

Die Lizenzprüfung setzt sich aus mehreren Teilprüfungsleistungen zusammen, die durch schriftliche Klausurarbeiten zu erbringen sind. Eine Musterprüfung ist unter http://bopsych.rwth-aachen.de/DIN-33430/DIN-iteminfo.pdf veröffentlicht. Die einzelnen Teilprüfungsleistungen entsprechen den in Tabelle 7 genannten Fortbildungsmodulen und Inhalten. Sie umfassen zwei Teilprüfungsleistungen (insgesamt 15 Prüfungsfragen) für die Lizenz MV für Mitwirkende an Verhaltensbeobachtungen, drei Teilprüfungsleistungen (insgesamt 25 Prüfungsfragen) für die Lizenz ME für Mitwirkende an Eignungsinterviews und sechs Teilprüfungsleistungen (insgesamt 50 Prüfungsfragen) für die Lizenz A für Auftragnehmer. Die Prüfungen können gestaffelt absolviert werden, beispielsweise kann man zunächst die Teilprüfung für die Lizenz MV ablegen (15 Fragen), sich zu einem anderen Termin für die Lizenz ME prüfen lassen (10 Fragen, sofern Lizenz MV schon vorliegt) und zu einem dritten Prüfungstermin die restlichen Teilprüfungen ablegen, um die Lizenz für Auftraggeber zu erhalten (25 Fragen, sofern die Lizenzen MV und ME schon vorliegen).

Max. 50 Prüfungsfragen

Die Teilprüfungsleistungen werden mit den Noten „bestanden" oder „nicht bestanden" bewertet. Nicht bestandene Teilprüfungen können in einem Zeitraum von zwei Jahren bis zu zwei Mal wiederholt werden. Nach den bestandenen Prüfungen werden die Lizenzen ausgestellt, ihre Gültigkeit ist auf fünf Jahre befristet. Eine Verlängerung einer bereits erworbenen Lizenz erfordert eine Verlängerungsprüfung. Die Lizenzprüfung ist gebührenpflichtig, die Gebühren trägt der Kandidat.

Lizenzen sind auf fünf Jahre befristet

Die Zulassung zur Lizenzprüfung ist nicht an bestimmte Ausbildungsabschlüsse gebunden, der vorherige Besuch der oben genannten Fortbildungsveranstaltungen

Angeleitete Praxiserfahrungen

ist nicht notwendig. Allerdings benötigen Personen, die eine Lizenz A anstreben, den Nachweis von „angeleiteten Praxiserfahrungen".

Register Der Lizenzprüfungsausschuss führt ein Register der Personen, denen eine Lizenz zur berufsbezogenen Eignungsbeurteilung der Föderation Deutscher Psychologenvereinigungen ausgehändigt wurde (siehe www.din33430portal.de).

7.2.3 Kritik an dem System der Personenlizenzen für berufsbezogene Eignungsbeurteilungen nach DIN 33430

Lizenzen widersprechen dem Prozesscharakter
Das System der Fortbildungen und Personenlizenzen für berufsbezogene Eignungsbeurteilungen nach DIN 33430 kann auf unterschiedlichen Ebenen kritisiert werden. Hänsgen (2003) wendet sich grundsätzlich gegen Personenlizenzen und kritisiert, dass durch die Ausstellung solcher Personenlizenzen die für die Qualität der Eignungsbeurteilungen notwendige Einheit der qualitativ hochwertigen Verfahren und Prozesse einerseits und der Qualifikation des beteiligten Personals andererseits in Frage gestellt wird. Seiner Ansicht nach widerspricht das Vorhaben, Teilkomponenten (wie die Qualifikation des Personals) herauszuheben, dieser Einheitlichkeit und dem Prozesscharakter. Diesbezüglich ist zu erwidern, dass die Prüfung von Teilkomponenten sehr wohl zur Qualitätssicherung beitragen kann, auch wenn sie tatsächlich die Qualität der Eignungsbeurteilung insgesamt nicht garantiert. Eine bestandene „Führerscheinprüfung" garantiert ebenfalls nicht, dass eine Person im Straßenverkehr den Verkehrsregeln entspricht. Gleichwohl ist es sinnvoll zu prüfen, ob eine Person im ausreichenden Maße mit den Verkehrsregeln vertraut ist.

Unstimmige Modulabfolge
Das Fortbildungskonzept folgt der DIN 33430 und übernimmt somit auch die Probleme der Norm. Beispielsweise werden die Kenntnisse zu Anforderungsanalysen und Operationalisierungen von Eignungsmerkmalen, die der Sache nach auch die Mitwirkenden benötigen (siehe Abschnitt 6.3.3.3), im Modul 4 gelehrt, welches sich an „Auftragnehmer" wendet.

Fehlende Spezifikationen
Im Detail der Prüfungsordnung ist zu bemängeln, dass der Begriff der „angeleiteten Praxiserfahrungen" als Zulassungsvoraussetzung für die Lizenz A nicht ausreichend erläutert wird. Auch Art und Inhalte der Wiederholungsprüfung sind nicht spezifiziert.

Redundanzen
Die Prüfungsordnung sieht nicht vor, dass bestimmte Vorleistungen oder Abschlüsse als prüfungsadäquate Leistung angesehen werden. Dadurch entsteht die Gefahr von Redundanzen zwischen bereits geleisteten Prüfungen (z. B. der Diplomprüfung in Psychologie) und der Lizenzprüfung.

Akademischer Charakter
In der zum Zeitpunkt der Buchpublikation aktuell praktizierten Form beschränkt sich die Prüfung inhaltlich auf die Reproduktion von Wissen und wählt dafür die Form der schriftlichen Prüfungen. Dadurch erhält die Prozedur einen akademischen Charakter, der möglicherweise Praktiker, die dem Auswendiglernen von

Prüfungsstoff und/oder der schriftlichen Form entwöhnt sind, abschreckt. Die als Musterfragen veröffentlichten Prüfungsfragen zielen teilweise auf entlegene Details.

Kritisiert werden kann auch das den Fortbildungen und Prüfungen aktuell (2006) zugrunde gelegte Buch (Westhoff et al., 2005). Die einzelnen Artikel des Herausgeberwerkes sind untereinander offensichtlich nicht abgestimmt. Dies führt dazu, dass ein und dieselbe Sache in den einzelnen Kapiteln mit unterschiedlichen Begriffen belegt wird. Darüber hinaus tauchen einzelne Abbildungen (siehe Westhoff et al., 2005, S. 178 und S. 204) und auch Textpassagen (Westhoff et al., 2005, siehe S. 211 und S. 231) doppelt auf. Dem Buch ermangelt es einer einheitlichen inhaltlichen Gestaltung. Mit der dritten Auflage des Buches sollen diese Probleme behoben werden.

Uneinheitlich verwendete Begriffe

Das größte Problem der Ausstellung von Personenlizenzen besteht aber darin, dass mit diesem Ansatz das ursprüngliche Regelwerk der DIN- und ISO-Normen verlassen wird. Der Begriff Lizenzierung wird in der Normungssprache nicht verwendet. Mit Lizenzierung wird gemeinhin die Einräumung eines Betriebs-, Nutzungs- bzw. Verwertungsrechtes bezeichnet, in der Regel verknüpft mit Lizenzgebühren. Die Normungssprache spricht dagegen auch bei Personen von Zertifizierungen und nicht von Lizenzierungen. Für Stellen, die Personen zertifizieren, wurden in der ISO 17024 Anforderungen formuliert.

Kompatibilität zu DIN/ISO?

7.3 Zertifizierung

Zertifizierungen werden häufig auf der Basis der ISO 9001 durchgeführt. Die ISO 9001 stellt ein Qualitätsmanagementsystem dar. Qualitätsmanagementsysteme fokussieren nicht Produkte oder einzelne Prozesse, sondern die systematische Gestaltung (Beherrschbarkeit) des organisatorischen Geschehens. Ein Qualitätsmanagementsystem ist ein Instrument der so genannten „Beschaffenheitsgestaltung". Mit Hilfe derartiger Systeme soll die Differenz von geforderter und realisierter Einheit (siehe die Definition der Qualität in Abschnitt 4.3) so gering wie möglich gehalten werden. Das Qualitätsmanagementsystem beschreibt die Organisationsstruktur (die Verantwortlichkeiten, Verfahren, Prozesse usw.), die zur möglichst optimalen Erfüllung der Qualitätsforderungen notwendig ist. Das Qualitätsmanagementsystem wird im „Qualitätsmanagementhandbuch" dargestellt. Hier werden die Ziele und Richtlinien sowie das System selbst beschrieben.

ISO 9001

Im Kontext von Zertifizierungen wird zwischen dem so genannten „geregelten Bereich" und dem „ungeregelten Bereich" unterschieden. Im „geregelten Bereich" schreibt der Gesetzgeber Prüfungen vor, die beispielsweise vom „Kraftfahrt-Bundesamt", von der „Zentralstelle der Länder für Gesundheitsschutz bei Arzneimitteln und Medizinprodukten" oder von der „Zentralstelle der Länder für Sicherheitstechnik" vorgenommen werden. Vergleichbare Regelungen gibt es für Eignungsbeurteilungen nicht, hierbei handelt es sich um den so genannten „ungeregelten Bereich", bei dem die Frage der Prüfung allein durch den Markt bestimmt

Ungeregelter Bereich

wird. Falls sich ein Markt abzeichnet, kann die Trägergemeinschaft Akkreditierung (TGA) eine einheitliche Zertifizierung vorsehen.

7.3.1 Die Normenreihe ISO 9000 ff.

ISO 9000 ff. Von großer Bedeutung für die Qualitätssicherung im Dienstleistungsbereich ist die Normenreihe „ISO 9000 ff". Obwohl es auch eine Norm mit der Bezeichnung „ISO 9000" gibt, wird der Begriff häufig als Kurzform für die gesamte Normenreihe ISO 9000, 9001, 9002, 9003 und 9004 inkl. der nationalen Normen DIN ISO 9000 ff. und der Europa-Normen DIN EN ISO 9000 ff. genutzt. In der international abgestimmten Normenreihe werden produkt- und branchenübergreifend die Gliederung und die Elemente eines Qualitätsmanagementsystems beschrieben und erklärt. Die Normen ISO 9001 bis 9003 unterscheiden sich im Umfang der Normforderungen. Die ISO 9001 ist die umfassendste Nachweisstufe, die Normen 9002 und 9003 beziehen sich nur auf bestimmte Prozessabschnitte (z. B. Produktion). Während die ISO 9001 darauf ausgerichtet ist, dass Qualitätsmanagementsystem nach außen (durch Zertifizierungen) darzulegen („Darlegungsnorm"), ist die ISO 9004 eine Empfehlungsnorm, die sich an die Organisation wendet. Sie führt Elemente eines Qualitätsmanagementsystems aus und enthält einen Leitfaden für Dienstleistungen sowie Erläuterungen zur Umsetzung der Normforderungen. Die ISO 9004 ist, im Gegensatz zur ISO 9001, nicht zertifizierbar, sie zielt nicht auf die Einhaltung der Forderungen, sondern auf eine kontinuierliche Verbesserung.

DIN/EN/ISO Die Normenreihe ISO 9000 ff. wurde von vielen Staaten übernommen, für Deutschland ist die Übernahme durch das DIN und das CEN (Comite Européen de Normalisation) relevant. Aus der Beteiligung dieser beiden Institute resultiert die offizielle Bezeichnung „DIN/EN/ISO 9000 ff." Häufig wird der Bezeichnung auch noch eine Jahreszahl nachgestellt, z. B. „DIN/EN/ISO 9000:2005 ff.", um auf die in dem jeweiligen Jahr erfolgte Revision aufmerksam zu machen.

Zertifikat Wie bereits oben ausgeführt, ist die ISO 9001 die zertifizierbare Norm aus der Normenreihe ISO 9000ff. Die Konformität des eigenen Systems mit den Forderungen der ISO 9001 kann durch Audits bewertet und durch Zertifikate bestätigt werden (siehe Abschnitt 7.3.2). Mit einem Zertifikat wird die Fähigkeit einer Organisation zur Realisierung einer definierten Qualität bestätigt (zum Qualitätsbegriff siehe Abschnitt 4.3).

Total Quality Management An dem Qualitätsansatz der Normenreihe ISO 9000 ff. wird häufig kritisiert, dass er sich auf eine Kontrolle der Vorgaben beschränken würde (siehe Abschnitt 6.3.1). Dies, so die Kritiker, kann zu einer Minimierung der Fehlerquote und zu einer Qualitätserhöhung, nicht aber zu wirklichen Innovationen und langfristigem Erfolg führen. Dem ISO-Ansatz wird oft der Ansatz des Total Quality Management (TQM) entgegengestellt, der u. a. auf den Wettbewerb um einen Qualitätspreis setzt (siehe Kapitel 8). Insbesondere die ISO 9004 umfasst aber bereits Elemente des TQM.

7.3.2 Auditierung und Zertifikat

Es gibt verschiedene Möglichkeiten, die Übereinstimmung (Konformität) der Beschaffenheit einer Einheit bezüglich der Qualitätsforderungen an diese zu dokumentieren. Eine so genannte „First party"-Zertifizierung bezeichnet die Eigen- oder Selbsterklärung der Konformität. *First party-Zertifizierung*

Bei der „Second party"-Zertifizierung wird die Konformitätserklärung durch einen Vertragspartner ausgesprochen. Beispielsweise erklärt ein Automobilhersteller einen Zulieferer für konform. *Second party-Zertifizierung*

Die Zertifizierung mit der höchsten Glaubwürdigkeit und einer hohen werblichen Wirkung ist die so genannte „Drittzertifizierung", bei der eine dritte, unabhängige Stelle erklärt, dass eine Organisation normenkonform ist. Die Zertifizierung erfolgt durch private Unternehmen, wie beispielsweise DEKRA, DIN/CERTCO oder TÜV. *Drittzertifizierung*

Wie bereits ausgeführt, besteht im Rahmen der ISO 9000ff. Normenreihe über die Darlegungsnorm ISO 9001 (siehe oben) die Möglichkeit, durch Auditierung zu einem Zertifikat zu kommen, das die Konformität einer Einheit bezüglich der Forderungen bestätigt. Nach der Auswahl der Zertifizierungsstelle und der Anmeldung zur Zertifizierung erfolgt häufig zunächst eine vergleichsweise unaufwändige Klärung der Aussichten (z. B. mittels Fragebogen und Projektgespräch), das Audit zu bestehen. Sind die Aussichten gegeben, kann im nächsten Schritt die Prüfung des Qualitätsmanagementhandbuchs erfolgen und ein Handbuchprüfbericht erstellt werden. Abschließend erfolgt das Zertifizierungs-Audit, welches beispielsweise eine Dokumenteneinsicht und -prüfung, eine teilnehmende Beobachtung und eine Befragung der verantwortlichen Personen umfasst. Daraufhin wird entschieden, ob das Zertifikat, welches in der Regel eine begrenzte Laufzeit (z. B. drei oder fünf Jahre) hat, erteilt wird. Auch während der Laufzeit des Zertifikats können Kontrollen, auch „Überwachungsaudits" genannt, durchgeführt werden, um zu prüfen, ob eine vom Zertifikatsinhaber angebotene Dienstleistung den definierten Anforderungen entspricht. Zwischenzeitliche Änderungen in der Qualitätspolitik der zertifizierten Organisation sind anzeigepflichtig. Nach Ablauf der Gültigkeit des Zertifikats kann ein so genanntes Wiederholungsaudit durchgeführt werden. *Auditierung*

Eine große Gefahr geht von unseriösen Zertifizierungen von Verfahren und Ausbildungen aus. Dadurch könnte minderwertige Qualität mit dem Mantel der DIN-Kompatibilität beschönigt werden. Wie in Abschnitt 4.2 dargestellt, hat beispielsweise ein Zertifizierer namens „Q-Pool 100" mit einem Zertifikat bestätigt, dass das „DNLA Verfahren, Erfolgsprofil soziale Kompetenz (ESK)" sorgfältig und umfassend nach der DIN-Norm 33430 auditiert worden sei, obwohl die DIN 33430 nicht zur isolierten Bewertung eines Verfahrens geeignet ist. Nicht jede selbst ernannte Zertifizierungsstelle ist vertrauenswürdig. Das Vertrauen in den Zertifizierer kann dadurch gesteigert werden, dass der Zertifizierer bei einem Ausschuss, der von mit Qualitätssicherung befassten Verbänden und Gesellschaften gebildet wird, akkreditiert ist. Die Akkreditierung bestätigt die Seriosität des Zertifizierers durch *Unseriöse Zertifizierungen* eine höherrangige Stelle. Eine derartige Stelle ist in Deutschland der Deutsche Akkreditierungsrat (DAR).

ISO 17024 Um dem Unwesen unseriöser Zertifzierer Einhalt zu gebieten, hat die ISO darüber hinaus Normen verabschiedet, die Grundanforderungen an Zertifizierer enthalten. Die ISO 17024 legt z. B. Anforderungen an Stellen fest, die Personalzertifizierung betreiben (siehe Abschnitt 7.2.3).

7.3.3 Praxisbeispiele für Zertifizierungen im Kontext der DIN 33430

Luft- und Raumfahrtpsychologie Im März 2002 hat die Germanische Lloyd das Deutsche Zentrum für Luft- und Raumfahrt e. V., Abteilung Luft- und Raumfahrtpsychologie, zertifiziert. Das Zertifikat bestätigt, dass die Organisation für den Bereich „Entwicklung von psychodiagnostischen Methoden, Herstellung von Untersuchungseinrichtungen sowie die Anwendung der Verfahren in Personalauswahl und Begutachtung" ein Qualitätsmanagementsystem eingeführt hat und anwendet, das die DIN EN ISO 9001:2000 erfüllt. Zwar war zu diesem Zeitpunkt die DIN 33430 noch nicht verabschiedet, die Zertifizierer haben aber den Entwurf (Gelbdruck, DIN, 2000) der Norm zur Kenntnis genommen.

JobColleg Ende 2002 hat der TÜV den Bildungsanbieter „JobColleg" nach DIN 33430 zertifiziert.

Commerzbank Über eine vom TÜV durchgeführte Prozesszertifizierung eines Personalauswahlverfahrens nach DIN 33430 berichten Dries, Krumm und Lux (2006). Dabei ging es um ein Auswahlverfahren für Führungskräfte der Commerzbank AG. Für den gesamten Prozess vom Erstgespräch bis zur Übergabe des Zertifikats wurde ein zeitlicher Aufwand von neun Monaten benötigt, der finanzielle Aufwand für den Zertifizierer sowie ein beauftragtes Beratungsunternehmen wird in der Publikation mit 10.000 Euro angegeben.

Mercuri Urval Als erstes Personalberatungsunternehmen hat sich im Jahre 2006 „Mercuri Urval" vom TÜV Rheinland nach DIN 33430 zertifizieren lassen.

Vivento Die Vivento Customer Services GmbH (VCS) hat Anfang 2007 eines ihrer Verfahren auf DIN-Konformität überprüfen lassen. Das Zertifikat wurde von der DIN CERTCO ausgestellt.

7.4 DIN 33430 und die Beurteilung der Qualität von Tests

Inhaltsübersicht Wie in Kapitel 5 sowie in Abschnitt 6.2 dargestellt, erhofften sich zahlreiche Personen, dass die DIN 33430 Qualitätsstandards für psychologische Testverfahren formulieren würde, die als Grundlage eines „Testgütesiegels" genutzt werden könnten. Der Wunsch ist angesichts der wachsenden Nachfrage nach Tests und der Intransparenz des Testangebots verständlich. Diese Ausgangssituation wird in Abschnitt 7.4.1 dargestellt. Wie in Abschnitt 7.4.2 ausgeführt, kann die DIN 33430 zwar nicht als Testbeurteilungssystem genutzt werden, sie kann sehr wohl aber eine fundamentale Bedeutung für die Testbeurteilung erlangen. Ein neues Testbeurteilungssystem, das auf die DIN 33430 und auf die in Abschnitt 7.1 erläuterte und im Anhang wieder gegebene Checkliste zur DIN 33430 zurückgreift, wird in Abschnitt 7.4.3 dargestellt. Die nachfolgenden Abschnitte entsprechen den von Kersting (2006b) publizierten Ausführungen. Unter den Begriff „Test" werden im Folgenden im Sinne der DIN 33430 alle praxiserprobten und wissenschaftlich abgesicherten Erkenntnismittel gefasst, die, in standardisierter Weise eingesetzt, Hinweise auf Erleben und Verhalten der getesteten Personen liefern (DIN, 2002, S. 23).

7.4.1 Ausgangssituation

Seit ca. 1990 ist die Nachfrage nach Tests in Deutschland deutlich gestiegen (Wottawa, 2002, S. 3). Mit der steigenden Einsatzhäufigkeit und Akzeptanz von Tests steigt auch der Bedarf nach Informationen über und Beurteilungen von Tests. Der Testmarkt ist allerdings weitgehend intransparent. Weder kann man rasch und einfach erfahren, welche Tests wo zu welchen Konditionen angeboten werden, noch kann man ohne weiteres unabhängige Bewertungen der Qualität der angebotenen Tests einsehen. Zwar gibt es eine Vielzahl von Informationen über und Beurteilungen von Tests in Büchern (z. B. Amelang & Schmidt-Atzert, 2006; Brähler, Holling, Leutner & Petermann, 2002; Kanning & Holling, 2002; Kubinger, 2006; Sarges & Wottawa, 2004) Fachzeitschriften (z. B. Kubinger, 1997) und Datenbanken (z. B. ZPID, 2007a; GESIS, 2007), diese Informationen sind aber schwer auffindbar und von heterogener Qualität (siehe Kersting, 2006b).

Informationen nur schwer auffindbar

Texte zu Informationen über und Beurteilungen von Tests werden nicht zentral, sondern „verstreut" publiziert, wodurch der Zugriff erschwert wird. Zu zahlreichen Tests, die häufig in der Praxis Anwendung finden, liegen keine ausreichenden Informationen und/oder Beurteilungen vor. Dies liegt daran, dass sich das Testrezensionswesen vorwiegend auf Tests mit einem universitären Konstruktionshintergrund konzentriert. Infolgedessen bleiben Tests, die von rein kommerziell orientierten Organisationen entwickelt und/oder vertrieben werden, in der Regel unberücksichtigt, auch wenn diese Tests in der Praxis häufig genutzt werden. Dies kann am Beispiel von typologisierenden Fragebögen veranschaulicht werden, die in der Eignungsdiagnostik zum Einsatz kommen. Tabelle 8 gibt einen Überblick über die in der Wirtschaft häufig eingesetzten Tests, wobei die Zahlen auf Selbstauskünften der Verfahrensanbieter beruhen. Eine von Klimmer und Neef (2005) durchgeführte unabhängige Befragung der DAX- und M-Dax-Unternehmen kommt zu teilweise korrespondierenden Ergebnissen. 49 % der teilnehmenden Unternehmen gaben an, in den letzten drei Jahren im Rahmen der Personalarbeit Persönlichkeitstypologien eingesetzt zu haben. Dabei fanden die Verfahren „Myers-Briggs-Typenindikator" (MBTI®) und das „Dominanz/Initiative/Stetigkeit/Gewissenhaftigkeit-Persön-

Einseitige Konzentration auf Tests, die an der Uni konstruiert wurden

lichkeitsprofil" (DISG®) mit Abstand die häufigste Verwendung, gefolgt von dem Fragebogen zum Teamrollenmodell von Belbin sowie dem Herrmann-Dominanz-Instrument (HDI®).

Tabelle 8: Anwendungshäufigkeiten (Selbstauskunft der Vertreiber) von typologisierenden Tests (aus Kersting, 2006b)

	Anwendungen pro Jahr (2001) (deutschsprachig)	Gesamtzahl der bislang durchgeführten Anwendungen (Stand 2001)		Quelle
		deutschsprachig	international (inkl. deutschsprachig)	
Biostrukturanalyse®	25.000	600.000	700.000	1, S. 90
DISG-Persönlichkeits-Profil®	70.000	450.000	36 Mio.	1, S.106
Herrmann-Dominanz-Instrument®	k. A.	über 100.000	ca. 1 Mio.	1, S. 149
INSIGHTS MDI®	k. A.	500.000	4 Mio.	1, S. 172
LIFO-Methode®	12.000	85.000	über 8 Mio.	1, S. 209
Team-Management-System®	3.500	30.000	700.000	1, S. 258

Anmerkung: k. A.: keine Angabe; Quelle: (1) Schimmel-Schloo, Seiwert & Wagner (2002)

Keine Informationen zu häufig eingesetzten Tests

Wer sich für neutrale Informationen und Beurteilungen zu diesen Tests interessiert, geht in der deutschsprachigen Testrezensionsliteratur weitgehend leer aus. Mit Ausnahme des MBTI®, finden sich in dem vom Zentrum für Psychologische Information und Dokumentation (ZPID) herausgegebenen Verzeichnis von knapp 2.000 Rezensionen zu fast 1.000 Tests (ZPID, 2007a) zu den genannten Tests keine Beiträge. So ist es nicht verwunderlich, dass es 73 % der von Göhs und Dick (2001) befragten Unternehmen der deutschen Wirtschaft schwierig fanden, sich unter den Angeboten für einen passenden Test zu entscheiden, und nur 28 % der befragten Unternehmen im Rahmen der Personalauswahl Tests einsetzen. Informationen zu eignungsdiagnostischen Tests, die (teilweise) außerhalb des universitären Kontextes entwickelt wurden, finden sich (abgesehen von dem Testhandbuch von Sarges & Wottawa, 2004) nur in verstreuten Buchpublikationen (z. B. Cisek, Schäkel & Scholz, 1989; Erpenbeck & Rosenstiel, 2003; Hossiep, Paschen & Mühlhaus, 2000; Schimmel-Schloo, Seiwert & Wagner, 2002; Simon, 2006; Wehner & Durchholz, 1980) oder als Einzelbeiträge in Zeitschriften, die keine wissenschaftlichen Fachzeitschriften sind (siehe z. B. Jäger, 2004). Tests, für die zahlreiche Testrezensionen vorliegen, wie z. B. das NEO-Fünf-Faktoren-Inventar (NEO-FFI, Borkenau & Ostendorf, 1993), sind der Wirtschaft hingegen weitgehend unbekannt (Klimmer & Neef, 2005). Dies ist möglicherweise eine Folge des Umstands, dass diese Tests fast ausschließlich in wissenschaftsorientierten psychologischen Publikationsorganen besprochen werden, die von der Praxis kaum zur Kenntnis genommen werden.

Überspitzt formuliert, werden aktuell häufig Tests rezensiert, die in der Praxis vergleichsweise selten eingesetzt werden, während die in der Praxis häufig eingesetzten Tests nicht rezensiert werden. Dies kann darin begründet sein, dass die vornehmlich aus dem Wissenschaftsbetrieb stammenden Rezensenten den Bedarf und die Praxis der Anwender nicht kennen oder sich nicht daran orientieren möchten. Es kann aber auch daran liegen, dass die für eine Rezension notwendigen Informationen zu den in der Praxis häufig angewendeten Tests nicht zur Verfügung stehen.

Fehlende Informationen

Während sich in anderen Ländern, beispielsweise in England und in den Niederlanden, standardisierte Systeme zur Testbeurteilung etablieren konnten (siehe Abschnitt 2.2), war in Deutschland bezüglich der Beschreibung und Bewertung von Tests das Wirken einer steuernden, gestaltenden und kontrollierenden Institution lange Zeit nicht hinreichend erkennbar. Viele Personen hatten sich daher erhofft, dass die DIN 33430 sich vorrangig auf Tests beziehen würde und Grundlage eines Gütesiegels für Tests sein könnte (siehe die in Kapitel 5 referierten Einsprüche gegen den Entwurf (Gelbdruck) der DIN (DIN, 2000) sowie die in Abschnitt 6.2 dargestellte Kritik der verabschiedeten Version der DIN). Andere begrüßen hingegen, dass die DIN 33430 nicht zur isolierten Beurteilung der Qualität von Tests bestimmt ist. Hänsgen (2003, S. 4) führt aus: „Der beste Test kann falsch und nicht DIN-konform eingesetzt werden". Das wäre z. B. der Fall, wenn ein standardisierter Intelligenztest, der alle Anforderungen zu Gütekriterien, Normierung etc. optimal erfüllt, an der falschen Gruppe und/oder zur Beantwortung einer unangemessenen Fragestellung angewandt wird.

In Deutschland fehlte lange Zeit eine steuernde Institution

7.4.2 Zur Bedeutung der DIN 33430 für die Testbeurteilung

Auf den ersten Blick bezieht sich die DIN 33430 nicht auf Tests: (1) Sie ist eine Prozess- und keine Produktnorm, (2) sie bezieht sich allein auf berufsbezogene Eignungsbeurteilungen und (3) sie bezieht sich auf alle Verfahren der Eignungsbeurteilung (also z. B. auch auf Eignungsinterviews und Assessment Center). Dass der DIN 33430 gleichwohl eine maßgebliche Bedeutung für Testrezensionen zukommen kann, hat Kersting (2006b) herausgearbeitet.

DIN 33430 und Tests?

In der in Abschnitt 7.1 dargestellten und im Anhang wiedergegebenen Checkliste zur DIN 33430 wird der Text der DIN 33430 in Form von 318 Einzelaussagen dargeboten, die thematisch geordnet sind. 140 Aussagen der DIN 33430 (44 % aller Aussagen) formulieren Anforderungen an Verfahrenshinweise (auch „Handanweisungen" oder in Bezug auf Tests „Testmanuale" genannt). Die Verfahrenshinweise geben dem Anwender nach DIN 33430 eine Anleitung, „wie mit dem eignungsbeurteilenden Verfahren umzugehen ist, um gültige Ergebnisse zu erhalten; außerdem

Anforderungen an Verfahrenshinweise

geben die Verfahrenshinweise Informationen über alle theoretischen und empirischen Grundlagen des eignungsbeurteilenden Verfahrens einschließlich seiner Interpretation" (DIN, 2002, S. 21). Die Teilmenge der Aussagen der DIN 33430, die sich auf Verfahrenshinweise beziehen, wurde zu einer eigenständigen Checkliste „Anforderungen an Verfahrenshinweise" zusammengefasst (siehe Kersting 2006c sowie Anhang oder online www.kersting-internet.de). Die DIN 33430 fordert von den Testautoren und/oder -vertreibern umfassende Informationen zur Konstruktion und empirischen Überprüfung sowie zur Anwendung, Auswertung und Interpretation der Verfahren. Im Detail geht es von der Forderung nach einer transparenten Informationspolitik über die Forderung nach umfassenden Informationen zu den empirischen Untersuchungen, aus denen die Verfahrenskennwerte abgeleitet wurden, bis hin zu der Pflicht, über den empfohlenen Umgang mit nicht bearbeiteten Testaufgaben oder Items zu informieren. Sofern Merkmale erfasst werden sollen, für die eine Zeit- und Situationsstabilität angenommen wird, müssen Angaben zur Retest-Reliabilität berichtet werden usw. Für eine detaillierte Aufstellung siehe die Aussagen 1 bis 140 der Checkliste 1 der „DIN SCREEN" (Kersting 2006c sowie Anhang).

Geltung für alle Anwendungsbereiche

Die zur Checkliste 1 zählende Teilmenge der 140 ausgewählten, verfahrensbezogenen Aussagen der DIN 33430 kann auf Tests aus allen Anwendungsbereichen (und nicht nur auf eignungsdiagnostische Verfahren) angewendet werden. Diese Ausdehnung eines Teilbereichs der DIN 33430 über die Eignungsdiagnostik hinaus kann man bereits spüren, wenn z. B. die Verfahrenshinweise zum NEO-PI-R (Ostendorf & Angleitner, 2004), welches kein genuin eignungsdiagnostisches Verfahren ist, auf die DIN 33430 verweisen.

Unzureichende Tests beschädigen den gesamten Prozess

Verfahrenshinweise, die diesen umfangreichen Anforderungen nicht gerecht werden, entsprechen nicht der DIN 33430. Damit kann ein Prozess, bei dem ein Test mit derartig unzureichenden Verfahrenshinweisen eingesetzt wird, insgesamt auch nicht der DIN 33430 entsprechen. Wie bereits weiter oben ausgeführt (siehe Abschnitt 7.1.3) kann man somit zwar niemals formulieren, dass ein Test der DIN 33430 entspricht, gleichwohl kann man aber konstatieren, dass ein Prozess der Eignungsbeurteilung *nicht* der DIN 33430 entspricht, weil bereits ein Prozesselement nicht den DIN 33430 Anforderungen genügt.

DIN 33430 beseitigt Informationsdefizit

Auch Experten können angesichts eines Informationsmangels nicht sagen, ob dieser und jener Test eine mangelhafte Qualität aufweist. Dies mag mit ein Grund dafür sein, dass zu den meisten der in Tabelle 8 dargestellten Verfahren keine Testbeurteilungen vorliegen. Mit diesem Informationsdefizit räumt die DIN 33430 auf, indem sie umfangreiche Informationen zum Verfahren einfordert. Der DIN 33430 liegt somit ein Informationsansatz zugrunde. Erst auf der Basis der geforderten Informationen entsprechend der genannten Checkliste (siehe Abschnitt 7.1) kann ein Sachverständiger den Test bewerten. Sachverständig ist, wer über die in Abschnitt 7.2 erläuterten Kenntnisse im Sinne der Qualifikationsanforderungen der DIN 33430 an den Auftragnehmer verfügt. An dieser Stelle wird deutlich, wie die einzelnen Begleit- und Folgeinitiativen zur DIN 33430 miteinander verzahnt sind.

Explizit formuliert: Die Testbeurteilung erfolgt nicht nach der DIN 33430, sondern die Testbeurteilung erfolgt aufgrund der Informationen, die nach der DIN 33430 zu einem Test vorliegen müssen. Sind zentrale Informationen aber gar nicht erst vorhanden (was häufig der Fall ist), führt dies automatisch zu einer negativen Beurteilung. Somit eignet sich die DIN 33430, wie bereits in Abschnitt 7.1.3 ausgeführt, für ein rasches Negativ-Screening von Tests und als Vorbereitungsstufe einer Testbeurteilung, ohne selbst ein Testbeurteilungssystem zu sein. Die Grundidee, bewährte Standards für die Beurteilung von Tests zu nutzen, wurde auch von Braden und Niebling (2005) verfolgt. Diese Autoren nutzen die APA-„Standards" zur Prüfung von Tests. *(DIN 33430 trägt zur Testbeurteilung bei)*

Die Bewertung eines Tests, unabhängig von dessen Einsatz, z. B. nach Art eines Testgütesiegels, ist nach DIN 3340 nicht vorgesehen, da der jeweilige diagnostische Auftrag, die Rahmenbedingungen, das Verfahren und die mitwirkenden Personen simultan zu betrachten sind. Die DIN 33430 zielt auf eine Prozesslenkung, nicht auf eine Prüfung am Ende der Produktionskette. Wie in Abschnitt 6.1 bereits ausgeführt, ist nach der DIN 33430 nicht ein Test an sich problematisch, sondern der Gebrauch, der von einem Test gemacht wird, kann problematisch sein. In diesem Sinne sind die Verfahrenshinweise auch eine Gebrauchsanweisung, die über das Produkt und seinen Gebrauchswert informiert. Für die Verfahrenshinweise sollen im Sinne eines „Reporting" diejenigen Informationen erarbeitet und systematisch sowie empfängerorientiert aufbereitet werden, die für eine Entscheidung über den Testeinsatz sowie für den Testeinsatz selbst notwendig sind. *(Reporting)*

7.4.3 Das Testbeurteilungssystem des Testkuratoriums

Das Testkuratorium (TK) der Föderation Deutscher Psychologenvereinigungen hat ein System zur Information über und Beurteilung von Tests entwickelt und verabschiedet (Testkuratorium, 2006), welches die DIN 33430 berücksichtigt (Testbeurteilungssystem des Testkuratoriums, TBS-TK). *(TBS-TK)*

Das System umfasst die folgenden drei Stufen: *(Drei Stufen)*
– Stufe 1: Prüfung der Informationsgrundlage nach DIN 33430
– Stufe 2: Testbeschreibung nach einem vorgegebenen Raster und unter Berücksichtigung der Datenbankkompatibilität
– Stufe 3: Testbeurteilung und -rezension durch zwei unabhängige Rezensenten auf der Grundlage einer Beurteilungsrichtlinie

Für die erste Stufe sind nur diejenigen Aussagen der DIN 33430 relevant, die sich auf die Verfahrenshinweise beziehen und die über den Anwendungsbereich Eignungsbeurteilung hinweg Geltung beanspruchen können. Grundlage der Prüfung auf Stufe 1 ist die „Checkliste 1" der Publikation „DIN Screen" (Kersting 2006c sowie Anhang). Die Checkliste 1 gilt, wie bereits erwähnt, offiziell als „Standard zur Information und Dokumentation von Instrumenten zur Erfassung menschlichen Erlebens und Verhaltens des Testkuratoriums der Föderation Deutscher Psychologenvereinigungen". Diese Checkliste sollte bereits von den Testanbietern *(Stufe 1: Beurteilung der Prüffähigkeit)*

Tabelle 9: Besprechungs- und Beurteilungskategorien des neuen TBS-TK Systems (Testkuratorium, 2006), ergänzt sind die Nummern der Aussagen der DIN Checkliste „DIN SCREEN" (Kersting, 2006c sowie Anhang)

	Bewertung (*)	max. Zeichenzahl (inkl. Leerzeichen) für die freie Bewertung
1. Allgemeine Informationen über den Test, Beschreibung des Tests und seiner diagnostischen Zielsetzung DIN Screen Checklisten 1.1 (Aussagen 1-14), 1.2 (Aussagen 15-21 sowie 26-33) und 1.4 (Aussagen 45-52)	frei und formalisiert	1.000
2. Theoretische Grundlagen als Ausgangspunkt der Testkonstruktion DIN Screen Checkliste 1.2 (Aussage 22) und 1.5 (Aussagen 53-55)	frei	1.000
3. Objektivität DIN Screen Checklisten 1.2 (Aussagen 23-25), 1.3 (Aussagen 34-44) und 1.7 (Aussagen 61-67)	frei und formalisiert	1.000
4. Normierung (Eichung) DIN Screen Checkliste 1.6 (Aussagen 56-60)	frei	1.000
5. Zuverlässigkeit (Reliabilität, Messgenauigkeit) DIN Screen Checklisten 1.8 (Aussagen 68-76) und 1.13 (Aussagen 133-136)	frei und formalisiert	1.000
6. Gültigkeit (Validität) DIN Screen Checklisten 1.9 (Aussagen 77-132) und 1.14 (Aussagen 137-140)	frei und formalisiert, auch unter Berücksichtigung der Fairness (soweit in Anspruch genommen)	1.000
7. Weitere Gütekriterien (Störanfälligkeit, Unverfälschbarkeit und Skalierung)	frei	1.000
8. Abschlussbewertung/Empfehlung	frei	2.000
		Gesamt: max. 9.000

Anmerkung: (*) zur formalisierten Bewertung ist eine vierstufige Skala vorgesehen: „Der Test erfüllt die Anforderungen (...) (a) ‚voll', (b) ‚weitgehend', (c) ‚teilweise' und (d) ‚nicht'."

ausgefüllt sein, die Angaben werden von den Rezensenten geprüft. Der Bericht über die Prüfung nach Stufe 1 kann sich auf die Aspekte beschränken, zu denen die nach DIN 33430 geforderten Informationen in den Verfahrenshinweisen *fehlen*. Derartige Beanstandungen sollten mit zunehmender Etablierung des neuen Systems seltener werden, da im Sinne eines pro-aktiven Vorgehens auch den Testautoren und Vertriebsorganisationen die Checkliste als Qualitätsleitfaden zur Verfügung steht. Die erste Prüfstufe endet mit der Feststellung, ob der Test nach Ansicht der Rezensenten „prüffähig" ist. Ein Test, der in diesem Sinne nicht prüffähig ist, erhält ohne weitere Begutachtungen eine negative Gesamtbeurteilung. Das Urteil zur „Prüffähigkeit" ist ein qualitatives Werturteil der Rezensenten und wird nicht allein auf Grund von Auszählungen der positiv und negativ beantworteten Aussagen in der Checkliste bestimmt. Dies liegt vor allem darin begründet, dass sich die Informationsanforderungen der DIN 33430 in ihrer Bedeutsamkeit deutlich unterscheiden. Welche Anforderungen als besonders bedeutsam oder weniger bedeutsam gelten, variiert zusätzlich in Abhängigkeit von der (vom Testautor formulierten) diagnostischen Fragestellung des Tests.

Auf der Stufe 2 erfolgt eine Testkategorisierung und es werden formale Datenbankangaben getroffen. Hierzu wird das Kategorisierungssystem des ZPID (2007b) genutzt. Zur Wahrung internationaler Kompatibilität werden zusätzlich noch datenbankfähige Informationen im Sinne des EFPA Systems verlangt.

Stufe 2: Testkategorisierung

Die eigentliche Testbeurteilung stellt die dritte Stufe des Systems dar. Hierzu hat das TK eine Beurteilungsrichtlinie (Testkuratorium, 2006) verfasst. Durch die Richtlinie sollen die Objektivität und Vergleichbarkeit der Rezensionen erhöht werden, obwohl die Beurteilung ein subjektives Werturteil der Rezensenten bleibt. Eine Bewertung allein aufgrund der nominellen Ausprägung der Testgütekriterien, wie sie in den weiter oben (siehe Abschnitt 2.2) dargestellten COTAN- und EFPA-Systemen praktiziert wird, ist im TBS-TK-System aus den im Abschnitt 6.1 erläuterten Gründen nicht vorgesehen. Das neue TBS-TK-System sieht die Beurteilung jeden Tests durch zwei zunächst unabhängig voneinander arbeitende Reviewer vor. In der Richtlinie werden sieben Beurteilungskategorien vorgegeben (siehe Tab. 9). Der Bezug der Beurteilungskategorien zur DIN 33430 ist in der Tabelle 9 dadurch verdeutlicht, dass zu jeder Beurteilungskategorie die Nummern der Aussagen der DIN-Checkliste „DIN Screen" (Kersting 2006c sowie Anhang) eingetragen sind. In vier Fällen (z. B. für „Reliabilität" und „Validität") müssen die Rezensenten zusätzlich zum Freitext ihre Beurteilung auf einer Skala ausdrücken. Die Beurteilungsskala sieht vier Abstufungen vor: „Der Test erfüllt die Anforderungen (…) (a) ‚voll', (b) ‚weitgehend', (c) ‚teilweise' und (d) ‚nicht'". Der Umfang des Rezensionstextes pro Kategorie ist ebenfalls geregelt (siehe Tab. 9).

Stufe 3: Testbeurteilung

7.5 Internationalisierung

Eine weitere Möglichkeit der Weiterentwicklung der DIN 33430 besteht in der Internationalisierung. Dabei ist zu unterscheiden, ob die Inhalte der DIN 33430 international bekannt gemacht werden sollen, oder ob ihre Inhalte international

Englischsprachige Darstellungen

Geltung erlangen sollen. Für die internationale Wahrnehmung und Verbreitung der Inhalte der DIN 33430 wurde mit der Veröffentlichung ihrer englischen Fassung (Hornke, 2005) sowie mit einer englischsprachigen Darstellung in einer internationalen Fachzeitschrift (Kersting & Hornke, 2006) Sorge getragen.

ÖNorm D 4000 (Österreich)

Denkbar ist auch die explizite Inanspruchnahme einer nationalen Norm wie der DIN 33430 durch eine andere Nation. Dies ist in Österreich geschehen: Dort gilt die ÖNorm D 4000 (Österreichisches Normungsinstitut, 2005), die Anforderungen an Prozesse und Methoden in der Personalauswahl und -entwicklung formuliert und sich explizit auf die DIN 33430 bezieht.

Internationale Norm ISO/PC230

Eine andere Perspektive eröffnet die Etablierung einer Norm mit länderübergreifender Wirkung. Eine derartige Norm erscheint einerseits angesichts der zunehmenden Internationalisierung des „Marktes" der Eignungsbeurteilungen wünschenswert, stößt andererseits aber angesichts der jeweiligen Kontextbedingungen (z. B. rechtliche Rahmenbedingungen) auf der jeweiligen nationalen Ebene rasch an seine Grenzen. So betonen klassische Einwanderungsländer wie USA und Kanada z. B. die Fairness, während in Deutschland der Datenschutz eine besondere Bedeutung hat usw. Aufgrund der positiven Erfahrungen mit der DIN 33430 hat Deutschland trotz dieser länderspezifischen Qualitätsaspekte im Jahr 2005 bei der ISO ein Normungsvorhaben beantragt, das in die gleiche Richtung zielt wie die DIN 33430. „ISO" ist die Abkürzung für „International Standardisation Organization", einer freiwilligen (nicht per Staatsvertrag geregelten) Organisation mit Sitz in Genf (siehe auch Abschnitt 7.3). Das Ziel der Organisation ist es, internationale Standards zu schaffen. Der oben genannte Antrag wurde 94 Ländern zur Abstimmung vorgelegt. Nur zwei der 94 Länder lehnten den Antrag ab, 13 Länder brachten Ergänzungen zu dem vorgelegten Arbeitspapier ein, neun Länder kündigten schon vorab ihre aktive Mitwirkung beim internationalen Normungsprozess an. Im Jahre 2006 wurde der Antrag genehmigt und die Projektgruppe „Psychological assessment" gebildet. Die Auftaktsitzung mit Experten aus 12 europäischen und außereuropäischen Staaten (u. a. Deutschland, Frankreich, Ghana, Großbritannien, Japan, Niederlande, Österreich, Schweden, Spanien und USA) fand am 8. und 9. März 2007 unter der Leitung von Prof. Dr. Lutz F. Hornke (Chairman) in Berlin statt. Die zu entwickelnde ISO/PC230 Norm trägt den Titel "Procedures and methods to assess people in work and organizational settings". Die umfangreichen Arbeiten sollen nach Möglichkeit bis 2010 abgeschlossen werden. Im Zuge dieser Projektarbeit wird die DIN 33430 zu Beratungszwecken herangezogen.

8 Zusammenfassende Diskussion und Ausblick

Ziel der vorliegenden Arbeit war es, am Beispiel der Eignungsdiagnostik die Möglichkeiten der Qualitätssicherung und -optimierung in der psychologischen Diagnostik mit Hilfe des DIN-Ansatzes darzustellen und kritisch zu würdigen. Das Besondere an dem DIN-Ansatz besteht in formaler Hinsicht u. a. darin, dass er außerhalb der Psychologie – tatsächlich aber mit deren Mitwirkung und Kenntnisnahme – entwickelt wurde. Ein derart formal neuer Ansatz schien geboten, da die bisherigen Psychologie-internen Ansätze zur Qualitätssicherung in der Diagnostik, die in Kapitel 2 in einer systematisierten Form dargestellt wurden, keine ausreichende und nachhaltige Wirkung in der Praxis erzielt haben (siehe Kapitel 1).

Neuer Ansatz der Qualitätssicherung

Durch das vorliegende Buch sollte der Prozess der Entwicklung der DIN 33430 transparent und nachvollziehbar werden. Neben der DIN 33430 selbst (siehe Kapitel 4), ihren Inhalten, Stärken und Schwächen (siehe Kapitel 5 und 6), wurden im siebten Kapitel erstmals alle Begleit- und Folgeinitiativen zur DIN 33430 in einer Arbeit dargestellt und systematisch aufeinander bezogen: Die Checklisten zur DIN 33430; die Fortbildungen und Lizenzprüfungen, die Zertifizierungen; die Anwendung der DIN 33430 auf Testbeurteilungen sowie die Internationalisierung.

DIN 33430 und die Folgeinitiativen

Als zentrales inhaltliches Gestaltungselement des DIN-Ansatzes und der Begleit- und Folgeinitiativen wurde die Berücksichtigung der Grundprinzipien der Motivation und der Handlungssteuerung herausgearbeitet (siehe Kapitel 3). Orientierten sich die bisherigen Ansätze zur Qualitätssicherung überwiegend an den *Möglichkeiten* der Diagnostik, orientiert sich der DIN-Ansatz stärker am *Bedarf* der Praxis. Der Transfer von Erkenntnissen der Wissenschaft in die Praxis kann nur gelingen, wenn die expliziten Entscheidungskriterien der Praxis sowie die psychologisch, makro- und mikropolitisch motivierten Widerstände gegen erkenntnisbasierte Innovationen berücksichtigt werden. Das Gemeinsame der DIN 33430 und der in dem vorliegenden Buch dargestellten Begleit- und Folgeinitiativen besteht in der Verpflichtung auf den Informations- und Feedbackansatz. Die Zielstrebigkeit der diagnostischen Akteure soll, wie in Kapitel 7 ausgeführt, entsprechend der Goal Setting Theory (Locke & Latham, 1990) durch die Formulierung von (a) anspruchsvollen, (b) spezifischen, (c) konkreten und (d) positiv formulierten Zielen, die (e) in zeitlicher Nähe liegen, gefördert werden. Die Bildung derartiger Ziele wird durch die DIN selbst sowie durch die Checklisten zur DIN 33430 (siehe Abschnitt 7.1) unterstützt. Die Checklisten (siehe Abschnitt 7.1), die Lizenzprüfungen (siehe Abschnitt 7.2) sowie die Zertifizierungen (siehe Abschnitt 7.3) eröffnen den Diagnostikern darüber hinaus die Möglichkeit, ein unmittelbares Feedback über die Qualität ihrer Kenntnisse und/oder Prozesse zu erhalten. Die DIN 33430 und die darauf aufbauenden Checklisten, Lizenzen, Zertifikate und Testbeurteilungen stellen einen Gütemaßstab dar, der bei leistungsmotivierten Personen Erwartungen

Orientierung am Bedarf der Praxis

Diagnostisches Handeln als Leistung

weckt. Ohne einen solchen Gütemaßstab gäbe es in der Diagnostik kein Erfolgs- oder Misserfolgserleben. Erst wenn die Verbindung des diagnostischen Handelns mit einem klaren Ziel einerseits und einem Feedback andererseits gelingt, wird psychologisch gesehen aus der diagnostischen Handlung eine Leistung.

Das zukünftige Arbeitsprogramm sieht u. a. die folgenden 12 Elemente vor:

Anerkennung und Wettbewerb

1. Die eignungsdiagnostische Leistung sollte zukünftig stärker mit sozialer und wissenschaftlicher Anerkennung verknüpft werden. Dazu empfiehlt es sich u. a. die bisherigen Initiativen im Kontext der DIN 33430 um Qualitätswettbewerbe zu ergänzen. Beispiele für Vorbilder auf nationaler Ebene sind die Wettbewerbe um Qualitätspreise der Bundesländer (z. B. der Bayerische Qualitätspreis (siehe www.bayerischer-qualitaetspreis.de) und der Qualitätspreis Berlin-Brandenburg (www.q-preis.qi-bb.de) oder der speziell für den öffentlichen Dienst eingerichtete Internationale Speyerer Qualitätswettbewerb (siehe www.dhv-speyer.de/Qualitaetswettbewerb)). Auf europäischer Ebene können beispielhaft der Ludwig-Erhard-Preis (siehe www.ilep.de), der Esprix Wettbewerb (siehe www.esprix.ch) oder der European Excellence Award (siehe www.deutsche-efqm.de/inhseiten/274.htm) genannt werden. Beispiele für Qualitätspreise der globalen Ebene sind der Malcolm Baldrige National Quality Award (siehe www.baldrige.nist.gov) oder der Deming Prize (siehe www.juse.or.jp/e/deming). Der Wettbewerb um einen Qualitätspreis ist ein Element des „Total Quality Management" (TQM), welches häufig als Alternative zu dem Qualitätsmanagementsystem im Sinne der ISO 9000ff. Normenreihe angesehen wird (siehe Abschnitte 6.3.1 und 7.3.1), aber durchaus auch als Ergänzung genutzt werden kann.

Kommunikation

2. Ein erfolgskritischer Punkt ist die Kommunikation der DIN 33430 und ihrer Begleit- und Folgeinitiativen. Es ist wenig hilfreich, ständig die Defizite der diagnostischen Praxis in einer Weise zu adressieren, die als scharfe Kritik und Herabsetzung empfunden wird. Ungeachtet dessen, ob man die Fähigkeit, das emotionale Befinden anderer Menschen einzuschätzen, als „emotionale Intelligenz" bezeichnen will oder nicht (siehe Schmidt-Atzert, 2003), dürfte es unstrittig sein, dass eine überzogen kritische Darstellung des diagnostischen Status quo in der Praxis nicht nur wenig nützt, sondern der Sache schadet. Herabsetzende Kritik erhöht das Bedürfnis nach Selbstschutz und Reaktanz (siehe z. B. Brehm & Brehm, 1981 und Abschnitt 3.4). Als Reaktanz vermindernd sieht Klehe (2004) hingegen eine explizite Kombination (balancing) der bislang geübten Praxis mit neuen, qualitativ hochwertigen Methoden. Als Erfolgsbeispiel für die gelungene Beeinflussung der Praxis nennt sie das multimodale Interview von Schuler (1992), welches neben standardisierten Abschnitten explizit auch (die in der Praxis des Interviews vorherrschenden) freie(n) Passagen vorsieht. Entsprechend gilt es, die Kompatibilität der Qualitätselemente der DIN 33430 mit Gestaltungselementen der aktuellen Praxis aufzuzeigen. Die DIN 33430 sollte in der Praxis als eine Chance und Ressource – nicht zuletzt im Blick auf das AGG – und nicht als Bedrohung wahrgenommen werden. Zielgruppe der Kommunikation sind alle im Bereich der Eignungsdiagnostik tätigen Personen – überwiegend keine Psychologen (siehe Abschnitt 1.2 sowie Bartram, 2001; Schuler & Funke, 1989). Dies ist sowohl bei der

Art der Kommunikation als auch bei der Wahl der für die Kommunikation genutzten Medien (z. B. Zeitschriften) zu berücksichtigen.

3. Um den Transfer der wissenschaftlichen Erkenntnisse in die Praxis zu verbessern und zu verstetigen, müssten Wissenschaftler in ihrem System Anerkennung finden, wenn sie sich für einen entsprechenden Transfer engagieren. Dies würde letztendlich darauf hinauslaufen, die angewandten Wissenschaften und die Grundlagenwissenschaften als gleichwertig wertvoll anzusehen. Entsprechende Plädoyers für mehr Pluralismus in der Wissenschaft wurden bereits formuliert (siehe z. B. Bungard, 1993; Kanning et al., 2007; Rosenstiel, 2004), blieben aber bislang unerhört.

Mehr Pluralismus in der Wissenschaft

4. Notwendig ist der Ausbau des Angebots an postgradualen Weiterbildungen für Psychologen einerseits und einer Qualifizierung von Nichtpsychologen andererseits im Sinne der „Fortbildungs- und Prüfungsordnung zur Personenlizenzierung für berufsbezogene Eignungsbeurteilungen nach DIN 33430" der Föderation Deutscher Psychologenvereinigungen (siehe Abschnitt 7.2). Entsprechende Angebote sollten unter wissenschaftlicher Supervision stehen und regelmäßig evaluiert werden. Dabei sollte das aktuelle System der Personenlizenzierung in das entsprechende Regelwerk der DIN und ISO Normen überführt werden, indem die Stellen, die Personen lizenzieren („zertifizieren" in der Terminologie von DIN und ISO), die entsprechenden in der ISO 17024 formulierten Anforderungen erfüllen. Darüber hinaus sollte die universitäre (Erst-)Ausbildung in der psychologischen Diagnostik so gestaltet werden, dass die Studierenden schon während des Studiums die in der DIN 33430 geforderten Kenntnisse erwerben. Manche Institute wollen dies bei den neu zu konzipierenden Bachelor- und Master-Ausbildungsgängen berücksichtigen.

Fortbildung und postgraduale Weiterbildung

5. Eine große Gefahr geht von unseriösen Zertifizierern aus (siehe Abschnitt 7.3), die aus eigenwirtschaftlichen Interessen minderwertige Qualität mit dem Mantel der DIN-Kompatibilität beschönigen. Diesbezüglich ist es notwendig, dass die Gestalter und Hüter der DIN 33430 eine starke Präsenz in Zertifizierungsverfahren nach DIN 33430 zeigen. Dies schließt die Kooperation mit Akkreditierungsagenturen ein. Sinnvoll wäre es z. B., Mindestanforderungen an die Zertifikatsvergabe im Kontext der DIN 33430 zu erarbeiten sowie Prüfer für Zertifizierungen zu benennen.

Präsenz bei Zertifizierungsverfahren

6. Das neue Testbeurteilungssystem des Testkuratoriums der Föderation Deutscher Psychologenvereinigungen (Testkuratorium, 2006, siehe Abschnitt 7.4), welches die DIN 33430 einbezieht und somit die DIN 33430 über den Anwendungsbereich der Eignungsdiagnostik hinaus nutzt (siehe Abschnitt 7.4), bedarf der Etablierung und gesellschaftlichen Kommunikation. Es kommt vor allem darauf an, in kurzer Zeit eine beachtliche Anzahl an qualitativ hochwertigen Testrezensionen nach dem neuen System zu erarbeiten. Förderlich hierfür wäre die bislang versagte Anerkennung von Testrezensionen als hochrangige wissenschaftliche Leistung (siehe Punkt 3 weiter oben). Diese Anerkennung in der Wissenschaft sollte aber nicht über die Zielgruppe der Testbeurteilungen hinweg täuschen: Die Testbeurteilungen sollten so verfasst und publiziert werden, dass sie auch die für quantitativ bedeutsame

Informationen über und Beurteilungen von Tests

Testanwendungen entscheidungsverantwortlichen Praktiker erreichen (siehe Punkt 2 weiter oben). Das Verhältnis des neuen deutschen Systems zu entsprechenden internationalen Systemen (siehe Abschnitt 2.2) muss insbesondere im Blick auf die ISO-Aktivitäten (siehe Abschnitt 7.5) weiter geklärt werden.

Publikationsforum für Diagnostik

7. Neben dem deutschsprachigen Informationssystem über Tests (siehe Testkuratorium, 2006) wird ein Publikationsforum für anwendungsorientierte diagnostische Arbeiten benötigt (siehe Punkt 2 weiter oben). Diese Informationen und Publikationen sollten idealerweise unbeschränkt und frei online zugänglich sein (Openaccess-Verfahren, siehe Bierhoff, Funke, Reips & Weichselgartner, 2005).

Institutionalisierung

8. Hilfreich wäre die Einrichtung einer Organisation, die Anwender, Diagnostikanden und berechtigte Interessenten in allen Fragen der Psychodiagnostik neutral berät, als Ombudsmann fungiert und die insgesamt in Deutschland vergleichbare Aufgaben wahrnehmen kann wie der Educational Testing Service (ETS) in Nordamerika (www.ets.org) oder die National Foundation for Educational Research (NFER) in Großbritannien (www.nfer.ac.uk).

DIN 33430 nicht nur für Eignungsdiagnostik

9. Andere Anwendungsgebiete der psychologischen Diagnostik sind aufgerufen zu prüfen, ob sie neben den testbezogenen Aussagen auch weitere Elemente oder Grundgedanken der eignungsdiagnostisch orientierten DIN 33430 nutzen können.

Überarbeitung der DIN 33430

10. Die DIN 33430 selbst bedarf langfristig einer Überarbeitung, die vor allem eindeutiger definiert, was unter „Verfahren" zu verstehen ist. Gegebenenfalls sollten die einzelnen Anforderungen verfahrensspezifisch formuliert werden, selbst wenn damit Redundanzen einhergehen. Eine überarbeitete Fassung der DIN 33430 sollte explizit auflisten, welche konkreten Anforderungen an die häufig eingesetzten Verfahren wie Tests, Eignungsinterviews und Assessment Center gestellt werden. In jedem Fall würde eine Überarbeitung von einer prozessorientierten Darstellung profitieren, wie sie beispielsweise den Standards der Assessment Center-Technik (Arbeitskreis Assessment Center, 2004, siehe Abschnitt 2.1.4) innewohnt und auch in der Checkliste zur DIN (Kersting, 2006c sowie Anhang) bereits realisiert wurde.

Die „DIN SCREEN"-Checklisten sollten hinsichtlich ihrer psychometrischen Qualität (z. B. Beurteilerübereinstimmung) überprüft werden.

Internationalisierung

11. Bevor man allerdings die nationale Norm optimiert, sind die Möglichkeiten und Grenzen einer internationalen Harmonisierung der weltweiten Initiativen zur Qualitätssicherung und -optimierung im Bereich der psychologischen Diagnostik auszuloten. Eine nationenübergreifende Norm ist nationalen Normen vorzuziehen, solange die Internationalisierung nicht mit einem Mangel an Spezifität und Wirksamkeit erkauft wird. Denkbar ist ein modulares System mit einigen international geltenden Elementen der Qualitätssicherung, die auf nationaler Ebene um spezifische Elemente ergänzt werden.

Psychologie der Personaler

12. Dringender Forschungsbedarf besteht hinsichtlich des Verhaltens der für die Auswahl diagnostischer Verfahren und Prozesse zuständigen Entscheider. Die Psychologie weiß aktuell nur wenig über die kognitiven und emotionalen Prozesse

sowie die Werte, die bei der Entscheidung für oder gegen ein diagnostisches Verfahren und/oder einen diagnostischen Prozess eine Rolle spielen. Die zukünftige Forschung sollte die vorhandene oder fehlende Rationalität der diagnostischen Entscheider systematisch ausloten und dabei die Beziehungen des Entscheidungsverhaltens zu differentiell-psychologischen sowie organisationalen Variablen herausarbeiten.

Gerade der zuletzt genannte Punkt verweist auf ein neu zu etablierendes Forschungsprogramm. Die Frage, ob mit Hilfe der wissenschaftlichen Erkenntnisse der psychologischen Diagnostik das Erleben und Verhalten von Menschen besser vorhergesagt werden kann als ohne diese Erkenntnisse, hat sich längst erledigt. Dass die psychologische Diagnostik ein höchst nützlicher Beitrag der Verhaltenswissenschaften zur Gesellschaft ist, ist ein Nebenergebnis einer kaum noch überschaubaren Anzahl von Studien. Wie diese Erkenntnisse besser in die Praxis transferiert werden können, sollte die Frage sein, die Forscher und Praktiker zukünftig besonders umtreibt. Das vorliegende Buch ist ein Versuch, zur dringend notwendigen Antwort beizutragen. Es gibt keine erschöpfende Antwort auf die Frage, aber es liefert Anknüpfungspunkte, die in anderen Arbeiten und Studien aufgegriffen werden können.

Transfer in die Praxis

Literatur

Abeln, C. & Reimann, G. (2004). DIN 33430 und die Folgen. Personalauswahl und -entwicklung im Umbruch. *Arbeit und Arbeitsrecht, 11,* 8-15.

Aguinis, H., Michaelis, S. E. & Jones, N. M. (2005). Demand for certified human resources professionals in internet-based job announcements. *International Journal of Selection and assessment, 13,* 160-161.

Amelang, M. & Schmidt-Atzert, L. (2006). *Psychologische Diagnostik und Intervention* (4. Aufl.). Heidelberg: Springer.

American Educational Research Association (AERA), American Psychological Association (APA) & National Council on Measurement in Education (NCME). (1999). *Standards for educational and psychological testing.* Washington, DC: American Educational Research Association.

American Psychological Association (1981). Specialty guidelines for the delivery of services by industrial-organizational psychologists. *American Psychologist, 36,* 664-669.

American Psychological Association (2003). *Ethical principles of psychologists and code of conduct.* Washington, DC: Author. Verfügbar unter: http://www.apa.org/ethics/code2002.html [22.8.2007].

Anderson, N. (2005). Relationship between practice and research in personnel selection: Does the left hand know what the right is doing? In A. Evers, N. Anderson & O. Smit-Voskuiyl (Eds.), *Handbook of personnel selection* (pp. 1-24). Blackwell: Oxford.

Anderson, N., Herriot, P. & Hodgkinson, G. P. (2001). The practitioner-researcher divide in industrial, work and organizational (IWO) psychology: Where are we now, and where do we go from here? *Journal of Occupational and Organizational Psychology, 74,* 391-441.

Arbeitskreis Assessment Center (2004). *Standards der Assessment Center Technik.* Hamburg: Autor. Verfügbar unter: http://www.arbeitskreis-ac.de [22.8.2007].

Argyris, C. (1993). Eingeübte Inkompetenz – ein Führungsdilemma. In G. Fatzer (Hrsg.), *Organisationsentwicklung für die Zukunft: Ein Handbuch* (S. 129-145). Köln: Edition Humanistische Psychologie.

Baitsch, C., Knoepfel. P. & Eberle, A. (1996). Prinzipien und Instrumente organisationalen Lernens. *Organisationsentwicklung, 15,* 4-21.

Balzer, W. K., Doherty, M. E. & O'Connor, R. Jr. (1989). Effects of cognitive feedback on performance. *Psychological Bulletin, 106,* 410-433.

Bandura, A. (1997). *Self-Efficacy. The experience of control.* New York: Freeman.

Barrick, M. R., Mount, M. K. & Judge, T. A. (2001). Personality and performance at the beginning of the new millennium: What do we know and where do we go next? *International Journal of Selection and Assessment, 9,* 9-30.

Bartram, D. (1996). Test qualifications and test use in the UK: The competence approach. *European Journal of Psychological Assessment, 12,* 62-71.

Bartram, D. (2001). Guidelines for test users: A review of national and international initiatives. *European Journal of Psychological Assessment, 17,* 173-186.

Bartram, D. (2006). The internationalization of testing and new models of test delivery on the internet. *International Journal of Testing, 6,* 121-131.

Bartram, D. & Hambleton, R. (Eds.). (2006). *Computer-based testing and the internet: Issues and advances.* New York: Wiley.

Bartram, D., Lindley, P. A. & Foster, J. M. (1990). *A Review of Psychometric Tests for Assessment in Vocational Training.* Sheffield: The Training Agency.

Berufsverband Deutscher Psychologen (1989). *Berufsordnung für Psychologen.* Bonn: Deutscher Psychologenverlag. Verfügbar unter: http://www.bdp-verband.org [21.8.2007].

Bierhoff, H.-W., Funke, J., Reips, U.-D. & Weichselgartner, E. (2005). Information und Kommunikation 2005. Ein Lagebericht und einige Zukunftsperspektiven. *Psychologische Rundschau, 56*, 212-219.

Borkenau, P., Egloff, B., Eid, M., Hennig, J., Kersting, M., Neubauer, A. & Spinath, F. M. (2005). Persönlichkeitspsychologie: Stand und Perspektiven. *Psychologische Rundschau, 56*, 271-290.

Borkenau, P. & Ostendorf, F. (1993). *NEO-Fünf-Faktoren-Inventar (NEO-FFI) nach Costa & McCrae, Handanweisung.* Göttingen: Hogrefe.

Boudreau, J. W. (1989). Selection utility analysis: A review and agenda for future research. In M. Smith & I. T. Robertson (Eds.), *Advances in selection and assessment* (pp. 227-257). Chichester: Wiley.

Braden, J. P. & Niebling, B. C. (2005). Using the joint test standards to evaluate the validity evidence for intelligence tests. In D. P. Flanagan & P. L. Harrison (Eds.), *Contemporary intellectual assessment. Theories, tests, and issues.* (pp. 615-630). New York: Guilford.

Brähler, E., Holling, H., Leutner, D. & Petermann, F. (2002). *Brickenkamp Handbuch psychologischer und pädagogischer Tests* (3., vollständig überarbeitete und erweiterte Auflage, Band 1 und 2). Göttingen: Hogrefe.

Bray, D. W., Campbell, R. J. & Grant, D. L. (1974). *Formative years in business: A long-term AT&T study of managerial lives.* New York: Wiley.

Brehm, S. S. & Brehm, J. W. (1981) . *Psychological reactance: A theory of freedom and control.* New York: Academic Press.

Brogden, H. E. (1949). When testing pays off. *Personal Psychology, 2*, 171-183.

Brücher-Albers, C. (2003). Kommentar zum Diskussionsbeitrag von Kersting und Hornke zur Qualitätssicherung und -optimierung in der Diagnostik. *Psychologische Rundschau, 54*, 183-184.

Buckley, M. R., Ferris, G. R., Bernardin, H. J. & Harvey, M. G. (1998). The disconnect between the science and practice of management. *Business Horizons, 2*, 31-38.

Bundesvereinigung der Deutschen Arbeitgeber (BDA) (2002). Stellungnahme zur DIN 33430 „Anforderungen an Verfahren und deren Einsatz bei berufsbezogenen Eignungsbeurteilungen". Verfügbar unter: http://www.bda-online.de/www/bdaonline.nsf/id/BDAStellungnahmezurDIN33430/$file/Stellungnahme33430.pdf [22.8.2007].

Bungard, W. (1993). Methodische Grundprobleme der Organisationspsychologie. In W. Bungard & T. Herrmann (Hrsg.), *Arbeits- und Organisationspsychologie im Spannungsfeld zwischen Grundlagenorientierung und Anwendung* (S. 368-405). Bern: Huber.

Carson, K. P., Becker, J. S. & Henderson, J. A. (1998). Is utility really futile? A failure to replicate and an extension. *Journal of Applied Psychology, 83*, 84–96.

Carver, C. S. & Scheier, M. F. (1999). Themes and issues in the self-regulation of behavior. In R. S. Wyer, Jr. (Ed.), *Advances in social cognition* (Vol. 12, pp. 1-105). Mahwah, NJ: Erlbaum.

Cascio, W. F. (1991). *Applied psychology in personnel management* (4th ed.). Englewood Cliffs, NJ: Prentice Hall.

Cisek, G., Schäkel, U. & Scholz, J. (Hrsg.). (1989). *Instrumente der Personalentwicklung auf dem Prüfstand.* Hamburg: Windmühle.

Conway, J. M., Jako, R. A. & Goodman, D. F. (1995). A meta-analysis of interrater and internal consistency reliability of selection interviews. *Journal of Applied Psychology, 80*, 565-579.

Cook, M. (2004). *Personnel Selection* (4th ed.). West Sussex: Wiley.

Coopey, J. (1995). The learning organization: Power, politics and ideology. *Management Learning, 26*, 193-214.

Coyne, I. & Bartram, D. (2006). Design and development of the ITC guidelines on computer-based and internet-delivered testing. *International Journal of Testing, 6*, 133-142.

Cronbach, L. J. & Gleser, G. C. (1965). *Psychological tests and personal decisions.* Chicago, Il: University of Illinois Press.

Cronshaw, S. F. & Alexander, R. A. (1985). One answer to the demand for accountability: Selection utility as an investment decision. *Organizational Behavior and Human Decision Processes, 35*, 102-118.

Davidson, G. (1997). The ethical use of psychological tests: Australia. *European Journal of Psychological Assessment, 13*, 132-139.

Deutsch, E. (1997). Haftungserhebliche Standards. *Juristische Zeitung,* 1030-1033.

Deutsche Gesellschaft für Psychologie (2000). Stellungnahme des Vorstands der Deutschen Gesellschaft für Psychologie e. V. (DGPs) zur Internationalisierung der psychologischen Forschung in Deutschland. *Psychologische Rundschau, 51*, 97-101.

Diagnostikkommission des Schweizerischen Verbandes für Berufsberatung (SVB) (2005). Labels. Verfügbar unter: http://www.testraum.ch [22.8.2007].

DIN (2000). *Gelbdruck: DIN 33430: Anforderungen an Verfahren und deren Einsatz bei berufsbezogenen Eignungsbeurteilungen. Ref. Nr. E DIN 33430:2000-10.* Unveröffentlichtes Manuskript. Berlin: DIN.

DIN (2002). *DIN 33430: Anforderungen an Verfahren und deren Einsatz bei berufsbezogenen Eignungsbeurteilungen. Ref. Nr. DIN 33430:2002-06.* Berlin: Beuth.

Dries, C., Krumm, S. & Lux, V. (2006). Prozesszertifizierung der Führungskräfte-auswahl nach DIN 33430 in einer deutschen Großbank. In K. Westhoff (Hrsg.), *Nutzen der DIN 33430 – Praxisbeispiele und Checklisten* (S. 140-147). Lengerich: Pabst.

Eignor, D. R. (2001). Standards for the development and use of tests: The standards for educational and psychological testing. *European Journal of Psychological Assessment, 17*, 157-163.

Erpenbeck, J. & Rosenstiel, L. von (Hrsg.). (2003). *Handbuch Kompetenzmessung*. Stuttgart: Schäffer-Pöschel.

Etzel, S. & Küppers, A. (2002). *Innovative Management-Diagnostik*. Göttingen: Hogrefe.

Evers, A. (1996). Regulations concerning test qualifications and test use in the Netherlands. *European Journal of Psychological Assessment, 12*, 153-159.

Evers, A. (2001a). Improving test quality in the Netherlands: Results of 18 years of test ratings. *International Journal of Testing, 1*, 137-153.

Evers, A. (2001b). The revised Dutch rating system for test quality. *International Journal of Testing, 1*, 155-182.

Fernández-Ballesteros, R., De Bruyn, E. E. J., Godoy, A., Hornke, L. F., Ter Laak, J., Vizcarro, C., Westhoff, K., Westmeyer, H. & Zaccagnini, J. L. (2001). Guidelines for the assessment process (GAP): A proposal for discussion. *European Journal of Psychological Assessment, 17,* 187-200.

Fischer, G. H. (1968) *Einführung in die Theorie psychologischer Tests: Grundlagen und Anwendungen.* Bern: Huber.

Fisseni, H. & Fennekels, G. P. (1995). *Das Assessment-Center*. Göttingen: Hogrefe.

Föderation Deutscher Psychologenverbände. (1986). Beschreibung der einzelnen Kriterien für die Testbewertung. *Diagnostica, 32*, 358-360.

Föderation Deutscher Psychologenverbände (2004). *Fortbildungs- und Prüfungsordnung der Föderation Deutscher Psychologenvereinigungen zur Personenlizenzierung für berufsbezogene Eignungsbeurteilungen nach DIN 33430.* Bonn: Autor.

Foxcroft, C. D. & Davies, C. (2006). Taking ownership of the ITC's guidelines for computer-based and internet-delivered testing: A South African application. *International Journal of Testing, 6,* 173-180.

Fremer, J. (1996). Promoting high standards for test use: Developments in the United States. *European Journal of Psychological Assessment, 12,* 160-168.

Fydrich, T., Kröner-Herwig, B. & Tuschen, B. (2003). Kommentar zum Diskussions-beitrag von Kersting und Hornke zur Qualitätssicherung und -optimierung in der Diagnostik. *Psychologische Rundschau, 54,* 181-183.

Gaugler, B. B., Rosenthal, D. B., Thornton, G. C. III & Bentson, C. (1987). Meta-analysis of assessment center validity. *Journal of Applied Psychology, 72,* 493–511.

Gelade, G. A. (2006a). But what does it mean in practice? The Journal of Occupational and Organizational Psychology from a practitioner perspective. *Journal of Occupational and Organizational Psychology, 79*, 153-160.
Gelade, G. A. (2006b). Wider still and wider. Broadening the readership of the Journal of Occupational and Organizational Psychology. *Journal of Occupational and Organizational Psychology, 79*, 179-181.
Gesellschaft Sozialwissenschaftlicher Infrastruktureinrichtungen e.V. (GESIS) (2007). Itemhandbücher ZIS und EHES. Verfügbar unter: http://www.gesis.org/methodenberatung/zis/ [22.8.2007].
Göhs, N. & Dick, M. (2001). Testverfahren bei der Personalauswahl. Qualitätssuche im intransparenten Markt. *Personal, 1*, 46-48.
Görlich, Y. & Schuler, H. (2006). Personalentscheidungen, Nutzen und Fairness. In H. Schuler (Hrsg.), *Lehrbuch der Personalpsychologie* (2. Aufl., S. 797-840). Göttingen: Hogrefe.
Gourmelon, A. (2001). Personalauswahl und -entwicklung vor dem Umbruch? – DIN 33430 und die Folgen. *Verwaltungsrundschau, 9*, 289-292.
Gourmelon, A. (2003). Der Entwurf zur DIN 33430 im Urteil von Verwaltungspraktikern. *DGP-Informationen, 57*, 12-18.
Greif, S., Runde, B. & Seeberg, I. (2004). *Erfolge und Misserfolge beim Change Management*. Göttingen: Hogrefe.
Grove, W. M., Zald, D. H., Lebow, B. S., Snitz, B. E. & Nelson, C. (2000). Clinical versus mechanical prediction: A meta-analysis. *Psychological Assessment, 12*, 19-30.
Häcker, H., Leutner, D. & Amelang, M. (1998). *Standards für pädagogisches und psychologisches Testen*. Göttingen: Hogrefe.
Hager, W. (2005). Vorgehensweisen in der deutschsprachigen psychologischen Forschung. Eine Analyse empirischer Arbeiten der Jahre 2001 und 2002. *Psychologische Rundschau, 56*, 191-200.
Hall, J. D., Howerton, D. L. & Bolin, A. U. (2005). The use of testing technicians: Critical issues for professional psychology. *International Journal of Testing, 5*, 357-375.
Hambleton, R. K. (2001). The next generation of the ITC test translation and adaptation guidelines. *European Journal of Psychological Assessment, 17*, 164-172.
Hanft, A. (1999). Eignungsdiagnostik in Betrieben – Psychologische Testverfahren und Assessment Center als Instrumente der Personalselektion. In S. Grubitzsch (Hrsg.), *Testtheorie – Testpraxis. Psychologische Tests und Prüfverfahren im kritischen Überblick* (2. Aufl., S. 263-296). Eschborn: Klotz.
Hänsgen, K.-D. (2003). DIN 33430. Die Chancen, Risiken und Nebenwirkungen der Norm. *Psychoscope, 24*, 10-13.
Hänsgen, K.-D. (2006). Buchbesprechung zu Kersting, M. (2006). „DIN Screen". *Zeitschrift für Personalpsychologie, 6*, 91-93.
Hardison, C. M. & Sackett, P. R. (2007). Kriteriumsbezogene Validität des Assessment Centers: lebendig und wohlauf? In H. Schuler (Hrsg.), *Assessment Center zur Potenzialanalyse* (S. 192-202). Göttingen: Hogrefe.
Harris, M. M., Dworkin, J. B. & Park, J. (1990). Preemployment screening procedures: How human resource managers perceive them. *Journal of Business and Psychology, 4*, 279-292.
Heinrichs, R. W. (2005) The primacy of cognition in schizophrenia. *American Psychologist, 60*, 229-242.
Hell, B., Schuler, H., Boramir, I. & Schaar, H. (2006). Verwendung und Einschätzung von Verfahren der internen Personalauswahl und Personalentwicklung im 10 Jahres-Vergleich. *Zeitschrift für Personalforschung, 20*, 58-78.
Helms, J. E. (1992). Why is there no study of cultural equivalence in standardizes cognitive ability testing? *American Psychologist, 47*, 1083-1101.
Herrmann, T. (1966). Sammelreferat: Zur Geschichte der Berufseignungsdiagnostik. *Archiv für die gesamte Psychologie, 118*, 253-278.
Heyse, H. & Kersting, M. (2004). Anforderungen an den Prozess der Eignungsbeurteilung.

In L. F. Hornke & U. Winterfeld (Hrsg.), *Eignungsbeurteilungen auf dem Prüfstand: DIN 33430 zur Qualitätssicherung* (S. 29-41). Heidelberg: Spektrum.
Hilke, R. (2004). Qualitätsmanagement im psychologischen Dienst der Bundesanstalt für Arbeit. In L. F. Hornke & U. Winterfeld (Hrsg.), *Eignungsbeurteilungen auf dem Prüfstand: DIN 33430 zur Qualitätssicherung* (S. 81-102). Heidelberg: Spektrum.
Hodgkinson, G. P. (2006). The role of JOOP (and other scientific journals) in bridging the practitioners-researcher divide in industrial, work and organizational (IWO) psychology. *Journal of Occupational and Organizational Psychology, 79,* 173-178.
Höft, S. (2001). Erfolgsüberprüfung personalpsychologischer Arbeit. In H. Schuler (Hrsg.), *Lehrbuch der Personalpsychologie* (S. 617-651). Göttingen: Hogrefe.
Höft, S. (2006). Erfolgsüberprüfung personalpsychologischer Arbeit. In H. Schuler (Hrsg.), *Lehrbuch der Personalpsychologie* (2. Aufl., S. 761-795). Göttingen: Hogrefe.
Höft, S. & Funke, U. (2006). Simulationsorientierte Verfahren der Personalauswahl. In H. Schuler (Hrsg.), *Lehrbuch der Personalpsychologie* (2. Aufl., S. 145-187). Göttingen: Hogrefe.
Holling, H. (1998). Utility analysis of personnel selection. An overview and empirical study based on objective performance measures. *Methods of Psychological Research Online, 3,* 5-24.
Hornke, L. F. (2000). Item response times in computerized adaptive testing. *Psicológica, 21,* 175-189.
Hornke, L. F. (2001a). Optimierung des meß- und entscheidungsorientierten adaptiven Testen. *Psychologische Beiträge, 42,* 634-644.
Hornke, L. F. (2001b). Vorteile des wirklich adaptiven Testens. In J. Beckmann & Y. Herzberg (Hrsg.), *Dynamik im Testen – Perspektiven auf die Zone der nächsten Entwicklung in der Psychodiagnostik.* Landau: Verlag Empirische Pädagogik.
Hornke, L. F. (2002). Item generation models for higher order cognitive functions. In S. H. Irvine & P. C. Kyllonen (Eds.), *Item generation for test development (pp. 159-178).* Hillsdale, NJ: Erlbaum.
Hornke, L. F. (2005). Die englische Fassung der DIN 33430. In K. Westhoff et al. (Hrsg.), *Grundwissen für die berufsbezogene Eignungsbeurteilung nach DIN 33430* (2. überarbeitete Aufl., S. 255-283). Lengerich: Pabst. Verfügbar unter: http://www.bdp-verband.org/bdp/politik/clips/din33430en.pdf [22.8.2007].
Hornke, L. F. & Kersting, M. (2004). „Checkliste" zur DIN 33430. In L. F. Hornke & U. Winterfeld (Hrsg.), *Eignungsbeurteilungen auf dem Prüfstand: DIN 33430 zur Qualitätssicherung* (S. 273-324). Heidelberg: Spektrum.
Hornke, L. F. & Kersting, M. (2006). Optimizing quality in the use of web / computer based testing for personnel selection. In D. Bartram & R. K. Hambleton (Eds.), *Computer-based testing and the internet: Issues and advances* (pp. 149-162). New York: Wiley.
Hornke, L. F. & Winterfeld, U. (Hrsg.). (2004). *Eignungsbeurteilungen auf dem Prüfstand: DIN 33430 zur Qualitätssicherung.* Heidelberg: Spektrum.
Hossiep, R. (1994). Das Assessment Center. *Diagnostica, 40,* 89-104.
Hossiep, R. (2001). Psychologische Tests – die vernachlässigte Dimension in Assessment Centern. In W. Sarges (Hrsg.), *Weiterentwicklungen der Assessment Center Methode* (S. 53-68). Göttingen: Verlag für Angewandte Psychologie.
Hossiep, R., Paschen, M. & Mühlhaus, O. (2000). *Persönlichkeitstests im Personalmanagement.* Göttingen: Hogrefe.
Hunter, J. E. & Hunter, R. F. (1984). Validity and utility of alternative predictors of job performance. *Psychological Bulletin, 96,* 72-98.
International Test Commission (ITC) (2000). *International guidelines for test use.* (Version 2000). USA: Author. Verfügbar unter: http://www.intestcom.org [21.8.2007]
International Test Commission (ITC) (2006). International guidelines on computer-based and internet-delivered testing. *International Journal of Testing, 6,* 143-171.
Jäger, A. O. (1970). Personalauslese. In A. Mayer & B. Herwig (Hrsg.), *Betriebspsychologie. Handbuch der Psychologie.* (Bd. 9, 2. Aufl., S. 613-667). Göttingen: Hogrefe.

Jäger, A. O. (1986). Validität von Intelligenztests. *Diagnostica, 32*, 272-289.
Jäger, R. S. (2001). Zur Notwendigkeit von Qualitätssicherungs- und Qualitätskontrollmaßnahmen in der Psychologischen Diagnostik. In J. F. Beckmann & P. Y. Herzberg (Hrsg.), *Dynamik im Testen* (S. 83-93). Landau: Verlag Empirische Pädagogik.
Jäger, R. S. (2004). Test im Test. Insights MDI – wissenschaftlich betrachtet. *Personal Magazin, 1*, 22.
Jensen, A. R. (1980). *Bias in mental testing*. Cambridge: Cambridge University Press.
Jensen, A. R. (1984). Test bias. Concepts and criticisms. In C. R. Reynolds & R. T. Brown (Eds.), *Perspectives on bias in mental testing* (pp. 507-586). New York: Plenum.
Johanson, U. (1999). Why the concept of human resource costing and accounting does not work: A lesson from seven Swedish cases. *Personnel Review, 28*, 91-107.
Joint Committee on Testing Practices. (1988). *The code of fair testing practices in education*. Washington, DC: American Psychological Association. Verfügbar unter: http://www.apa.org/science/fairtestcode.html [21.8.2007].
Joint Committee on Testing Practices. (1993). *Responsible test use: Case studies for assessing human behaviour*. Washington, DC: American Psychological Association.
Joint Committee on Testing Practices / Working Group. (1998). *The rights and responsibilities of test takers: Guidelines and expectations*. Washington, DC: American Psychological Association. Verfügbar unter: http://www.apa.org/science/ttrr.html [21.8.2007].
Joussen, J. (2004). *Berufs- und Arbeitsrecht für Diplom-Psychologen*. Göttingen: Hogrefe.
Judge, T. A., Thoresen, C. J., Pucik, V. & Welbourne, T. M. (1999). Managerial coping with organizational change: A dispositional perspective. *Journal of Applied Psychology, 84*, 107-122.
Kanning, U. P. (2004). *Standards der Personaldiagnostik*. Göttingen: Hogrefe.
Kanning, U. P. & Holling, H. (Hrsg.). (2002). *Handbuch personaldiagnostischer Instrumente*. Göttingen: Hogrefe.
Kanning, U. P., Rosenstiel, L. von, Schuler, H., Petermann, F., Nerdinger, F., Batinic, B., Hornke, L. F., Kersting, M., Jäger, R., Trimpop, R. M., Spiel, C., Korunka, C., Kirchler, E., Sarges, W. & Bornewasser, M. (2007). Angewandte Psychologie im Spannungsfeld zwischen Grundlagenforschung und Praxis – Plädoyer für mehr Pluralismus. *Psychologische Rundschau, 58*, 238-248.
Kersting, M. (1995). Der Einsatz „westdeutscher" Tests zur Personalauswahl in den neuen Bundesländern und die Fairnessfrage. Auswirkungen der Testleistungsdisparität zwischen Ost und West auf die Auswahlentscheidung. *Report Psychologie, 20*, 32-41.
Kersting, M. (1996). Ost-West-Leistungsunterschiede in Berufseignungstests in Abhängigkeit von der kulturspezifischen Wirkung einiger Aufgabenmerkmale. *Zeitschrift für Arbeits- und Organisationspsychologie, 40*, 106-117.
Kersting, M. (1998). Differentielle Aspekte der sozialen Akzeptanz von Intelligenztests und Problemlöseszenarien als Personalauswahlverfahren. *Zeitschrift für Arbeits- und Organisationspsychologie, 42*, 61-75. Siehe auch www.kersting-internet.de/Akzeptanzfragebogen.html [22.8.2007].
Kersting, M. (2003). Grundrate. In K. D. Kubinger & R. S. Jäger (Hrsg.), *Schlüsselbegriffe der Psychologischen Diagnostik* (S. 183-186). Weinheim: Beltz, PVU.
Kersting, M. (2004a). Kosten und Nutzen beruflicher Eignungsbeurteilungen. In L. F. Hornke & U. Winterfeld (Hrsg.), *Eignungsbeurteilungen auf dem Prüfstand: DIN 33430 zur Qualitätssicherung* (S. 55-77). Heidelberg: Spektrum.
Kersting, M. (2004b). Zur Bedeutung der Validität und der sozialen Akzeptanz in der Berufseignungsdiagnostik. *Zeitschrift für Personalpsychologie, 3*, 83-86.
Kersting, M. (2005a). Zur Relevanz von Persönlichkeitsmerkmalen in der Arbeits- und Organisationspsychologie. In H. Weber & T. Rammsayer (Hrsg.), *Handbuch der Persönlichkeitspsychologie und Differentiellen Psychologie* (S. 535-545). Göttingen: Hogrefe.
Kersting, M. (2005b). „Wie lernt man AC?" Gestaltung von Lehrveranstaltungen zum Assessment Center. *Zeitschrift für Personalpsychologie, 4*, 207-207.

Kersting, M. (2005c). Profit durch Personalauswahl – warum sich eine qualitativ hochwertige Personalauswahl langfristig rechnet. In A. Gourmelon, C. Kirbach & S. Etzel (Hrsg.), *Personalauswahl im öffentlichen Sektor* (S. 15-34). Baden-Baden: Nomos.

Kersting, M. (2005d). Qualitätsstandards. In K. Westhoff et al. (Hrsg.), *Grundwissen für die berufsbezogene Eignungsbeurteilung nach DIN 33430* (2. neubearbeitete Aufl., S. 24-38). Lengerich: Pabst. (Erstauflage 2004, S. 22-32).

Kersting, M. (2006a). Erfolgsfaktoren bei der Gestaltung von Assessment Centern. In Bundesakademie für öffentliche Verwaltung im Bundesministerium des Innern (Hrsg.), *Personalauswahl im öffentlichen Dienst* (S. 189-207). Brühl: Baköv.

Kersting, M. (2006b). Zur Beurteilung der Qualität von Tests: Resümee und Neubeginn. *Psychologische Rundschau, 57,* 243-253.

Kersting, M. (2006c). *„DIN Screen" – Leitfaden zur Kontrolle und Optimierung der Qualität von Verfahren und deren Einsatz bei beruflichen Eignungsbeurteilungen.* Lengerich: Pabst.

Kersting, M. (2006d). „DIN Screen" – Leitfaden zur Kontrolle und Optimierung der Qualität von Verfahren und deren Einsatz bei beruflichen Eignungsbeurteilungen. In K. Westhoff (Hrsg.), *Nutzen der DIN 33430 – Praxisbeispiele und Checklisten* (S. 148-218). Lengerich: Pabst.

Kersting, M. (2006e). Stand, Herausforderungen und Perspektiven der Managementdiagnostik. *Personalführung, 10,* 16-27.

Kersting, M. & Heyse, H. (2004). Anforderungen an die Qualität der Verfahren. In L. F. Hornke & U. Winterfeld (Hrsg.), *Eignungsbeurteilungen auf dem Prüfstand: DIN 33430 zur Qualitätssicherung* (S. 43-54). Heidelberg: Spektrum.

Kersting, M. & Hornke, L. F. (2003). Qualitätssicherung und -optimierung in der Diagnostik: die DIN 33430 und notwendige Begleit- und Folgeinitiativen. *Psychologische Rundschau, 54,* 175-178.

Kersting, M. & Hornke, L. F. (2006). Improving the quality for proficiency assessment: The German standardization approach. *Psychology Science, 48,* 85-98.

Kersting, M. & Püttner, I. (2006). Personalauswahl: Qualitätsstandards und rechtliche Aspekte. In H. Schuler (Hrsg.), *Lehrbuch der Personalpsychologie* (2. Aufl., S. 841-861). Göttingen: Hogrefe.

Keyser, J. D. & Sweetland, R. C. (1984). *Test critiques.* Austin, TX: PRO-ED.

Klauer, K. J. (1983). Kriteriumsorientierte Tests. In H. Feger & J. Bredenkamp (Hrsg.), *Messen und Testen* (S. 693-726). Göttingen: Hogrefe.

Klehe, U.-C. (2004). Choosing how to choose: Institutional pressures affecting the adoption of personnel selection procedures. *International Journal of Selection and Assessment, 12,* 315-330.

Klein-Moddenborg, V. & Voigt, I. (2003). Kommentar zum Diskussionsbeitrag von Kersting und Hornke zur Qualitätssicherung und -optimierung in der Diagnostik. *Psychologische Rundschau, 54,* 184.

Klimmer, M. & Neef, M. (2005). Einsatz von Persönlichkeitstypologien in der deutschen Wirtschaft. *Wirtschaftspsychologie aktuell, 12,* 31-34.

Kluge, A. & Schilling, J. (2000). Organisationales Lernen und Lernende Organisation – ein Überblick zum Stand von Theorie und Empirie. *Zeitschrift für Arbeits- und Organisationspsychologie, 44,* 179-191.

Kluge, A. & Schilling, J. (2004). Organisationales Lernen. In H. Schuler (Hrsg.), *Organisationspsychologie – Gruppe und Organisation* (S. 845-909). Göttingen: Hogrefe.

Krause, D. & Gebert, D. (2003). A comparison of assessment-center practices in organizations in German-speaking regions and in the United States. *International Journal of Selection and Assessment, 11,* 297-312.

Kubinger, K. D. (1997). Editorial zum Themenheft „Testrezensionen": 25 einschlägige Verfahren". *Zeitschrift für Differentielle und Diagnostische Psychologie, 18,* 1-3.

Kubinger, K. D. (2006). *Psychologische Diagnostik.* Göttingen: Hogrefe.

Leach, M. M. & Oakland, T. (2007). Ethics standards impacting Test Development and use: A Review of 31 ethics codes impacting practices in 35 countries. *International Journal of Testing, 7,* 71-88.
Leppin, A. (2002). Verhaltenswissenschaftliche Grundlagen der Gesundheitswissenschaften. In P. Kolip (Hrsg.), *Einführung in die Gesundheitswissenschaften* (S. 79-98). Weinheim: Juventa.
Lievens, F. (2006). The ITC guidelines on computer-based and internet-delivered testing: Where do we go from here? *International Journal of Testing, 6,* 189-194.
Locke, E. A. & Latham, G. P. (1990). *A theory of goal setting and task performance.* Englewood Cliffs, NJ: Prentice Hall.
Lowe, R. H. (1993). Masters programs in industrial-organizational psychology: Current status and a call for action. *Professional Psychology: Research and Practice, 24,* 27-34.
Macan, T. H. & Highhouse, S. (1994). Communicating the utility of human resource activities: A survey of I/O and HR professionals. *Journal of Business Psychology, 8,* 425-436.
Maxwell, S. E. & Arvey, R. D. (1993).The search for predictors with high validity and low Adverse Impact: Compatible or incompatible goals? *Journal of Applied Psychology, 78,* 433-437.
McDaniel, M. A., Whetzel, D. L., Schmidt, F. L. & Maurer, S. D. (1994). The validity of employment interviews: A comprehensive review and meta-analysis. *Journal of Applied Psychology, 79,* 599-616.
Messick, S. (1980). Test validity and the ethics of assessment. *American Psychologist, 35,* 1012-1027.
Meyer, G., Finn, S., Eyde, L., Kay, G., Moreland, K., Dies, R., Eisman, E., Kubiszyn, T. & Read, G. (2001). Psychological testing and psychological assessment: A review of evidence and issues. *American Psychologist, 56,* 128-165.
Miller, G. A., Galanter, E. & Pribram, K. H. (1960). *Plans and the structure of behavior.* New York: Holt, Rinehart & Winston.
Mischel, W., Cantor, N. & Feldman, S. (1996). Principles of self-regulation: The nature of willpower and self-control. In E. T. Higgins & A. W. Kruglanski (Eds.), *Social psychology: Handbook of basic principles* (pp. 329-360). New York: Guilford.
Möbus, C. (1983). Zur praktischen Bedeutung der Testfairness als zusätzliches Kriterium zu Reliabilität und Validität. In R. Horn, K. Ingenkamp & R. S. Jäger (Hrsg.), *Tests und Trends 3* (S. 155-203). Weinheim: Beltz.
Montada, L., Krampen, G. & Burkard, P. (1999). Persönliche und soziale Orientierungslagen von Hochschullehrer/innen der Psychologie zu Evaluationskriterien über berufliche Leistungen. *Psychologische Rundschau, 50,* 69-89.
Moreland, K. L., Eyde, L. D., Robertson, G. J., Primoff, E. S. & Most, R. B. (1995). Assessment of test user qualifications. *American Psychologist, 5,* 14-23.
Muñiz, J., Bartram, D., Evers, A., Boben, D., Matesic, K., Glabeke, K., Fernández-Hermida, J. R. & Zaal, J. N. (2001). Testing practices in European countries. *European Journal of Psychological Assessment, 17,* 201-211.
Muchinsky, P. M. (2004). When the psychometrics of test development meets organizational realities: A conceptual framework for organizational change, examples, and recommendations. *Personnel Psychology, 57,* 175-209.
Nussbaum, A. & Vogler, M. (2006). Die Auswirkung einer konsequenten Personalauswahl und -entwicklung auf die Leistungsfähigkeit eines Produktionsunternehmens. Das Beispiel StoraEnso Sachsen (SES). In K. Westhoff (Hrsg.), *Nutzen der DIN 33430 – Praxisbeispiele und Checklisten* (S. 14-32). Lengerich: Pabst.
Oreg, S. (2003). Resistance to change: Developing an individual difference measure. *Journal of Applied Psychology, 88,* 680-693.
Ostendorf, F. & Angleitner, A. (2004). *NEO-PI-R. NEO Persönlichkeitsinventar nach Costa und McCrae.* Göttingen: Hogrefe.
Österreichisches Normungsinstitut (2005). *ÖNORM D 4000: Anforderungen an Prozesse und Methoden in der Personalauswahl und -entwicklung.* Wien: Österreichisches Normungsinstitut.

Plake, B. S. & Impara, J. C. (2001). *The fourteenth mental measurements yearbook*. Lincoln, NB: The Buros Institute of Mental Measurement.
Punter, J. F. & Kubinger, K. D. (2002). Was ist aus der Kritik der „Testrezensionen: 25 einschlägige Verfahren" (Zeitschrift für Differentielle Psychologie und Diagnostische Psychologie, 18, Heft 1-2) geworden? *Psychologie in Österreich, 2-3,* 24-33.
Puzicha, K. (1997). *Neue Wege in der Personalpsychologie*. Arbeitsbericht Nr. 1 / 1997 des Psychologischen Dienstes der Bundeswehr. Bonn: Bundesministerium der Verteidigung P II 4.
Reimann, G. (2005). Rechtliche Rahmenbedingungen. In K. Westhoff et al. (Hrsg.), *Grundwissen für die berufsbezogene Eignungsbeurteilung nach DIN 33430* (2. Aufl., S. 17-24). Lengerich: Pabst.
Reynolds, C. R. & Brown, R. T. (1984). Bias in mental testing. In C. R. Reynolds & R. T. Brown (Eds.), *Perspectives on bias in mental testing* (pp. 1-39). New York: Plenum.
Rosenstiel, L. von (2004). Arbeits- und Organisationspsychologie – Wo bleibt der Anwendungsbezug? *Zeitschrift für Arbeits- und Organisationspsychologie, 48,* 87-94.
Rost, J. (1999). Was ist aus dem Rasch-Modell geworden? *Psychologische Rundschau, 50,* 140-156.
Roth, P. L., Bobko, P. & McFarland, L. A. (2005). A meta-analysis of work sample test validity: Updating and integrating some classic literature. *Personnel Psychology, 58,* 1009-1037.
Ryan, A. M., McFarland, L., Baron, H. & Page, R. (1999). An international look at selection practices: Nation and culture as explanations for variability in practice. *Personnel Psychology, 52,* 359-391.
Rynes, S., Colbert, A. & Brown, K. (2002). HR professionals' beliefs about effective human resource practices: Correspondence between research and practice. *Human Resource Management, 41,* 149-174.
Sale, R. (2006). International guidelines on computer-based and internet-delivered testing: A practitioner's perspective. *International Journal of Testing, 6,* 181-188.
Salgado, J. F., Anderson, N., Moscoso, S., Bertua, C. & De Fruyt, F. (2003). International validity generalization of GMA and cognitive abilities: A European community meta-analysis. *Personnel Psychology, 56,* 573-605.
Samuda, R. J., Kong, S. L., Cummins, J., Pascual-Leone, J. & Lewis, J. (Hrsg.). (1989). *Assessment and placement of minority students*. Göttingen: Hogrefe.
Sarges, W. (2001). *Weiterentwicklungen der Assessment Center Methode*. Göttingen: Verlag für Angewandte Psychologie.
Sarges, W. & Wottawa, H. (Hrsg.). (2004). *Handbuch wirtschaftspsychologischer Testverfahren* (2. überarbeitete und erweiterte Aufl.). Lengerich: Pabst.
Schimmel-Schloo, M., Seiwert, L. J. & Wagner, H. (Hrsg.). (2002). *Persönlichkeitsmodelle*. Offenbach: Gabal.
Schmidt, F. L. (1992). What do data really mean? Research findings, Meta-Analysis, and cumulative knowledge in Psychology. *American Psychologist, 47,* 1173-1181.
Schmidt, F. L. & Hunter, J. E. (1998). The validity and utility of selection methods in personnel psychology: Practical and theoretical implications of 85 years of research findings. *Psychological Bulletin, 124,* 262-274.
Schmidt-Atzert, L. (2003). Das Mögliche machen. *Zeitschrift für Personalpsychologie, 2,* 24-26.
Schmidt-Atzert, L. (2006). Leistungsmotivation. In K. Schweizer (Hrsg.), *Leistung und Leistungsdiagnostik (S. 223-241)*. Heidelberg: Springer.
Schmidt-Rudloff, R. (2002). DINormale Auswahl. *Arbeitgeber Magazin, 54,* 9-10.
Schneller, K. & Schneider, W. (2004). *Bundesweite Befragung der Absolventinnen und Absolventen des Jahres 2003 im Studiengang Psychologie*. Deutsche Gesellschaft für Psychologie. Verfügbar unter: http://www.dgps.de/studium/danach/absolventenbefragung.php [13.08.07].

Schorr, A. (1995). Stand und Perspektiven diagnostischer Verfahren in der Praxis. Ergebnisse einer repräsentativen Befragung westdeutscher Psychologen. *Diagnostica, 41,* 3-20.
Schuler, H. (1990). Personalauswahl aus der Sicht der Bewerber: Zum Erleben eignungsdiagnostischer Situationen. *Zeitschrift für Arbeits- und Organisations-psychologie, 34,* 184-191.
Schuler, H. (1991). Ethische Probleme der (sozial-)psychologischen Forschung. In H. Lenk (Hrsg.), *Wissenschaft und Ethik* (S. 331-355). Stuttgart: Reclam.
Schuler, H. (1992). Das Multimodale Einstellungsinterview. *Diagnostica, 38,* 281-300.
Schuler, H. (1993). Social validity of selection situations: A concept and some empirical results. In H. Schuler, J. L. Farr & M. Smith (Eds.), *Personnel selection and assessment. Individual and organizational perspectives* (pp. 11-26). Hillsdale, NJ: Erlbaum.
Schuler, H. (1996). *Psychologische Personalauswahl. Einführung in die Berufseignungsdiagnostik.* Göttingen: Hogrefe.
Schuler, H. (2003). Kommentar zum Diskussionsbeitrag von Kersting und Hornke zur Qualitätssicherung und -optimierung in der Diagnostik. *Psychologische Rundschau, 54,* 180-181.
Schuler, H. (2004). Hat die deutschsprachige Personalpsychologie heute noch eine Chance? *Zeitschrift für Personalpsychologie, 3,* 1-5.
Schuler, H. (2005). Zu geringe Orientierung am Anwendungsnutzen in der Arbeits- und Organisationspsychologie? *Zeitschrift für Personalpsychologie, 4,* 1-3.
Schuler, H. (2006). Stand und Perspektiven der Personalpsychologie. *Zeitschrift für Arbeits- und Organisationspsychologie, 4,* 176-188.
Schuler, H., Frier, D. & Kaufmann, M. (1993). *Personalauswahl im europäischen Vergleich.* Göttingen: Verlag für Angewandte Psychologie.
Schuler, H. & Funke, U. (1989). Berufseignungsdiagnostik. In E. Roth (Hrsg.), *Organisationspsychologie* (S. 281-320). Göttingen: Hogrefe.
Schuler, H., Funke, U., Moser, K. & Donat, M. (1995). *Personalauswahl in Forschung und Entwicklung. Eignung und Leistung von Wissenschaftlern und Ingenieuren.* Göttingen: Hogrefe.
Schuler, H., Hell, B., Trapmann, S., Schaar, H. & Boramir, I. (2007). Die Nutzung psychologischer Verfahren der externen Personalauswahl in deutschen Unternehmen. Ein Vergleich über 20 Jahre. *Zeitschrift für Personalpsychologie, 6,* 60-70.
Schuler, H. & Stehle, W. (1983). Neuere Entwicklungen des Assessment-Center-Ansatzes – beurteilt unter dem Aspekt der sozialen Validität. *Zeitschrift für Arbeits- und Organisationspsychologie, 27,* 33-44.
Sektion Arbeits-, Betriebs- und Organisationspsychologie im Berufsverband Deutscher Psychologen (1980). *Grundsätze für die Anwendung psychologischer Eignungsuntersuchungen in Wirtschaft und Verwaltung.* Bonn: Berufsverband Deutscher Psychologen.
Simner, M. L. (1996). Recommendations by the Canadian Psychological Association for improving the North American safeguards that help protect the public against test misuse. *European Journal of Psychological Assessment, 12,* 72-82.
Simon, W. (Hrsg.). (2006). *Persönlichkeitsmodelle und Persönlichkeitstests.* Offenbach: Gabal.
Simons, H. & Möbus, C. (1976). Untersuchungen zur Fairneß von Intelligenztests. *Zeitschrift für Entwicklungspsychologie und Pädagogische Psychologie, 8,* 1-12.
Sireci, S. G. (1998). The construct of content validity. *Social Indicators Research, 45,* 83-117.
Society for Industrial and Organizational Psychology, Inc. (SIOP) (1994). *Guidelines for education and training at the master's level in industrial- organizational psychology.* Arlington Heights, IL: Author. Verfügbar unter: http://siop.org/guidelines.aspx [22.8.2007].
Society for Industrial and Organizational Psychology, Inc. (SIOP) (2003). *Principles for the validation and use of personnel selection procedures* (4th ed.). Bowling Green, OH: Author. Verfügbar unter http://www.siop.org/_Principles/principles.pdf [22.8.2007].

Sonntag, Kh. & Stegmaier, R. (2006). Verhaltensorientierte Verfahren der Personalentwicklung. In H. Schuler (Hrsg.), *Lehrbuch der Personalpsychologie* (2. Aufl., S. 281-304). Göttingen: Hogrefe.

Spychalski, A. C., Quinones, M. A., Gaugler, B. B. & Pohley, K. (1997). A survey of assessment center practices in organizations in the United States. *Personnel Psychology, 50,* 71-90.

Stach, B. (2005). *Konformitätsprüfung nach DIN 33430: Vier Checklisten im Vergleich.* Unveröffentlichte Diplomarbeit. Humboldt-Universität Berlin.

Steck, P. (1997). Psychologische Testverfahren in der Praxis. Ergebnisse einer Umfrage unter Testanwendern. *Diagnostica, 43,* 267-284.

Stehle, B. (1982). Das Assessment Center als Methode der Auswahl von Führungskräften. In H. Schuler & W. Stehle (Hrsg.), *Psychologie in Wirtschaft und Verwaltung. Praktische Erfahrungen mit organisationspsychologischen Konzepten* (S. 49-66). Stuttgart: Poeschel.

Stehle, W. & Barthel, E. (1984). Lohnen sich psychologische Auswahlverfahren? Eine Nutzen-Kosten-Analyse. *Personalwirtschaft, 11/84,* 381-386.

Stemmler, G. Borkenau, P. & Schmitt, M. (2003). Kommentar zum Diskussionsbeitrag von Kersting und Hornke zur Qualitätssicherung und -optimierung in der Diagnostik. *Psychologische Rundschau, 54,* 181-181.

Stephan, U. & Westhoff, K. (2002). Personalauswahlgespräche im Führungskräftebereich des deutschen Mittelstandes: Bestandsaufnahme und Einsparungspotenzial durch strukturierte Gespräche. *Wirtschaftspsychologie, 4,* 3-17.

Sweetland, R. C. & Keyser, D. J. (Eds.). (1991). *Tests: A comprehensive reference for assessments in psychology, education, and business* (3rd ed.). Austin, TX: PRO-ED.

Swenson, L. C. (1997). *Psychology and law for the helping professions* (2nd ed.). Pacific Groove, CA.: Brooks/Cole.

Symon, G. (2006). Academics, practitioners and the Journal of Occupational and Organizational Psychology: Reflecting on the issue. *Journal of Occupational and Organizational Psychology, 79,* 167-171.

Szabó, A. (2002). Unvereinbare Gegensätze. *Report Psychologie, 27,* 302-302.

Tanzer, N. K. & Sim, C. Q. E. (1999). Adapting instruments for use in multiple languages and cultures: A review of the ITC guidelines for test adaptations. *European Journal of Psychological Assessment, 15,* 258-269.

Task force on AC Guidelines (1989). Guidelines and ethical considerations for assessment center operations. *Public Personnel Management, 18,* 457-470.

Testkuratorium der Föderation Deutscher Psychologenvereinigungen (2004). Fortbildungs- und Prüfungsordnung der Föderation Deutscher Psychologenvereinigungen zur Personenlizenzierung für berufsbezogene Eignungsbeurteilungen nach DIN 33430. Verfügbar unter: http://www.bdp-verband.org/bdp/politik/2004/40920_ordnung.pdf [22.8.2007].

Testkuratorium der Föderation Deutscher Psychologenvereinigungen (2006). TBS-TK. Testbeurteilungssystem des Testkuratoriums der Föderation Deutscher Psychologenvereinigungen. *Report Psychologie, 31,* 492-499.

Terpstra, D. & Rozell, E. (1997). Why some potentially effective staffing practices are seldom used. *Public Personnel Management, 26,* 483-495.

Thornton III. G. C., Gaugler, B. B., Rosenthal, D. B. & Bentson, C. (1992). Die prädiktive Validität des Assessment Centers – eine Metaanalyse. In H. Schuler & W. Stehle (Hrsg.), *Assessment Center als Methode der Personalentwicklung* (2. Aufl., S. 36-60). Göttingen: Verlag für Angewandte Psychologie.

Turner, S. M., DeMers, S. T., Fox, H. R. & Reed, G. M. (2001). APA's guidelines for test user qualifications. An executive summary. *American Psychologist, 56,* 1099-1113.

Trahan, W. A. & McAllister, H. A. (2002). Master's level training in industrial/ organizational psychology: Does it meet the SIOP guidelines? *Journal of Business and Psychology, 16,* 457-465.

Trost, G. (1985). Pädagogische Diagnostik beim Hochschulzugang, dargestellt am Beispiel der Zulassung zu den medizinischen Studiengängen. In R. S. Jäger, R. Horn & K. Ingenkamp (Hrsg.), *Tests und Trends 4* (S. 41-81). Weinheim: Beltz.
Vijver, F. J. R. van de (1997). The ethical use of psychological tests: Australia and the United States. *European Journal of Psychological Assessment, 13,* 131.
Wall, T. (2006). Is JOOP of only academic interest? *Journal of Occupational and Organizational Psychology, 79,* 161-165.
Weber, H. (2003). Kommentar zum Diskussionsbeitrag von Kersting und Hornke zur Qualitätssicherung und -optimierung in der Diagnostik. *Psychologische Rundschau, 54,* 179-179.
Weber, H. & Westmeyer, H. (1999). *Emotionale Intelligenz. Kritische Analyse eines populären Konstrukts.* Verfügbar unter: http://www.literaturkritik.de/public/rezension.php?rez_id=190 [13.08.07].
Wegener, M. (2003). Rechtliche Verbindlichkeit der DIN 33430 für Behörden und Gerichte. *DGP Informationen, 48,* 7-11.
Wehner, E. G. & Durchholz E. (1980). *Persönlichkeits- und Einstellungstests.* Stuttgart: Kohlhammer.
Westhoff, K. (Hrsg.). (2006). *Nutzen der DIN 33430 – Praxisbeispiele und Checklisten.* Lengerich: Pabst.
Westhoff, K., Hellfritsch, L. J., Hornke L. F., Kubinger K. D., Lang, F., Moosbrugger, H., Püschel, A. & Reimann, G. (Hrsg.). (2004). *Grundwissen für die berufsbezogene Eignungsbeurteilung nach DIN 33430.* Lengerich: Pabst.
Westhoff, K., Hellfritsch, L. J., Hornke, L. F., Kubinger, K. D., Lang, F., Moosbrugger, H., Püschel, A. & Reimann, G. (Hrsg.). (2005). *Grundwissen für die berufsbezogene Eignungsbeurteilung nach DIN 33430* (2. überarbeitete Aufl.). Lengerich: Pabst.
Westhoff, K., Hornke, L. F. & Westmeyer, H. (2003). Richtlinien für den diagnostischen Prozess – Zur Diskussion gestellt. *Report Psychologie, 28,* 504-517.
Westmeyer, H. (2004). Die sogenannte Krise der psychologischen Diagnostik: Erinnerungen an die 70er Jahre des 20. Jahrhunderts. Diagnostica, 50, 10-16.
Wiggins, J. S. (1973). *Personality and prediction: Principles of personality assessment.* Reading, MA: Addison-Wesley.
Woehr, D. J. & Huffcutt, A. I. (1994). Rater training for performance appraisal: A quantitative review. *Journal of Occupational and Organizational Psychology, 67,* 189-205.
Wolf, A. & Jenkins, A. (2006). Explaining greater test use for selection: The role of HR professionals in a world of expanding regulation. *Human Resource Management Journal, 16,* 193-213.
Wottawa, H. (1999). Stellungnahme der Leitung Fachgruppe „Differentielle Psychologie, Persönlichkeitspsychologie und Psychologische Diagnostik" zum Problembereich „Internationalisierung der psychologischen Forschung". *Psychologische Rundschau, 50,* 109-111.
Wottawa, H. (2002). Einige wichtige Entwicklungen der Psychologischen Diagnostik im letzten Jahrzehnt. *Psychologie in Österreich, 2-3,* 3-5.
Wottawa, H. (2004). Mögliche Reaktionen von Unternehmen auf die DIN 33430. In L. F. Hornke & U. Winterfeld (Hrsg.), *Eignungsbeurteilungen auf dem Prüfstand: DIN 33430 zur Qualitätssicherung* (S. 203-219). Heidelberg: Spektrum.
Wottawa, H. & Amelang, M. (1980). Einige Probleme der „Testfairness" und ihre Implikationen für Hochschulzulassungsverfahren. *Diagnostica, 26,* 199-221.
Wottawa, H. & Hossiep, R. (1997). *Anwendungsfelder psychologischer Diagnostik.* Göttingen: Hogrefe.
Wottawa, H. & Oenning, S. (2002). Von der Anforderungsanalyse zur Eignungsbeurteilung: Wie praktikabel ist die neue DIN 33430 bei der Bewerberauswahl? *Wirtschaftspsychologie, 4,* 43-56.
Zentrum für Psychologische Information und Dokumentation (ZPID) (2007a). *Verzeichnis Testverfahren.* Verfügbar unter: http://www.zpid.de/index.php?wahl=products&uwahl=printed&uuwahl=testverzeichnis [22.8.2007].

Zentrum für Psychologische Information und Dokumentation (ZPID) (2007b). *Complete Test Information. Feldbeschreibungen.* Verfügbar unter: http://www.zpid.de/index.php?wahl=products&uwahl=fee&uuwahl=ptfeld1 [23.8.2007].

Zollondz, H.-D. (2006). *Grundlagen Qualitätsmanagement. Einführung in die Geschichte, Begriffe, Systeme und Konzepte* (2. Aufl.). München: Oldenbourg.

Anhang

DIN SCREEN V2: Überblick

DIN SCREEN V2 Checkliste 1: Anforderungen an Verfahrenshinweise

Normative Aussagen (1-132)

1.1	Grundsätze/Informationspolitik	144
1.2	Spezifische Informationsanforderungen	147
1.3	Erforderliche Hinweise zur Verfahrensdurchführung, -auswertung und -interpretation	150
1.4	Anforderungen an die Darstellung empirischer Untersuchungen	152
1.5	Theoretische Grundlagen psychometrischer Verfahren	153
1.6	Normwerte/Referenzkennwerte	154
1.7	Objektivität	156
1.8	Zuverlässigkeit (Reliabilität)	157
1.9	Gültigkeit (Validität)	159
1.10	Konstruktgültigkeit (Konstruktvalidität)	164
1.11	Kriteriumsgültigkeit (Kriteriumsvalidität)	166
1.12	Inhaltsgültigkeit (Inhaltsvalidität)	168

Nicht Normative Aussagen (133-140)

1.13	Studien zur Zuverlässigkeit (Reliabilität)	169
1.14	Studien zur Gültigkeit (Validität)	170
	Anmerkungen zu Checkliste 1	171

DIN SCREEN V2 Checkliste 2: Planung von berufsbezogenen Eignungsbeurteilungen

Normative Aussagen (141-165)

2.1	Auftragsklärung	172
2.2	Verantwortlichkeiten	173
2.3	Anforderungsanalyse I	174
2.4	Berücksichtigung von Besonderheiten der Eignungsbeurteilung	175
2.5	Festlegung der Regeln zur Durchführung, Auswertung und Interpretation der Verfahrensergebnisse sowie Urteilsbildung und Ergebnisrückmeldung	176

Nicht Normative Aussagen (166-173)

2.6	Anforderungsanalyse II	178
2.7	Planungen zur Verfahrensdurchführung (nicht normative Aussage)	179
	Anmerkungen zu Checkliste 2	180

DIN SCREEN V2 Checkliste 3: Auswahl und Zusammenstellung von Verfahren

Normative Aussagen (174-193)

3.1	Grundsätzliche Gesichtspunkte der Verfahrensauswahl	181
3.2	Auswahlgesichtspunkt Objektivität	182

Anhang

3.3 Auswahlgesichtspunkt Zuverlässigkeit 183
3.4 Auswahlgesichtspunkt Gültigkeit 184
3.5 Auswahlgesichtspunkt Normwerte/ Referenzkennwerte 185
    Anmerkungen zu Checkliste 3 187

DIN SCREEN V2 Checkliste 4: Durchführung, Auswertung und Interpretation der Verfahrensergebnisse sowie Urteilsbildung

Normative Aussagen (194-224)
4.1 Durchführung I 188
4.2 Auswertung, Interpretation und Urteilsbildung 190
4.3 Interpretation/Urteilsbildung 191

Nicht Normative Aussagen (225-248)
4.4 Vorauswahl 193
4.5 Durchführung II 194
    Anmerkungen zu Checkliste 4 197

DIN SCREEN V2 Checkliste 5: Dokumentation

Normative Aussagen (249-266)
5.1 Dokumentation 198

Nicht Normative Aussagen (267-270)
5.2 Dokumentation der Anforderungsanalyse 201
    Anmerkungen zu Checkliste 5 202

DIN SCREEN V2 Checkliste 6: Anforderungen an die Qualifikation der an der Eignungsbeurteilung beteiligten Personen

Normative Aussagen (271-318)
6.1 Qualitätsanforderungen an den Auftragnehmer 203
6.2 Qualitätsanforderungen zur Durchführung und Auswertung von
    Verhaltensbeobachtungen und -beurteilungen 206
6.3 Qualitätsanforderungen zur Durchführung und Auswertung von
    Eignungsinterviews 208
    Anmerkungen zu Checkliste 6 210

DIN Screen V2

Prüfer(in) 1: _____

Prüfer(in) 2 (falls vorhanden): _____

Datum der Prüfung: _____

Beurteilungsgegenstand: Verfahren und Eignungsbeurteilung

Organisation: _____

Bezeichnung des geprüften Verfahrens: _____

Zielgruppe der Beurteilung: _____

Beurteilt wird die Eignung für: _____

Auftraggeber im Sinne der DIN 33430: _____

Auftragnehmer im Sinne der DIN 33430: _____

Der Prüfung zugrunde gelegte Dokumente:

_____

_____

_____

_____

DIN SCREEN V2 Checkliste 1: Anforderungen an Verfahrenshinweise Normative Aussagen (1-132)

1.1 Grundsätze/Informationspolitik

		ja	nein	nicht zu bewerten	Anmerkungen	Quelle (Seite)
1	Für jedes eingesetzte Verfahren liegen Verfahrenshinweise (Handhabungshinweise) vor.[1] (DIN, S. 6)	○	☐	○	○	
H1	*Hinweis: Falls „nein" gewählt wird, muss bei allen nachfolgenden Aussagen der vorliegenden Checkliste 1 (Aussagen 2-140) sowie bei den Aussagen 174 und 175 in der Checkliste 3 ebenfalls „nein" angekreuzt werden.*					
2	Die Verfahrenshinweise sind dem Anwender der Verfahren und in Sonderfällen auch Außenstehenden zugänglich. (DIN, S. 14)	○	○	○	○	
3	Alle Quellen, die vom Autor bzw. Vertreiber des Verfahrens in den Verfahrenshinweisen zitiert werden, sind zugänglich. (DIN, S. 14)	○	○	○	○	
V1	*Verzweigungsfrage: Gibt es allgemein nicht zugängliche zusätzliche Informationen, die erst nach der Herausgabe der Verfahrenshinweise bekannt geworden sind und die für eine Beurteilung der Tauglichkeit des Verfahrens herangezogen werden können? Falls „nein" → Bitte weiter bei Verzweigungsfrage V3.*	○	☐			
V2	*Verzweigungsfrage: Wurde der Autor bzw. wurden Herausgeber bzw. die Vertreiber des Verfahrens gebeten, die allgemein nicht zugänglichen zusätzlichen Informationen, die erst nach der Herausgabe der Verfahrenshinweise bekannt geworden sind und die für eine Beurteilung der Tauglichkeit des Verfahrens herangezogen werden können, zur Verfügung zu stellen?[V2] Falls „nein" → Bitte weiter bei Verzweigungsfrage V3.*	○	☐			

---

[1] Erläuterung: z.B. bei Tests: ein „Manual"; bei Interviews: ein Leitfaden, vorformulierte Fragen, Bewertungsbeispiele für potenzielle Antworten; bei Assessment Centern: Ablaufpläne, Skripte für potenzielle Rollenspieler, Bewertungsregeln, Beispiele für positive und/oder negative Verhaltensweisen, Regeln zur Zusammenführung unterschiedlicher Informationen (z. B. Bewertungen verschiedener Assessoren, Bewertungen zu gleichen Dimensionen in unterschiedlichen Übungen usw.).

[V2] *Erläuterung: Diese Anfrage ist für die Prüfung notwendig.*

	ja	nein	nicht zu bewerten	Anmerkungen	Quelle (Seite)
4 Zusätzliche, allgemein nicht zugängliche Informationen, die erst nach der Herausgabe der Verfahrenshinweise bekannt geworden sind und die für eine Beurteilung der Tauglichkeit des Verfahrens herangezogen werden können, werden auf Nachfrage von mindestens einer der drei folgenden Gruppen zur Verfügung gestellt: Entwickler, Herausgeber und/oder Verleger des Verfahrens. (DIN, S. 14)	○	○	○	○	
V3 *Verzweigungsfrage: Werden empirische Belege für die Leistungsfähigkeit des Verfahrens zitiert, die noch nicht veröffentlicht sind? Falls „nein" → Bitte weiter bei Verzweigungsfrage V5.*	○	☐			
V4 *Verzweigungsfrage: Wurde der Autor bzw. wurden Herausgeber bzw. die Vertreiber des Verfahrens gebeten, die noch nicht veröffentlichten empirischen Belege für die Leistungsfähigkeit des Verfahrens zur Verfügung zu stellen?* [V4] *Falls „nein" → Bitte weiter bei Verzweigungsfrage V5.*	○	☐			
5 Die nicht veröffentlichten empirischen Belege für die Leistungsfähigkeit des Verfahrens werden auf Anfrage zur Verfügung gestellt. (DIN, S. 14)	○	○	○	○	
V5 *Verzweigungsfrage: Sind dem Prüfer Studien oder Rezensionen anderer Autoren zum Verfahren bekannt? Falls „nein" → Bitte weiter bei Aussage 8.*	○	☐			
6 In den Verfahrenshinweisen werden Studien, die von anderen Autoren zum Verfahren oder mit dem Verfahren durchgeführt wurden, berichtet. (DIN, S. 6)	○	○	○	○	
7 In den Verfahrenshinweisen wird auf Rezensionen, die von anderen Autoren zum Verfahren geschrieben wurden, hingewiesen. (DIN, S. 6)	○	○	○	○	
8 In den Verfahrenshinweisen werden Angaben zur notwendigen weiteren Verfahrenspflege getroffen. (DIN, S. 6)	○	○	○	○	
V6 *Verzweigungsfrage: Gibt es Bedarf, die Verfahrenshinweise zu berichtigen und/oder zu ergänzen und/ oder zu überarbeiten? Falls „nein" → Bitte weiter bei Aussage 11.*	○	☐			

[V4] *Erläuterung: Dieser Schritt (Anfrage) ist für die Prüfung notwendig.*

Aus Kersting: Qualität in der Diagnostik und Personalauswahl – der DIN-Ansatz © 2008 Hogrefe, Göttingen

		ja	nein	nicht zu bewerten	Anmerkungen	Quelle (Seite)
9	Es existiert eine berichtigte oder ergänzte oder überarbeitete Version der Verfahrenshinweise. (DIN, S. 14)	○	□	○	○	
H2	*Hinweis: Falls „nein" gewählt wird, muss bei der Aussage 10 ebenfalls „nein" angekreuzt werden.*					
10	In der überarbeiteten Version der Verfahrenshinweise ist angegeben, was an der Ausgangsversion verändert wurde und warum. (DIN, S. 14)	○	○	○	○	
11	Alle in jeglicher Form der Publikation (z. B. Artikel, Kurzdarstellungen, Werbematerialien) dargebotenen Informationen zum Verfahren sind wahrheitsgetreu und auf Anforderung belegbar. (DIN, S. 14)	○	○	○	○	
12	Die Vertreiber und Anwender des Verfahrens vermeiden Werbestrategien, die nahe legen, dass ein Verfahren mehr oder anderes leistet, als aufgrund der empirischen bzw. theoretischen Grundlagen des Verfahrens belegt werden konnte. (DIN, S. 14)	○	○	○	○	
13	Durch den Vertrieb des Verfahrens bzw. der dazugehörigen detaillierten Informationen ist sichergestellt, dass die Kandidaten in gleichem Maße Zugang oder keinen Zugang zu Vorinformationen, Kenntnis einzelner Items u.a. haben (Verfahrensschutz). (DIN, S. 14)	○	○	○	○	
V7	*Verzweigungsfrage: Erfordert die Handhabung des Verfahrens besondere Qualifikationen? Falls „nein" → Bitte weiter bei Aussage 15.*	○	□			
14	Die für die Handhabung erforderlichen besonderen Qualifikationen werden genannt. (DIN, S. 14)	○	○	○	○	

1.2 Spezifische Informationsanforderungen

		ja	nein	nicht zu bewerten	Anmerkungen	Quelle (Seite)
15	In den Verfahrenshinweisen sind die Anwendungsbereiche des Verfahrens verständlich benannt. [15] (DIN, S. 6)	○	○	○	○	
16	In den Verfahrenshinweisen ist die Zielsetzung des Verfahrens verständlich benannt. [16] (DIN, S. 6)	○	○	○	○	
17	Die Verfahrenshinweise enthalten Angaben zu den Zielsetzungen des Verfahrens, die es dem Anwender ermöglichen, den Beitrag des Verfahrens zum Ziel der Verfahrensanwendung zu erkennen. [17] (DIN, S. 15)	○	○	○	○	
V8	*Verzweigungsfrage: Sind missbräuchliche Anwendungen des Verfahrens naheliegend? Falls „nein" → Bitte weiter bei Verzweigungsfrage V9.*	○	□			
18	Die Verfahrenshinweise geben warnende Hinweise auf missbräuchliche Anwendungen des Verfahrens. (DIN, S. 15)	○	○	○	○	
V9	*Verzweigungsfrage: Gibt es Verfahrensanwendungen, die nicht bzw. nicht mehr gerechtfertigt sind? Falls „nein" → Bitte weiter bei Verzweigungsfrage V11.*	○	□			
19	Die Fachöffentlichkeit wird auf Verfahrensanwendungen hingewiesen, die nicht bzw. nicht mehr gerechtfertigt sind. (DIN, S. 15)	○	○	○	○	
V10	*Verzweigungsfrage: Wurde der Autor bzw. wurden Herausgeber bzw. die Vertreiber des Verfahrens gefragt, ob es Verfahrensanwendungen gibt, die nicht bzw. nicht mehr gerechtfertigt sind? [V10] Falls „nein" → Bitte weiter bei Verzweigungsfrage V11.*	○	□			

---

[15] Erläuterung: Es ist z. B. genau angegeben, bei welcher Personengruppe (z. B. Alter, Bildungsstand) das Verfahren eingesetzt und bei welchen Personengruppen es nicht eingesetzt werden kann.

[16] Erläuterung: Es ist z. B. angegeben, für welchen Zweck genau das Verfahren eingesetzt und für welchen Zweck es nicht eingesetzt werden kann.

[17] Erläuterung: Gemeint sind z. B. Informationen darüber, ob das Verfahren der Zustands- oder Veränderungsmessung dient; ob es bezüglich der Urteilsbildung einen zusätzlichen Nutzen zu bereits bestehenden Verfahren stiftet usw.

[V10] *Erläuterung: Diese Anfrage ist für die Prüfung notwendig.*

		ja	nein	nicht zu bewerten	Anmerkungen	Quelle (Seite)
20	Auf Anfrage hin wurde deutlich gemacht, welche Verfahrensanwendungen nicht bzw. nicht mehr gerechtfertigt sind. (DIN, S. 15)	O	O	O	O	
V11	*Verzweigungsfrage: Kann das Verfahren lediglich für Erprobungs- und/oder für Forschungszwecke verwendet werden? Falls „nein" → Bitte weiter bei Aussage 22.*	O	☐			
21	In den Verfahrenshinweisen wird explizit darauf hingewiesen, dass das Verfahren lediglich für Erprobungs- und/oder für Forschungszwecke verwendet werden kann. (DIN, S. 15)	O	O	O	O	
22	In den Verfahrenshinweisen ist angemessen (im Sinne von ausführlich <u>und</u> verständlich <u>und</u> nachvollziehbar) dargestellt, wie das standardisierte Verfahren konstruiert wurde. [22] (DIN, S. 6)	O	O	O	O	
	Durch die Verfahrenshinweise wird deutlich, wie Fehler in den nachfolgend genannten Bereichen vermieden werden können:	O	O	O	O	
23	• Durchführung des Verfahrens (DIN, S. 6)	O	O	O	O	
24	• Auswertung des Verfahrens (DIN, S. 6)	O	O	O	O	
25	• Interpretation des Verfahrens. (DIN, S. 6)	O	O	O	O	
	Die Verfahrenshinweise liefern Informationen, aus denen der Anwender den hinsichtlich der folgenden Aspekte entstehenden Aufwand abschätzen kann:					
26	• Material (DIN, S. 14)	O	O	O	O	
27	• Personal (DIN, S. 14)	O	O	O	O	
28	• Räumlichkeiten. (DIN, S. 14)	O	O	O	O	
	Die Verfahrenshinweise liefern Informationen, aus denen der Anwender den hinsichtlich der folgenden Aspekte entstehenden zeitlichen Aufwand abschätzen kann:					
29	• zeitliche Belastung für den Kandidaten (DIN, S. 15)	O	O	O	O	
30	• zeitliche Belastung für den Anwender bei der Vorbereitung (DIN, S. 15)	O	O	O	O	

---

[22] Erläuterung: D. h. es wird z. B. erläutert, wie und warum die Fragen eines Fragebogens oder die Aufgaben eines Tests ausgewählt oder konstruiert wurden.

		ja	nein	nicht zu bewerten	Anmerkungen	Quelle (Seite)
31	• zeitliche Belastung für den Anwender bei der Durchführung (DIN, S. 15)	○	○	○	○	
32	• zeitliche Belastung für den Anwender bei der Auswertung. (DIN, S. 15)	○	○	○	○	
33	In den Verfahrenshinweisen werden die Ergebnisse einer oder mehrerer empirischen/empirischer Untersuchung(en) berichtet. (DIN, S. 6)	○	☐	○	○	
H3	*Hinweis: Falls „nein" gewählt wird, muss bei den Aussagen 45 bis 53 ebenfalls „nein" angekreuzt werden.*					

1.3 Erforderliche Hinweise zur Verfahrensdurchführung, -auswertung und -interpretation

		ja	nein	nicht zu bewerten	Anmerkungen	Quelle (Seite)
34	In den Verfahrenshinweisen werden Regeln aufgestellt, wie mit vorhersehbaren Nachfragen der Verfahrensteilnehmer umgegangen wird. [34] (DIN, S. 8)	○	○	○	○	
V12	*Verzweigungsfrage: Handelt es sich um ein computergestütztes Verfahren? Falls „nein" → Bitte weiter bei Aussage 36.*	○	□			
V13	*Verzweigungsfrage: Ist es notwendig, bei der Durchführung spezifische technische Vorgaben (z. B. Anforderungen an Hardware wie Bildschirm, Hilfsmittel) zu berücksichtigen? Falls „nein" → Bitte weiter bei Aussage 36.*	○	□			
35	In den Verfahrenshinweisen werden technischen Vorgaben (z. B. Anforderungen an Hardware wie Bildschirm, Hilfsmittel) genannt. (DIN, S. 8)	○	○	○	○	
36	Es wird beschrieben, welche situativen Rahmenbedingungen[36] für den störungsfreien Einsatz des Verfahrens notwendig sind. (DIN, S. 14)	○	○	○	○	
37	Die zu befürchtenden/möglichen personenbedingten Störungen[37] des Verfahrenseinsatzes und deren Auswirkungen werden benannt. (DIN, S. 14)	○	○	○	○	
V14	*Verzweigungsfrage: Werden apparativ gestützte Verfahren eingesetzt? Falls „nein" → Bitte weiter bei Aussage 39.*	○	□			
38	Die zu befürchtenden/möglichen apparativen Störungen[38] des Verfahrenseinsatzes und deren Auswirkungen werden benannt. (DIN, S. 14)	○	○	○	○	

---

[34] Erläuterung: Beispiele für vorhersehbare Nachfragen: Darf man sich Notizen machen? Wird die zur Verfahrensbearbeitung zur Verfügung stehende Zeit bekannt gegeben? Darf man Teilaufgaben überspringen?
[36] Erläuterung: Gemeint sind z. B. geeignete Räumlichkeiten, Anforderungen an die Arbeitsplätze usw.
[37] Erläuterung: z. B. personenbedingte Unterbrechungen der Verfahrensbearbeitung.
[38] Erläuterung: z. B. Stromausfall bei computergestützten Verfahren.

		ja	nein	nicht zu bewerten	Anmerkungen	Quelle (Seite)
39	Es ist angegeben, wie und in welchem Ausmaß potenzielle Störungen des Verfahrenseinsatzes kompensiert werden können. (DIN, S. 14)	○	□	○	○	
H4	*Hinweis: Falls „nein" gewählt wird, muss bei der Aussage 40 ebenfalls „nein" angekreuzt werden.*					
40	Die Maßnahmen, mit denen potenzielle Störungen des Verfahrenseinsatzes kompensiert werden können, sind beschrieben. (DIN, S. 14)	○	○	○	○	
41	Es wird thematisiert, ob Faktoren auf die Verfahrensbearbeitung und/oder auf das Verfahrensergebnis Einfluss nehmen können, die nicht zu den personenbedingten und/oder apparativen Störungen zählen. [41] (DIN, S. 14)	○	○	○	○	
42	Es ist angegeben, mit welchen Verfälschungsmöglichkeiten zu rechnen ist. (DIN, S. 14)	○	○	○	○	
43	Es ist ausgeführt, wie einer Verfälschung durch die Art der Verfahrensvorgabe und -durchführung – sowie ggf. auch bei der Auswertung – entgegengewirkt werden kann. (DIN, S. 14)	○	○	○	○	
V15	*Verzweigungsfrage: Handelt es sich um Verfahrenshinweise für schriftliche Testverfahren? Falls „nein" → Bitte weiter bei Aussage 45.*	○	□			
44	In den Verfahrenshinweisen werden Regeln aufgestellt, wie bei der Auswertung mit nicht bearbeiteten Fragen bzw. (Teil-) Aufgaben umgegangen wird. (DIN, S. 8)	○	○	○	○	

---

[41] Erläuterung: Hierzu zählen u. a. Effekte von Bearbeitungsstrategien und Trainings.

1.4 Anforderungen an die Darstellung empirischer Untersuchungen

		ja	nein	nicht zu bewerten	Anmerkungen	Quelle (Seite)
45	Alle in den Verfahrenshinweisen aufgeführten relevanten empirischen Untersuchungen sind nachvollziehbar beschrieben.[45] (DIN, S. 6)	○	○	○	○	
	Der Bericht über empirische Untersuchungen enthält:					
46	• eine Angabe über das Jahr der Datenerhebung (DIN, S. 14)	○	○	○	○	
47	• deskriptive Statistiken über die Merkmale der Untersuchungsteilnehmer[47] (DIN, S. 14)	○	○	○	○	
48	• eine Information über den Stichprobenplan (DIN, S.	○	○	○	○	
49	• eine Information zu den Teilnehmerquoten. (DIN, S.	○	○	○	○	
	Die empirische Arbeit ist in den Verfahrenshinweisen so dargestellt, dass eine kritische Würdigung der Ergebnisse dieser empirischen Arbeit hinsichtlich ihrer ...					
50	• theoretischen Grundlagen möglich ist (DIN, S. 15)	○	○	○	○	
51	• methodischen Grundlagen möglich ist. (DIN, S. 15)	○	○	○	○	
52	Die Dokumentation der empirischen Arbeit entspricht den üblichen Kriterien für wissenschaftliche Publikationen.[52] (DIN, S. 15)	○	○	○	○	

---

[45] Hierzu zählen z. B. die Informationen, die laut Aussagen 46 bis 51 erwartet werden sowie die Dokumentationen laut Aussage 52. Des weiteren werden Informationen darüber benötigt, ob eine personenbezogene oder eine anonyme Datenerfassung vorgenommen wurde, ob die Teilnahme freiwillig erfolgte oder verpflichtend war, ob die Teilnahme „belohnt" (z. B. vergütet) wurde usw.

[47] Erläuterung: z. B. Angaben zu Alter, Geschlecht, Bildung, Status (z. B. Schüler, Studenten, Azubis, Berufstätige usw.)

[52] Erläuterung: Siehe z. B. Deutsche Gesellschaft für Psychologie, (Hrsg.). (2007). *Richtlinien zur Manuskriptgestaltung* (3. überarbeitete und erweiterte Aufl.). Göttingen: Hogrefe, sowie Wilkinson, L. & APA Task Force on Statistical Inference. (1999). Statistical methods in psychology journals: Guidelines and explanations. *American Psychologist, 54,* 594-604.

1.5 Theoretische Grundlagen psychometrischer Verfahren

		ja	nein	nicht zu bewerten	Anmerkungen	Quelle (Seite)
V16	*Verzweigungsfrage: Handelt es sich bei dem eingesetzten Verfahren um ein psychometrisches Verfahren? Falls „nein" → Bitte weiter bei Verzweigungsfrage V18.*	○	□			
53	Die theoretischen Grundlagen des Verfahrens sind hinreichend ausführlich beschrieben. (DIN, S. 15)	○	○	○	○	
54	Die Grundkonzeption ist ohne zusätzliche Sekundärliteratur anhand der Verfahrenshinweise erkennbar. (DIN, S. 15)	○	○	○	○	
V17	*Verzweigungsfrage: Hat der Autor Modifikationen an etablierten theoretischen Vorstellungen vorgenommen? Falls „nein" → Bitte weiter bei Verzweigungsfrage V18.*	○	□			
55	In den Verfahrenshinweisen wird verdeutlicht, welche Modifikationen an etablierten theoretischen Vorstellungen der Autor vorgenommen hat. (DIN, S. 15)	○	○	○	○	

1.6 Normwerte/Referenzkennwerte

		ja	nein	nicht zu bewerten	Anmerkungen	Quelle (Seite)
V18	Verzweigungsfrage: Handelt es sich um Verfahrenshinweise zu einem Verfahren, das einen Vergleich mit Normwerten vorsieht? [V18] Falls „nein" → Bitte weiter bei Aussage 61.	○	□			
56	Die herangezogenen Normwerte entsprechen der Fragestellung. (DIN, S. 7)	○	□	○	○	
H5	Hinweis: Falls „nein" gewählt wird, muss bei der Aussage 190 in der Checkliste 3 ebenfalls „nein" angekreuzt werden. Die Aussage 56 der vorliegenden Checkliste ist sinngemäß Bestandteil der Aussage 190 in Checkliste 3.					
57	Die herangezogenen Normwerte entsprechen der Referenzgruppe der Zielgruppe. [57] (DIN, S. 7)	○	□	○	○	
H6	Hinweis: Falls „nein" gewählt wird, muss bei der Aussage 190 in der Checkliste 3 ebenfalls „nein" angekreuzt werden. Die Aussage 57 der vorliegenden Checkliste ist sinngemäß Bestandteil der Aussage 190 in Checkliste 3.					
58	Die Angemessenheit der Normwerte wurde in den letzten acht Jahren überprüft.[58] (DIN, S. 7)	○	□	○	○	
H7	Hinweis: Falls „nein" gewählt wird, muss bei der Aussage 191 in der Checkliste 3 ebenfalls „nein" angekreuzt werden. Die Aussage 58 der vorliegenden Checkliste und die Aussage 191 in Checkliste 3 sind identisch.					

[V18] Erläuterung: Normwerte sind Werte (z. B. Mittelwerte, Standardabweichungen, Prozentränge), die anhand einer Vergleichsgruppe (Normstichprobe, Referenzgruppe, z. B. Bewerber bestimmter Alters-, Bildungs- oder Berufsgruppen) empirisch ermittelt wurden und mit denen die vorliegenden Ergebnisse der Kandidaten verglichen werden.

[57] Erläuterung: Eine solche Entsprechung liegt beispielsweise nicht vor, wenn die Englischkenntnisse von Managern untersucht werden sollen, die Normwerte zum Verfahren aber an Schülern gewonnen wurden.

[58] Erläuterung: Es geht zunächst nur um eine Überprüfung der Angemessenheit der Normwerte. Ob eine Neunormierung durchgeführt werden muss, ergibt sich in Abhängigkeit von den Ergebnissen der Überprü-fung. Die DIN 33430 fordert nicht, dass spätestens alle acht Jahre neu normiert werden muss.

		ja	nein	nicht zu bewerten	Anmerkungen	Quelle (Seite)
V19	Verzweigungsfrage: Zielt der Verfahrenseinsatz auf die Erfassung eines Merkmals ab, dessen Ausprägung in der Referenzgruppe möglicherweise relativ kurzfristigen Veränderungen unterliegt?^{V19} Falls „nein" → Bitte weiter bei Verzweigungsfrage 21.	○	□			
V20	Verzweigungsfrage: Ist das Verfahren mindestens acht Jahre alt? Falls „nein" → Bitte weiter bei Verzweigungsfrage 21.	○	□			
59	Noch vor Ablauf der Acht-Jahres-Frist wurde eine Neunormierung vorgenommen. (DIN, S. 7)	○	□	○	○	
H8	Hinweis: Falls „nein" gewählt wird, muss bei der Aussage 192 in der Checkliste 3 ebenfalls „nein" angekreuzt werden. Die Aussage 59 der vorliegenden Checkliste und die Aussage 192 in Checkliste 3 sind identisch.					
V21	Verzweigungsfrage: Gibt es unterschiedliche „Vorgabearten" des Verfahrens, also z.B. eine Papier-Bleistift-Version und eine Computerversion? Falls „nein" → Bitte weiter bei Aussage 61.	○	□			
V22	Verzweigungsfrage: Wurden Normwerte von einer Vorgabeart auf die andere übertragen? Falls „nein" → Bitte weiter bei Aussage 61.	○	□			
60	Die Übertragbarkeit der Normwerte von einer Vorgabeart auf die andere wurde nachgewiesen. (DIN, S. 7)	○	□	○	○	
H9	Hinweis: Falls „nein" gewählt wird, muss bei der Aussage 193 in der Checkliste 3 ebenfalls „nein" angekreuzt werden. Die Aussage 60 der vorliegenden Checkliste und die Aussage 193 in Checkliste 3 sind identisch.					
	Bitte beachten: Zu Normen siehe die Aussagen 104 und 105, die in Abhängigkeit von der Antwort auf Verzweigungsfrage 32 zu bearbeiten sind. Die Darstellung der Normierungsuntersuchung(en) muss die in den Aussagen 46 bis 49 formulierten Anforderungen erfüllen.					

^{V19} Erläuterung: So könnte z.B. die EDV-Kompetenz bei Bewerbern heutzutage durchschnittlich höher ausgeprägt sein als noch vor wenigen Jahren.

1.7 Objektivität

		ja	nein	nicht zu bewerten	Anmerkungen	Quelle (Seite)
61	In den Verfahrenshinweisen werden Angaben zur Objektivität des Verfahrens gemacht. (DIN, S. 6)	O	☐	O	O	
H10	Hinweis: Falls „nein" gewählt wird, muss bei der Aussage 62 ebenfalls „nein" angekreuzt werden.					
62	In den Verfahrenshinweisen werden die eingesetzten Analysemethoden zur Gewinnung der Angaben zur Objektivität nachvollziehbar dokumentiert. (DIN, S. 6)	O	O	O	O	
	Die Verfahrenshinweise sind so gestaltet, dass verschiedene Personen in der Lage sind, das Verfahren allein aufgrund dieser Verfahrenshinweise in vergleichbarer Weise...					
63	• durchzuführen (DIN, S. 6)	O	O	O	O	
64	• auszuwerten (DIN, S. 6)	O	O	O	O	
65	• zu interpretieren. (DIN, S. 6)	O	O	O	O	
66	Die Instruktionen des Verfahrens sind so gestaltet, dass die Ergebnisse so wenig wie möglich durch den Kandidaten selbst verfälscht werden können.[66] (DIN, S. 6/7)	O	☐	O	O	
H11	Hinweis: Falls „nein" gewählt wird, muss bei der Aussage 180 in der Checkliste 3 ebenfalls „nein" angekreuzt werden. Die Aussage 66 der vorliegenden Checkliste und die Aussage 180 in Checkliste 3 sind identisch.					
67	Die Vorgehensweise bei der Beurteilung ist so gestaltet, dass die Ergebnisse so wenig wie möglich durch den Kandidaten selbst verfälscht werden können. (DIN, S. 6/7)	O	☐	O	O	
H12	Hinweis: Falls „nein" gewählt wird, muss bei der Aussage 181 in der Checkliste 3 ebenfalls „nein" angekreuzt werden. Die Aussage 67 der vorliegenden Checkliste und die Aussage 181 in Checkliste 3 sind identisch.					

---

[66] Erläuterung: Wenn Notizen das Verfahrensergebnis verfälschen können (z. B. während der Einprägphase in einem Gedächtnistest), wird die Verfälschungssicherheit beispielsweise durch die Instruktion erhöht, zu Beginn der Einprägphase die Stifte aus der Hand zu legen. Bei Verfahren, bei denen die Gefahr des Abschreibens droht, kann z. B. die Verfälschungssicherheit erhöht werden, wenn man den Anwendern den Durchführungshinweis gibt, den Teilnehmern möglichst abschreibsichere Plätze zuzuweisen.

1.8 Zuverlässigkeit (Reliabilität)

		ja	nein	nicht zu bewerten	Anmerkungen	Quelle (Seite)
68	In den Verfahrenshinweisen werden Angaben zur Zuverlässigkeit des Verfahrens gemacht. (DIN, S. 6)	○	□	○	○	
H13	*Hinweis: Falls „nein" gewählt wird, muss bei den Aussagen 69 bis 76 und den Aussagen 133 bis 136 der vorliegenden Checkliste sowie bei der Aussage 183 der Checkliste 3 ebenfalls „nein" angekreuzt werden.*					
69	In den Verfahrenshinweisen werden die eingesetzten Analysemethoden zur Gewinnung der Angaben zur Zuverlässigkeit nachvollziehbar dokumentiert. (DIN, S. 6)	○	○	○	○	
70	Es ist angegeben, nach welcher/welchen Methode(n) die Zuverlässigkeit bestimmt wurde. (DIN, S. 15)	○	○	○	○	
71	Die Angemessenheit der für die Zuverlässigkeitsbestimmung genutzten Methode(n) ist für verschiedene Typen von Beurteilungen beispielhaft erläutert. [71] (DIN, S. 15)	○	○	○	○	
V23	*Verzweigungsfrage: Gibt es Erkenntnisse darüber, dass sich die Zuverlässigkeitswerte bzw. Standardmessfehler für verschiedene (sozio-)demografische Gruppen (z. B. nach Alter, Geschlecht, Ausbildung, Nationalität) maßgeblich voneinander unterscheiden? Falls „nein" → Bitte weiter bei Aussage 73.*	○	□			
72	Für alle Gruppen, für die das Verfahren empfohlen wird, werden verschiedene Zuverlässigkeitswerte angegeben. (DIN, S. 15)	○	○	○	○	
73	In den Verfahrenshinweisen wird beschrieben, wie die zur Zuverlässigkeitsbestimmung herangezogenen Untersuchungsgruppen zusammengesetzt waren. (DIN, S. 15)	○	○	○	○	

---

[71] Erläuterung: Die Bestimmung der internen Konsistenz ist beispielsweise keine angemessene Art der Zuverlässigkeitsbestimmung für Verfahren mit heterogenen Inhalten; die Bestimmung der Retest-Stabilität ist keine angemessene Art der Zuverlässigkeitsbestimmung für Verfahren zur Messung rasch veränderlicher Merkmale (z. B. Stimmungen). Bei der Begründung der Angemessenheit ist die Art des untersuchten Merkmals und der angestrebten Entscheidung ebenso zu berücksichtigen wie die jeweiligen Anwendungs- und Untersuchungsbedingungen.

		ja	nein	nicht zu bewerten	Anmerkungen	Quelle (Seite)
V24	Verzweigungsfrage: Sollen mit dem Verfahren Merkmale erfasst werden, für die eine zumindest relative Zeit- und Situationsstabilität angenommen wird? Falls „nein" → Bitte weiter bei Aussage 76.	○	□			
74	Die Zuverlässigkeit wurde über die Retest-Methode bestimmt oder die Retest-Reliabilität wurde durch einen geeigneten Untersuchungsplan geschätzt. (DIN, S. 15)	○	○	○	○	
75	Das zur Bestimmung der Retest-Reliabilität gewählte Vorgehen wird begründet. [75] (DIN, S. 15)	○	○	○	○	
76	Der aktuellste Nachweis der Geltung der Zuverlässigkeitskennwerte ist jünger als acht Jahre. (DIN, S. 15)	○	○	○	○	

---

[75] Erläuterung: z. B. wird der gewählte Zeitabstand zwischen Erst- und Wiederholungsuntersuchung begründet.

1.9 Gültigkeit (Validität)

		ja	nein	nicht zu bewerten	Anmerkungen	Quelle (Seite)
77	In den Verfahrenshinweisen werden Angaben zur Gültigkeit des Verfahrens gemacht. (DIN, S. 6)	○	□	○	○	
H14	*Hinweis: Falls „nein" gewählt wird, muss bei den Aussagen 78 bis 132 und den Aussagen 137 bis 140 der vorliegenden Checkliste sowie bei der Aussage 188 der Checkliste 3 ebenfalls „nein" angekreuzt werden.*					
78	In den Verfahrenshinweisen werden die eingesetzten Analysemethoden zur Gewinnung der Angaben zur Gültigkeit nachvollziehbar beschrieben. (DIN, S. 6 und S. 16)	○	○	○	○	
79	In den Verfahrenshinweisen wird nachvollziehbar begründet (bzw. es ist evident), dass die gewählte Art der Gültigkeitsbestimmung dem Zweck des Verfahrens und der vorliegenden Fragestellung angemessen [79] ist. (DIN, S. 7)	○	○	○	○	
80	Aus den Verfahrenshinweisen wird deutlich, welche empirischen Nachweise der Inhalts- und/oder Kriteriums- und/oder Konstruktgültigkeit eine Anwendung des Verfahrens für den intendierten Anwendungszweck rechtfertigen. (DIN, S. 16)	○	○	○	○	
81	Die Ausführungen zur Gültigkeit, die die Anwendung des Verfahrens für den intendierten Anwendungszweck rechtfertigen, berücksichtigen die diagnostische(n) Fragestellung(en) und die Zielgruppe(n), für die das Verfahren empfohlen wird. [81] (DIN, S. 16)	○	○	○	○	

---

[79] Erläuterung: Die Analyse der Inhaltsgültigkeit ist beispielsweise nur bei Verfahren angemessen, für die ein Itemuniversum definiert werden kann. Die empirische Analyse der Konstruktgültigkeit ist nur dann angemessen, wenn die zur Validierung herangezogenen anderen Konstrukte in einem theoretisch nachvollziehbar definierten Verhältnis (konvergent oder diskriminant) zum interessierenden Konstrukt stehen und wenn psychometrisch befriedigende Operationalisierungen für die anderen Konstrukte gewählt wurden.

[81] Erläuterung: Gemeint ist, dass die Gültigkeitsargumentation sich auf die Fragestellung(en) und auf die Zielgruppe(n) beziehen muss, die vorab in den Verfahrenshinweisen als Anwendungsempfehlung für das Verfahren genannt wurde(n). Ein Test, der für den Einsatz zur Personalauswahl bei lebenserfahrenen Managern empfohlen wird, kann seine Gültigkeitsargumentation beispielsweise nicht darauf beschränken, dass die Testergebnisse bei Schülern nachweislich mit Schulnoten korrelieren.

			ja	nein	nicht zu bewerten	Anmerkungen	Quelle (Seite)
82	Die Wahl der Methoden, die bei der Gültigkeitsanalyse zum Einsatz gekommen sind, wird begründet. [82] (DIN, S. 16)		○	○	○	○	
	In den Verfahrenshinweisen ist angegeben, welche Gültigkeitswerte ...						
83	• für welches Verfahrensergebnis erzielt wurden [83] (DIN, S. 16)		○	○	○	○	
84	• in Bezug zu welchem Bewährungskriterium erzielt wurden (DIN, S. 16)		○	○	○	○	
85	• für welche Referenzgruppe erzielt wurden (DIN, S. 16)		○	○	○	○	
86	• in welcher Situation erzielt wurden [86] (DIN, S. 16)		○	○	○	○	
87	• in welcher Untersuchung erzielt wurden (DIN, S. 16)		○	○	○	○	
88	• zu welchem Zeitpunkt erzielt wurden. (DIN, S. 16)		○	○	○	○	
V25	*Verzweigungsfrage: Ist aus den Verfahrenshinweisen ersichtlich oder aus anderen Quellen bekannt, dass für einige Untersuchungsteilnehmer Ergebnisse zur Verfahrensgültigkeit fehlen? Falls „nein" → Bitte weiter bei Aussage 90.*		○	□			
89	Es wird erläutert, warum für einige Untersuchungsteilnehmer keine Ergebnisse zur Verfahrensgültigkeit vorliegen. (DIN, S. 16)		○	○	○	○	

---

[82] Erläuterung: Methoden der Gültigkeitsanalyse sind die Inhalts-, Kriteriums- und/oder Konstruktvalidierung. Zu begründen ist darüber hinaus aber auch das Design (z. B. retrograde, konkurrente und prädiktive Validierung) sowie die Wahl spezifischer statistischer Analysetechniken (z. B. einfache oder multiple Regressionsanalysen usw.).

[83] Erläuterung: Bezieht sich der Gültigkeitswert beispielsweise auf das Gesamtergebnis oder auf ein Teilergebnis (etwa auf eine Übung aus einem Assessment Center, auf eine spezifische Aufgabe aus einem komplexen Test, auf eine Einzeldimension aus einem Interview)? Bezieht sich der Gültigkeitswert auf einen Rohwert oder auf einen standardisierten Wert? Usw.

[86] Erläuterung: Wurde z. B. die Gültigkeitsanalyse mit Personen durchgeführt, die das Verfahren im Ernstfall bearbeitet haben oder handelte es sich um eine Gruppe von Freiwilligen, die das Verfahren anonym bearbeitet haben?

		ja	nein	nicht zu bewerten	Anmerkungen	Quelle (Seite)
90	Der aktuellste Nachweis über die Gültigkeit des Verfahrens für den intendierten Anwendungsbereich ist jünger als acht Jahre. (DIN, S. 15 und S. 16)	○	○	○	○	
V26	*Verzweigungsfrage: Wurde das Verfahren nach der Gültigkeitsanalyse, deren Ergebnisse in den Verfahrenshinweisen dargestellt sind, wesentlich geändert? (DIN, S. 16) Falls „nein" → Bitte weiter bei Verzweigungsfrage V27.*	○	□			
91	Für das geänderte Verfahren wurden neue Gültigkeitsbelege erbracht. (DIN, S. 16)	○	○	○	○	
V27	*Verzweigungsfrage: Wurden zur Bestimmung der Gültigkeit Methoden der statistischen Adjustierung angewandt (z.B. Minderungskorrektur oder Variabilitätskorrektur)? Falls „nein" → Bitte weiter bei Verzweigungsfrage V28.*	○	□			
92	Bei den Analysen zur Gültigkeit sind sowohl die ursprünglich erhaltenen als auch die korrigierten Kennwerte aufgeführt. (DIN, S. 16)	○	○	○	○	
93	Alle im Zusammenhang mit der Adjustierung verwendeten Statistiken sind genannt. (DIN, S. 16)	○	○	○	○	
94	Neben den statistisch optimierten Schätzungen (z.B. multiple Regression) sind auch die einfachen Schätzungen (z.B. einfache Korrelationen) angegeben. (DIN, S. 16)	○	○	○	○	
95	Die optimierten Schätzungen konnten an einer anderen Personengruppe aus dem Geltungsbereich des Verfahrens repliziert werden.[95] (DIN, S. 16)	○	○	○	○	
96	Die statistischen Optimierungsprozeduren wurden in handlungsleitende Beurteilungsregeln umgesetzt.[96] (DIN, S. 16)	○	○	○	○	

---

[95] Erläuterung: Es wurde eine erfolgreiche Kreuzvalidierung durchgeführt.
[96] Erläuterung: Wenn beispielsweise gezeigt wird, dass die multiple Vorhersagbarkeit eines Kriteriums unter Einbezug mehrerer Prädiktoren (z.B. mehrere Skalen eines Tests, mehrere Übungen eines Assessment Centers, mehrere Beurteilungsdimensionen eines Interviews) deutlich höher ist als die einfachen Korrelationen zwischen einzelnen Prädiktoren und diesem Kriterium, so muss dem Anwender erläutert werden, wie er die verschiedenen Prädiktoren so kombinieren kann, dass der Vorteil praktisch nutzbar wird.

	ja	nein	nicht zu bewerten	Anmerkungen	Quelle (Seite)
V28	Verzweigungsfrage: Wird der Gültigkeitsanspruch damit begründet, dass Gültigkeitshinweise aus anderen Untersuchungen in Anspruch genommen werden (Validitätsgeneralisierung)? Falls „nein" → Bitte weiter bei Verzweigungsfrage V29.	○	□		
	In den Verfahrenshinweisen ist ausführlich dargestellt und begründet, ...				
97	welche Befunde generalisiert werden können[97] (DIN, S. 16)	○	○	○	○
98	weshalb (und in welchem Ausmaß) sich die Gültigkeitshinweise übertragen lassen, die sich aus anderen Studien ergeben. (DIN, S. 16)	○	○	○	○
99	Auf die Ähnlichkeit zwischen den vorliegenden Studien und der vorliegenden Fragestellung wird eingegangen.[99] (DIN, S. 16)	○	○	○	○
V29	Verzweigungsfrage: Gibt es Hinweise darauf, dass das Verfahren gruppenspezifische (z.B. geschlechtsspezifische) Ergebnisse liefert? Falls „nein" → Bitte weiter bei Verzweigungsfrage V30.	○	□		
100	Für jede der Gruppen, für die das Verfahren gruppenspezifische (z.B. geschlechtsspezifische) Ergebnisse liefert, wurde empirisch untersucht, wie sich die Gruppenspezifität der Verfahrensergebnisse auf mögliche Entscheidungen auswirkt. (DIN, S. 16)	○	□	○	○
H15	Hinweis: Falls „nein" gewählt wird, muss bei der Aussage 261 in der Checkliste 5 ebenfalls „nein" angekreuzt werden.				
V30	Verzweigungsfrage: Wird in den Verfahrenshinweisen die Fairness-Frage thematisiert und/oder analysiert? Falls „nein" → Bitte weiter bei Verzweigungsfrage V31.	○	□		
101	Die der Argumentation und/oder den empirischen Analysen zugrunde gelegte Fairness-Auffassung wird expliziert. (DIN, S. 16)	○	○	○	○

---

[97] Erläuterung: Darstellung der entsprechenden Studien, Literaturübersichten und Metaanalysen.
[99] Erläuterung: z.B. Vergleichbarkeit der Charakteristika der untersuchten Gruppen, des Verfahrens, des Kriteriums usw.

		ja	nein	nicht zu bewerten	Anmerkungen	Quelle (Seite)
102	Das der Argumentation und/oder den empirischen Analysen zugrunde gelegte Fairness-Modell wird begründet. (DIN, S. 16)	○	○	○	○	
V31	*Verzweigungsfrage: Gibt es Gruppen, bei denen das Verfahren nicht als Entscheidungsgrundlage genutzt werden darf? Falls „nein" → Bitte weiter bei Verzweigungsfrage V32.*	○	□			
103	Es ist angegeben, bei welchen Gruppen das Verfahren nicht als Entscheidungsgrundlage genutzt werden darf. (DIN, S. 16)	○	○	○	○	
V32	*Verzweigungsfrage: Sieht das Verfahren gruppenspezifische Normierungen vor (z.B. Alters-, Geschlechts- und Bildungsnormen)? Falls „nein" → Bitte weiter bei Aussage 106.*	○	□			
104	Die gruppenspezifischen Normierungen werden begründet. (DIN, S. 16)	○	○	○	○	
105	Die gruppenspezifischen Normierungen sind in ihren Effekten beschrieben. (DIN, S. 16)	○	○	○	○	

1.10 Konstruktgültigkeit (Konstruktvalidität)

		ja	nein	nicht zu bewerten	Anmerkungen	Quelle (Seite)
106	Jedes für das Verfahren relevante Konstrukt[106] ist von anderen Konstrukten klar abgrenzbar. (DIN, S. 17)	○	○	○	○	
107	Jedes für das Verfahren relevante Konstrukt ist in einen theoretischen Rahmen eingebettet. (DIN, S. 17)	○	○	○	○	
108	Jedes für das Verfahren relevante Konstrukt ist in den Verfahrenshinweisen so beschrieben, dass es ohne Sekundärliteratur verständlich ist. (DIN, S. 17)	○	○	○	○	
109	Die auf das Konstrukt/die Konstrukte bezogenen empirisch-psychologischen Forschungsergebnisse sind in den Verfahrenshinweisen so beschrieben, dass sie ohne Sekundärliteratur verständlich sind. (DIN, S. 17)	○	○	○	○	
V33	*Verzweigungsfrage: Gibt es verfahrensrelevante theoretische Alternativen? Falls „nein" → Bitte weiter bei Verzweigungsfrage V34.*	○	□			
110	Die verfahrensrelevanten theoretischen Alternativen sind dargestellt. (DIN, S. 17)	○	○	○	○	
V34	*Verzweigungsfrage: Gibt es empirische Ergebnisse, die den zugrunde gelegten Annahmen widersprechen? Falls „nein" → Bitte weiter bei Aussage 113.*	○	□			
111	Empirische Ergebnisse, die den zugrunde gelegten Annahmen widersprechen, sind dargestellt. (DIN, S. 17)	○	○	○	○	
112	Trotz der Darstellung von empirischen Ergebnissen, die den zugrundegelegten Annahmen widersprechen, bleiben das Konstrukt und die diesbezüglichen empirisch-psychologischen Forschungsergebnisse ohne Sekundärliteratur verstehbar. (DIN, S. 17)	○	○	○	○	
113	Aufgrund von inhaltlichen Überlegungen wird dargelegt, wie sich das fragliche Konstrukt zu ähnlichen Konstrukten verhält (konvergente Gültigkeit). (DIN, S. 17)	○	○	○	○	
114	Aufgrund von empirischen Ergebnissen wird dargelegt, wie sich das fragliche Konstrukt zu ähnlichen Konstrukten verhält (konvergente Gültigkeit). (DIN, S. 17)	○	○	○	○	

---

[106] Erläuterung: Gedankliches Konzept, das aus Überlegungen und Erfahrungen abgeleitet worden ist, um beobachtbares Verhalten zu erklären, z. B. Intelligenz, Angst.

		ja	nein	nicht zu bewerten	Anmerkungen	Quelle (Seite)
115	Aufgrund von inhaltlichen Überlegungen wird dargelegt, wie sich das fragliche Konstrukt zu unähnlichen Konstrukten verhält (diskriminante Gültigkeit). (DIN, S. 17)	○	○	○	○	
116	Aufgrund von empirischen Ergebnissen wird dargelegt, wie sich das fragliche Konstrukt zu unähnlichen Konstrukten verhält (diskriminante Gültigkeit). (DIN, S. 17)	○	○	○	○	

1.11 Kriteriumsgültigkeit (Kriteriumsvalidität)

		ja	nein	nicht zu bewerten	Anmerkungen	Quelle (Seite)
117	Bei der Analyse der Kriteriumsgültigkeit des Verfahrens wird beschrieben, warum das/die in der Analyse verwendete(n) Kriterium/Kriterien angemessen ist/sind. (DIN, S. 17)	○	○	○	○	
118	Bei der Analyse der Kriteriumsgültigkeit des Verfahrens wird beschrieben, warum die in der Analyse verwendeten Operationalisierung(en) des Kriteriums/der Kriterien angemessen ist/sind. (DIN, S. 17)	○	○	○	○	
119	Die inhaltliche Qualität jedes verwendeten Kriterienmaßes ist ausführlich dargestellt. [119] (DIN, S. 17)	○	○	○	○	
120	Die technische Qualität jedes verwendeten Kriterienmaßes ist ausführlich dargestellt. [120] (DIN, S. 17)	○	○	○	○	
121	Die Angemessenheit des Designs (retrograd und/oder konkurrent und/oder prädiktiv) der Analyse der Kriteriumsgültigkeit wird erläutert. (DIN, S. 17)	○	○	○	○	
122	Die Angemessenheit der für die Analyse der Kriteriumsgültigkeit herangezogenen Untersuchungsgruppe wird erläutert. [122] (DIN, S. 17)	○	○	○	○	
V35	*Verzweigungsfrage: Wird die Kriteriumsgültigkeit anhand einer Studie aufgezeigt, in der aus dem Verfahren Beurteilungen abgeleitet werden, die Grundlage für Auswahl- und/oder Klassifikationsentscheidungen sind? Falls „nein" → Bitte weiter bei Verzweigungsfrage V36.*	○	□			

---

[119] Erläuterung: Die inhaltliche Qualität betrifft die Frage, ob das Kriterium die relevanten Aspekte des in Frage stehenden Kriteriums- oder Zielverhaltens gut (z. B. möglichst vollständig, ohne Kontamination) abbildet. Beispielsweise stellt die Studiendauer nur eine defizitäre Operationalisierung des Kriteriums Studienerfolg dar usw. Bei Verfahren aus dem Bereich der Eignungsbeurteilung ist mit Kriteriumsverhalten das Verhalten in den in Frage stehenden Ausbildungs-, Tätigkeits- und Berufsbereichen gemeint (z. B. Berufserfolg), in anderen diagnostischen Kontexten kann es um (seelisches) Gesundheitsverhalten gehen oder um den Therapieerfolg usw.

[120] Erläuterung: Bei der technischen Qualität der Kriterienmaße geht es um die Objektivität und Zuverlässigkeit der Kriteriumsmessung.

[122] Erläuterung: Beispielsweise sind die demografischen Merkmale der Untersuchungsgruppe (z. B. Bildungsstand, Alter, Berufserfahrung usw.) vor dem Hintergrund der als Zielgruppe des Verfahrens genannten Gruppe zu diskutieren.

	ja	nein	nicht zu bewerten	Anmerkungen	Quelle (Seite)
123	Die Kriteriumsgültigkeit wird auch unter entscheidungstheoretischen Gesichtspunkten diskutiert. [123] (DIN, S. 17)	○	○	○	○	○
V36	*Verzweigungsfrage: Liegen Kriteriumsgültigkeiten vergleichbarer Verfahren für gleiche oder ähnliche Anwendungsbereiche vor? Falls „nein" → Bitte weiter bei Verzweigungsfrage V37.*	○	□			
124	In den Verfahrenshinweisen werden auch Kriteriumsgültigkeiten vergleichbarer Verfahren für gleiche oder ähnliche Anwendungsbereiche berichtet. (DIN, S. 17)	○	○	○	○	

---

[123] Erläuterung: Erwartet werden z. B. Überlegungen zu Cut-off-Werten und entscheidungsrelevanten Rahmenbedingungen (z. B. Grundquote, Selektionsquote), Informationen zur Entscheidungsgüte usw.

1.12 Inhaltsgültigkeit (Inhaltsvalidität)

		ja	nein	nicht zu bewerten	Anmerkungen	Quelle (Seite)
V37	Verzweigungsfrage: Wird für das Verfahren Inhaltsgültigkeit in Anspruch genommen? Falls „nein" → Ende der normativen Aussagen der vorliegenden Checkliste, bitte weiter bei der nicht normativen Aussage 133.	○	□			
125	Der im Verfahren abgebildete Inhaltsbereich ist beschrieben. (DIN, S. 17)	○	○	○	○	
126	Die Bedeutung des im Verfahren abgebildeten Inhaltsbereiches für die vorgesehene Beurteilung ist beschrieben. (DIN, S. 17)	○	○	○	○	
127	Aus der Beschreibung des Inhaltsbereiches und seiner Bedeutung für die vorgesehene Beurteilung geht hervor, dass die den Inhaltsbereich definierenden Merkmale wesentliche Determinanten für das in Frage stehende erwünschte Zielverhalten[127] der untersuchten Personen darstellen. (DIN, S. 17)	○	○	○	○	
128	Die Regeln für die Erzeugung des dem Verfahren zugrunde liegenden Itemuniversums sind angegeben. (DIN, S. 17)	○	○	○	○	
129	Die Regeln, nach denen das Verfahren als systematisch zusammengestellte Itemstichprobe aus dem Itemuniversum abgeleitet wurde, sind dargestellt. (DIN, S. 17)	○	○	○	○	
V38	Verzweigungsfrage: Wurde von Experten beurteilt, ob das Verfahren den definierten Inhaltsbereich repräsentiert? Falls „nein" → Ende der normativen Aussagen der vorliegenden Checkliste, bitte weiter bei der nicht normativen Aussage 133.	○	□			
130	Der fachbezogene Ausbildungsstand und die Erfahrung und die Qualifikation der genutzten Experten sind beschrieben. (DIN, S. 17)	○	○	○	○	
131	Es ist erläutert, wie die Experten zu einer Einschätzung gekommen sind. (DIN, S. 17)	○	○	○	○	
132	Es ist angegeben, inwieweit die Expertenbeurteilungen übereinstimmten. (DIN, S. 17)	○	○	○	○	

---

[127] Erläuterung: Bei Verfahren aus dem Bereich der Eignungsbeurteilung ist mit Zielverhalten oder Kriteriumsverhalten das Verhalten in den in Frage stehenden Ausbildungs-, Tätigkeits- und Berufsbereichen gemeint, in anderen diagnostischen Kontexten kann es um (seelisches) Gesundheitsverhalten gehen usw.

Aus Kersting: Qualität in der Diagnostik und Personalauswahl – der DIN-Ansatz © 2008 Hogrefe, Göttingen

Nicht normative Aussagen (133-140)

1.13 Studien zur Zuverlässigkeit (Reliabilität)

		ja	nein	nicht zu bewerten	Anmerkungen	Quelle (Seite)
133	Die Untersuchung(en), mit denen die Zuverlässigkeit des Verfahrens bestimmt wurde, sind aktuell. (DIN, S. 6).	○	○	○	○	
	Die Teilnehmergruppe der Untersuchung(en), mit denen die Zuverlässigkeit des Verfahrens bestimmt wurde ...					
134	• zeichnet sich durch einen angemessenen Umfang aus (DIN, S. 6)	○	○	○	○	
135	• ist repräsentativ für die Zielgruppe. (DIN, S. 6)	○	○	○	○	
136	Es liegen mehrere unabhängige Vergleichs- und/oder Wiederholungsuntersuchungen vor, mit denen die Zuverlässigkeit des Verfahrens bestimmt wurde. (DIN, S. 6)	○	○	○	○	

1.14 Studien zur Gültigkeit (Validität)

		ja	nein	nicht zu bewerten	Anmerkungen	Quelle (Seite)
137	Die Untersuchung(en), mit denen die Gültigkeit des Verfahrens bestimmt wurde(n), ist/sind aktuell. (DIN, S. 5).	O	O	O	O	
	Die Teilnehmergruppe der Untersuchung(en), mit denen die Gültigkeit des Verfahrens bestimmt wurde ...					
138	• zeichnet sich durch einen angemessenen Umfang aus (DIN, S. 5)	O	O	O	O	
139	• ist repräsentativ für die Zielgruppe. (DIN, S. 5)	O	O	O	O	
140	Der Ansatz der Untersuchung(en), mit denen die Gültigkeit des Verfahrens bestimmt wurde, ist für das zu messende Merkmal angemessen. (DIN, S. 5)	O	O	O	O	

Nummer	DIN Screen V2, Anmerkungen zu Checkliste 1

DIN SCREEN V2 Checkliste 2:
Planung von berufsbezogenen Eignungsbeurteilungen
Normative Aussagen (141-165)

2.1 Auftragsklärung

		ja	nein	nicht zu bewerten	Anmerkungen	Quelle (Seite)
141	Dem Auftragnehmer wurde ein Auftrag zur Eignungsbeurteilung erteilt <u>und</u> im Rahmen des erteilten Auftrags wurden dem Auftragnehmer Fragen zur Beantwortung aufgegeben. (DIN, S. 9)	○	□	○	○	
H16	Hinweis: Falls „nein" gewählt wird, muss bei der Aussage 219 in der Checkliste 4 ebenfalls „nein" angekreuzt werden.					
142	Der Auftragnehmer hat dem Auftraggeber seine Qualifikation (im Sinne der Aussagen 271 bis 294 der Checkliste 6) <u>und</u> seine regelmäßige fachliche Fortbildung nachgewiesen.	○	□	○	○	
H17	Hinweis: Falls „nein" gewählt wird, muss bei der Aussage 295 und/oder der Aussage 296 in der Checkliste 6 ebenfalls „nein" angekreuzt werden. Die Aussage 142 der vorliegenden Checkliste fasst die Aussagen 295 und 296 in Checkliste 6 zusammen.					

2.2 Verantwortlichkeiten

		ja	nein	nicht zu bewerten	Anmerkungen	Quelle (Seite)
143	Der Auftragnehmer übernimmt die Hauptverantwortung für die Planung und Durchführung der gesamten Eignungsbeurteilung sowie für die Auswertung und Interpretation der Ergebnisse und für den Bericht an den Auftraggeber. (DIN, S. 9)	○	○	○	○	
V39	*Verzweigungsfrage: Wird ein Teil der Verantwortung vom Auftraggeber auf Mitwirkende übertragen? Falls „nein" → Bitte weiter bei Aussage 151.*	○	☐			
	Die folgenden Verantwortungen und/oder Aufgaben wurden nicht delegiert, sondern vom Auftragnehmer persönlich wahrgenommen:					
144	• die Auswahl und Zusammenstellung von Verfahren (DIN, S. 9)	○	○	○	○	
145	• die Planung der Untersuchungssituation (DIN, S. 9)	○	○	○	○	
146	• die Festlegung der Beurteilungsregeln (DIN, S. 9)	○	○	○	○	
147	• die Festlegung der Interpretationsregeln. (DIN, S. 9)	○	○	○	○	
148	Der Auftragnehmer nimmt seine Fachaufsicht über die Tätigkeit der Mitwirkenden aktiv und nachweislich wahr. (DIN, S. 9)	○	○	○	○	
149	Der Auftragnehmer stellt sicher, dass alle Mitwirkenden in ihren jeweiligen Aufgabenbereich entsprechend eingewiesen und für ihre Aufgaben spezifisch geschult sind. (DIN, S. 9)	○	○	○	○	
150	Der Auftragnehmer gewährleistet, dass die Mitwirkenden so qualifiziert sind, wie es zur Durchführung des Verfahrens erforderlich ist.[150] (DIN, S. 9)	○	○	○	○	

---

[150] Erläuterung: Ein entsprechender Nachweis der Qualifikation kann beispielsweise durch eine Personenlizenz für berufsbezogene Eignungsbeurteilungen nach DIN 33430 erfolgen.

2.3 Anforderungsanalyse I

		ja	nein	nicht zu bewerten	Anmerkungen	Quelle (Seite)
151	Es wurde eine Anforderungsanalyse durchgeführt. (DIN, S. 6)	○	□	○	○	
H18	*Hinweis: Falls „nein" gewählt wird, muss bei den Aussagen 152, 153 und 166 bis 172 der vorliegenden Checkliste und bei den Aussagen 208 und 227 der Checkliste 4 sowie bei den Aussagen 266 bis 270 der Checkliste 5 ebenfalls „nein" angekreuzt werden.*					
152	Jeder Anforderungsdimension, die erhoben werden soll, kann mindestens ein Verfahren zugeordnet werden, mit dem diese Dimension erfasst wird. (DIN, S. 6)	○	○	○	○	
153	Jedem der eingesetzten Verfahren kann mindestens eine Anforderungsdimension zugeordnet werden, zu deren Erfassung es eingesetzt wird. (DIN, S. 6)	○	○	○	○	

2.4 Berücksichtigung von Besonderheiten der Eignungsbeurteilung

		ja	nein	nicht zu bewerten	Anmerkungen	Quelle (Seite)
	Es wurde eine Schätzung vorgenommen über ... (DIN, S. 6)					
154	• das Angebot an qualifizierten Bewerbern (DIN, S. 6)	○	○	○	○	
155	• den Bedarf an qualifizierten Bewerbern (DIN, S. 6)	○	○	○	○	
156	• den Anteil der geeigneten Personen in der Gruppe der Bewerber (DIN, S. 6)	○	○	○	○	
157	• den Nutzen, der entsteht, wenn es mit Hilfe des Verfahrens besser gelingt, leistungsstärkere Personen auszuwählen (DIN, S. 6)	○	○	○	○	
158	• die direkten und indirekten Verfahrenskosten. (DIN, S. 6)	○	○	○	○	

2.5 Festlegung der Regeln zur Durchführung, Auswertung und Interpretation der Verfahrensergebnisse sowie Urteilsbildung und Ergebnisrückmeldung

		ja	nein	nicht zu bewerten	Anmerkungen	Quelle (Seite)
159	Es wurden im Vorhinein Regeln aufgestellt, die alle Aspekte der Durchführung der Verfahren festlegen. (DIN, S. 8)	○	□	○	○	
H19	Hinweis: Falls „nein" gewählt wird, muss bei der Aussage 164 der vorliegenden Checkliste sowie bei der Aussage 253 in der Checkliste 5 ebenfalls „nein" angekreuzt werden.					
160	Es wurden im Vorhinein Regeln aufgestellt, die alle Aspekte der Auswertung der Verfahren festlegen. (DIN, S. 8)	○	□	○	○	
H20	Hinweis: Falls „nein" gewählt wird, muss bei der Aussage 164 der vorliegenden Checkliste und bei der Aussage 206 in Checkliste 4 sowie bei Aussage 258 in Checkliste 5 ebenfalls „nein" angekreuzt werden.					
161	Es wurden im Vorhinein Regeln aufgestellt, wie die über einen Kandidaten erhobenen Informationen zu einem Eignungsurteil zusammengefügt werden.[161] (DIN, S. 8)	○	□	○	○	
H21	Hinweis: Falls „nein" gewählt wird, muss bei der Aussage 164 der vorliegenden Checkliste sowie bei der Aussage 259 in Checkliste 5 ebenfalls „nein" angekreuzt werden.					
V40	Verzweigungsfrage: Werden Verfahren eingesetzt, die auf mündlich gewonnenen Informationen bzw. Verhaltensbeobachtungen basieren (z.B. Interviews, Arbeitsproben, Assessment Center)? Falls „nein" → Bitte weiter bei Aussage 163.	○	□			

---

[161] Erläuterung: Dies betrifft z. B. die Ausprägung der Eignungsmerkmale – welche Ausprägung gilt als „geeignet"? Dies gilt auch für die Zusammenführung unterschiedlicher Informationen wie z. B. bei der Erfassung mehrerer Anforderungsdimensionen (etwa in einem Assessment Center) und/oder beim Einsatz mehrerer Verfahren (etwa Interview und organisationsinterne Beurteilung der bisherigen beruflichen Leistungen): Hier muss die Art der Zusammenführung der unterschiedlichen Informationen vorab geregelt werden.

		ja	nein	nicht zu bewerten	Anmerkungen	Quelle (Seite)
162	Den Beurteilungskategorien wurden vorab Beispielaussagen und/oder Beispielverhaltensweisen zugeordnet (DIN, S. 8).	○	□	○	○	
H22	Hinweis: Falls „nein" gewählt wird, muss bei der Aussage 209 in Checkliste 4 sowie Aussage 262 in Checkliste 5 ebenfalls „nein" angekreuzt werden.					
163	Es wurde vorab vereinbart, wie den Kandidaten die Ergebnisse vermittelt werden.[163] (DIN, S. 8)	○	○	○	○	
V41	Verzweigungsfrage: Wird das Auswahlprogramm in gleicher Art und Weise wiederholt durchgeführt? Falls „nein" → Bitte weiter bei Verzweigungsfrage V42.	○	□			
164	Die Bewährung der Regeln zur Durchführung und Auswertung der Verfahren und der Regeln zur Zusammenführung der Informationen zu einem Eignungsurteil wurde innerhalb der letzten drei Jahre überprüft. (DIN, S. 8)	○	○	○	○	
V42	Verzweigungsfrage: Bearbeiten einzelne Kandidaten die Verfahren oder Teile der Verfahren in unterschiedlicher Reihenfolge?[V42] Falls „nein" → Bitte weiter bei Aussage 166.	○	□			
165	Es kann mit großer Wahrscheinlichkeit davon ausgegangen werden, dass trotz der unterschiedlichen Durchführungsabfolge der Verfahren alle Kandidaten die gleichen Chancen haben. (DIN, S. 8)	○	○	○	○	

---

[163] Erläuterung: Hierzu gehört auch die Regelung, welche Ergebnisse vermittelt werden und wer die Vermittlung wann und in welcher Form vornimmt.

[V42] Erläuterung: z. B. beginnt aufgrund so genannter Rotationspläne ein Kandidat im Assessment Center mit dem Rollenspiel, während ein anderer Kandidat mit der Präsentationsübung beginnt.

Nicht normative Aussagen (166-173)

2.6 Anforderungsanalyse II

		ja	nein	nicht zu bewerten	Anmerkungen	Quelle (Seite)
	Mit der Anforderungsanalyse wurden die Merkmale eines Arbeitsplatzes und/oder einer Ausbildung bzw. eines Studiums und/oder eines Berufs und/oder einer beruflichen Tätigkeit ermittelt, die ...					
166	• für den beruflichen Erfolg bedeutsam sind (DIN, S. 12)	○	○	○	○	
167	• für die berufliche Zufriedenheit bedeutsam sind. (DIN, S. 12)	○	○	○	○	
168	Aus der Anforderungsanalyse wurden diejenigen Eignungsmerkmale abgeleitet, die zur Erfüllung der Anforderungen nötig sind. (DIN, S. 12)	○	○	○	○	
169	Aus der Anforderungsanalyse wurden diejenigen Eignungsmerkmale mitsamt ihren Ausprägungsgraden abgeleitet, die zur Erfüllung der Anforderungen nötig sind. (DIN, S. 12)	○	○	○	○	
170	Es wird verdeutlicht, aufgrund welcher Überlegungen die Eignungsmerkmale (<u>und</u> ihre Ausprägungsgrade) aus der Anforderungsanalyse abgeleitet wurden. (DIN, S. 12)	○	○	○	○	
V43	Verzweigungsfrage: Wurde auf vorhandene Tätigkeits-, Stellen-, Aufgaben- oder Funktions-Beschreibungen zurückgegriffen? Falls „nein" → Bitte weiter bei Verzweigungsfrage V44.	○	□			
171	Es wurde sichergestellt, dass sich seit der Erstellung der für die Anforderungsanalyse genutzten Tätigkeits-, Stellen-, Aufgaben- oder Funktions-Beschreibungen keine bedeutsamen Veränderungen der Anforderungen mehr ergeben haben. (DIN, S. 12)	○	○	○	○	
V44	Verzweigungsfrage: Wird die Eignungsbeurteilung (auch) zum Zweck der Berufsberatung vorgenommen? Falls „nein" → Bitte weiter bei Aussage 173.	○	□			
172	Es werden auch die Ergebnisse von Berufsanalysen berücksichtigt. (DIN, S. 12)	○	○	○	○	

2.7 Planungen zur Verfahrensdurchführung (nicht normative Aussage)

		ja	nein	nicht zu bewerten	Anmerkungen	Quelle (Seite)
173	Pausen und Wartezeiten und deren Mindestdauer werden vorab festgelegt. (DIN, S. 13)	○	□	○	○	
H23	*Hinweis: Falls „nein" gewählt wird, muss bei der Aussage 246 der Checkliste 4 ebenfalls „nein" angekreuzt werden.*					

Nummer	DIN Screen V2, Anmerkungen zu Checkliste 2

DIN SCREEN V2 Checkliste 3:
Auswahl und Zusammenstellung von Verfahren
Normative Aussagen (174-193)

3.1 Grundsätzliche Gesichtspunkte der Verfahrensauswahl

		ja	nein	nicht zu bewerten	Anmerkungen	Quelle (Seite)
174	Es werden nur Verfahren eingesetzt, für die Verfahrenshinweise (Handhabungshinweise) vorliegen. [174] (DIN, S. 6)	○	□	○	○	
H24	Hinweis: Falls „nein" gewählt wird, muss bei der Aussage 175 sowie bei allen Aussagen der Checkliste 1 (Aussagen 1-140) ebenfalls „nein" angekreuzt werden.					
175	Die Verfahrenshinweise zu dem ausgewählten Verfahren entsprechen den Anforderungen an Verfahrenshinweise (laut Checkliste 1). (DIN, S. 6)	○	○	○	○	

---

[174] Erläuterung: z. B. bei Tests: ein „Manual"; bei Interviews: ein Leitfaden, vorformulierte Fragen, Bewertungsbeispiele für potenzielle Antworten; bei Assessment Centern: Ablaufpläne, Skripte für potenzielle Rollenspieler, Bewertungsregeln, Beispiele für positive und/oder negative Verhaltensweisen, Regeln zur Zusammenführung unterschiedlicher Informationen (z. B. Bewertungen verschiedener Assessoren, Bewertungen zu gleichen Dimensionen in unterschiedlichen Übungen usw.

3.2 Auswahlgesichtspunkt Objektivität

		ja	nein	nicht zu bewerten	Anmerkungen	Quelle (Seite)
176	Das Verfahren besitzt eine größtmögliche Durchführungsobjektivität. (DIN, S. 6)	○	○	○	○	
177	Das Verfahren besitzt eine größtmögliche Auswertungsobjektivität. (DIN, S. 6)	○	○	○	○	
178	Das Verfahren besitzt eine größtmögliche Interpretationsobjektivität. (DIN, S. 6)	○	○	○	○	
179	Das Material des Verfahrens ist so gestaltet, dass die Ergebnisse so wenig wie möglich durch den Kandidaten selbst verfälscht werden können. [179] (DIN, S. 6f.)	○	○	○	○	
180	Die Instruktionen des Verfahrens sind so gestaltet, dass die Ergebnisse so wenig wie möglich durch den Kandidaten selbst verfälscht werden können. [180] (DIN, S. 6f.)	○	□	○	○	
H25	Hinweis: Falls „nein" gewählt wird, muss bei der Aussage 66 in der Checkliste 1 ebenfalls „nein" angekreuzt werden. Die Aussage 180 der vorliegenden Checkliste und die Aussage 66 in Checkliste 1 sind identisch.					
181	Die Vorgehensweise bei der Beurteilung ist so gestaltet, dass die Ergebnisse so wenig wie möglich durch den Kandidaten selbst verfälscht werden können. (DIN, S. 6f.)	○	□	○	○	
H26	Hinweis: Falls „nein" gewählt wird, muss bei der Aussage 67 in der Checkliste 1 ebenfalls „nein" angekreuzt werden. Die Aussage 181 der vorliegenden Checkliste und die Aussage 67 in Checkliste 1 sind identisch.					

---

[179] Erläuterung: Bei Verfahren, bei denen die Gefahr des Abschreibens droht, kann z. B. durch parallele oder pseudo-parallele Testformen die Verfälschungssicherheit erhöht werden. Bei häufig wiederholten Interviews und Assessment Centern ist die Gefahr des Bekanntwerdens („Verbrennens") der Fragen und Aufgabenstellungen geringer, wenn ein großer Pool an nachweislich gleichwertigen Fragen und Aufgaben besteht usw.

[180] Erläuterung: Ein Beispiel geben Verfahren, bei denen unerlaubte Notizen das Verfahrensergebnis verfälschen können (z. B. während der Einprägphase in einem Gedächtnistest). Bei solchen Verfahren wird die Verfälschungssicherheit z. B. durch die Instruktion erhöht, zu Beginn der Einprägphase die Stifte aus der Hand zu legen. Bei Verfahren, bei denen die Gefahr des Abschreibens droht, kann z. B. die Verfälschungssicherheit erhöht werden, wenn man den Anwendern den Durchführungshinweis gibt, den Teilnehmern möglichst abschreibsichere Plätze zuzuweisen.

3.3 Auswahlgesichtspunkt Zuverlässigkeit

		ja	nein	nicht zu bewerten	Anmerkungen	Quelle (Seite)
182	Bei der Auswahl der Verfahren wurde deren Zuverlässigkeit berücksichtigt. (DIN, S. 7)	○	□	○	○	
H27	Hinweis: Falls „nein" gewählt wird, muss bei der Aussage 249 in der Checkliste 5 ebenfalls „nein" angekreuzt werden.					
183	Das Verfahren besitzt eine der jeweiligen Art des Verfahrens und der angestrebten Aussage entsprechende, möglichst hohe Zuverlässigkeit.[183] (DIN, S. 7)	○	○	○	○	
V45	Verzweigungsfrage: Beurteilen mehrere Personen den Ausprägungsgrad von Personmerkmalen aufgrund von mündlich gewonnenen Informationen bzw. Verhaltensbeobachtungen (z. B. Teamfähigkeit aufgrund eines Interviews oder einer Assessment-Center-Übung)? Falls „nein" → Bitte weiter bei Aussage 185.	○	□			
184	Es wurden konkrete Maßnahmen ergriffen, um sicherzustellen, dass Interviewer bzw. Beobachter in ihren Ergebnissen übereinstimmen.[184] (DIN, S. 7)	○	○	○	○	

[183] Erläuterung: Der erforderliche Grad der Zuverlässigkeit richtet sich u. a. nach dem untersuchten Merkmal, der Bedeutsamkeit der angestrebten Entscheidung sowie den jeweiligen Anwendungs- und Untersuchungsbedingungen. Neben der numerischen Höhe eines Zuverlässigkeitskoeffizienten sind die Ergebnisse auch vor dem Hintergrund der Qualität der Untersuchungen zu bewerten, mit denen die Zuverlässigkeit bestimmt wurde (siehe Aussagen 133 bis 136 der Checkliste 1).
Es ist abzuwägen, welche Zuverlässigkeit für die geplante Eignungsbeurteilung bei dem in Frage stehenden Verfahren benötigt wird. Anhand der Zuverlässigkeit kann die Wahrscheinlichkeit bestimmt werden, mit der die wirkliche Ausprägung des betreffenden Merkmals einer Person vom beobachteten bzw. gemessenen Ergebnis abweicht. Der Bereich der möglichen Abweichung wird Konfidenzintervall genannt. Misst man beispielsweise einen Intelligenzwert von 112, so ist das Konfidenzintervall bei einem zuverlässigen Test relativ schmal und geht z. B. von 110 bis 114. Bei einem weniger zuverlässigen Test ist hingegen das Konfidenzintervall vergleichsweise breit und geht beispielsweise von 104 bis 120. Man muss nun aufgrund der geplanten Beurteilung unter entscheidungstheoretischen Gesichtspunkten festlegen, welche Messgenauigkeit man benötigt. Für eine erste Vorauswahl mit Hilfe eines Screening-Verfahrens kann unter gewissen Umständen auch ein vergleichsweise weniger zuverlässiges Verfahren ausreichend sein. Will man z. B. lediglich sicherstellen, dass die zur „zweiten Runde" eingeladenen Bewerber einen Intelligenzwert von mindestens 104 haben, kann man das weniger zuverlässige Verfahren einsetzen und (eine ausreichende Zahl Bewerber vorausgesetzt) den Cut-off-Wert auf 112 setzen usw.

[184] Erläuterung: Solche Maßnahmen sind beispielsweise Beurteilungshilfen (wie bestimmte Beurteilungsskalen), Beobachtungstrainings sowie regelmäßige Evaluation der Beurteilungsleistungen.

3.4 Auswahlgesichtspunkt Gültigkeit

		ja	nein	nicht zu bewerten	Anmerkungen	Quelle (Seite)
185	Bei der Auswahl der Verfahren wurde nachweislich (Dokumentation liegt vor) deren Gültigkeit berücksichtigt. (DIN, S. 7)	○	□	○	○	
H28	Hinweis: Falls „nein" gewählt wird, muss bei der Aussage 250 in der Checkliste 5 ebenfalls „nein" angekreuzt werden.					
186	Die Gültigkeit des Verfahrens wurde aufgrund von empirischen Analysen zur Konstrukt- und/oder Kriteriums- und/oder Inhaltsgültigkeit nachgewiesen. (DIN, S. 7)	○	○	○	○	
187	Die Ergebnisse von unabhängigen Vergleichs- und/oder Wiederholungsuntersuchungen zur Gültigkeit wurden berücksichtigt. (DIN, S. 7)	○	○	○	○	
188	Das Verfahren besitzt eine für den intendierten Anwendungsbereich möglichst hohe Gültigkeit. [188] (DIN, S. 7)	○	○	○	○	
V46	Verzweigungsfrage: Wird das Verfahren vom Auftragnehmer wiederholt bei gleichartigen Fragestellungen eingesetzt? Falls „nein" → Bitte weiter bei Verzweigungsfrage V47.	○	□			
189	Der Auftragnehmer hat die Gültigkeit des bei gleichartigen Fragestellungen eingesetzten Verfahrens nachweislich ermittelt. (DIN, S. 7)	○	□	○	○	
H29	Hinweis: Falls „nein" gewählt wird, muss bei der Aussage 265 in der Checkliste 5 ebenfalls „nein" angekreuzt werden.					

---

[188] Erläuterung: Der erforderliche Grad der Gültigkeit richtet sich u. a. nach dem untersuchten Merkmal, der Bedeutsamkeit der angestrebten Entscheidung sowie den jeweiligen Anwendungs- und Untersuchungsbedingungen. Der Vergleich der Gültigkeit von zwei oder mehr Verfahren kann sich nicht auf die numerische Höhe der Gültigkeitskoeffizienten beschränken. Die Gültigkeit ist auch anhand der Qualität der jeweils zugrundeliegenden empirischen Untersuchungen zu bewerten, mit denen sie bestimmt wurde (siehe Aussagen 137 bis 140 der Checkliste 1).

3.5 Auswahlgesichtspunkt Normwerte/Referenzkennwerte

		ja	nein	nicht zu bewerten	Anmerkungen	Quelle (Seite)
V47	Verzweigungsfrage: Wird ein Verfahren eingesetzt, das einen Vergleich mit Normwerten vorsieht?[V47] Falls „nein" → Ende der Checkliste 3.	○	□			
190	Die herangezogenen Normwerte entsprechen der Fragestellung und der Referenzgruppe der Zielgruppe.[190] (DIN, S. 7)	○	□	○	○	
H30	Hinweis: Falls „nein" gewählt wird, muss bei der Aussage 57 in der Checkliste 1 ebenfalls „nein" angekreuzt werden. Die Aussage 190 der vorliegenden Checkliste und die Aussage 57 in Checkliste 1 sind identisch.					
191	Die Angemessenheit der Normwerte wurde in den letzten acht Jahren überprüft.[191] (DIN, S. 7)	○	□	○	○	
H31	Hinweis: Falls „nein" gewählt wird, muss bei der Aussage 58 in der Checkliste 1 ebenfalls „nein" angekreuzt werden. Die Aussage 191 der vorliegenden Checkliste und die Aussage 58 in Checkliste 1 sind identisch.					
V48	Verzweigungsfrage: Zielt der Verfahrenseinsatz auf die Erfassung eines Merkmals, dessen Ausprägung in der Referenzgruppe möglicherweise relativ kurzfristigen Veränderungen unterliegt?[V48] Falls „nein" → Ende der Checkliste 3.	○	□			
V49	Verzweigungsfrage: Ist das Verfahren mindestens acht Jahre alt? Falls „nein" → Ende der Checkliste 3.	○	□			

[V47] Erläuterung: Normwerte sind Werte (z. B. Mittelwerte, Standardabweichungen, Prozentränge), die anhand einer Vergleichsgruppe (Normstichprobe, Referenzgruppe, z. B. Bewerber bestimmter Alters-, Bildungs- oder Berufsgruppen) empirisch ermittelt wurden und mit denen die vorliegenden Ergebnisse der Kandidaten verglichen werden.

[190] Erläuterung: Eine solche Entsprechung liegt beispielsweise nicht vor, wenn die Englischkenntnisse von Managern untersucht werden sollen, die Normwerte zum Verfahren aber an Schülern gewonnen wurden.

[191] Erläuterung: Es geht zunächst nur um eine Überprüfung der Angemessenheit der Normwerte. Ob eine Neunormierung durchgeführt werden muss, ergibt sich in Abhängigkeit von den Ergebnissen der Überprüfung. Die DIN 33430 fordert nicht, dass spätestens alle acht Jahre neu normiert werden muss.

[V48] Erläuterung: So könnte z. B. die EDV-Kompetenz bei Bewerbern heutzutage durchschnittlich höher ausgeprägt sein als noch vor wenigen Jahren.

	ja	nein	nicht zu bewerten	Anmerkungen	Quelle (Seite)
192	Noch vor Ablauf der Acht-Jahres-Frist wurde eine Neunormierung vorgenommen. (DIN, S. 7)	○	□	○	○	
H32	Hinweis: Falls „nein" gewählt wird, muss bei der Aussage 59 in der Checkliste 1 ebenfalls „nein" angekreuzt werden. Die Aussage 192 der vorliegenden Checkliste und die Aussage 59 in Checkliste 1 sind identisch.					
V50	Verzweigungsfrage: Gibt es unterschiedliche „Versionen" des Verfahrens, also z.B. eine Papier-Bleistift-Version und eine Computerversion? Falls „nein" → Ende der Checkliste 3.	○	□			
V51	Verzweigungsfrage: Gibt es gesonderte Normen pro Version? Falls „nein" → Ende der Checkliste 3.	○	□			
193	Die Übertragbarkeit der Normwerte von einer Vorgabeart auf die andere wurde nachgewiesen. (DIN, S. 7)	○	□	○	○	
H33	Hinweis: Falls „nein" gewählt wird, muss bei der Aussage 60 in der Checkliste 1 ebenfalls „nein" angekreuzt werden. Die Aussage 193 der vorliegenden Checkliste und die Aussage 60 in Checkliste 1 sind identisch.					
	Bitte beachten: Zu Normen siehe die Aussagen 104 und 105 in Checkliste 1, die in Abhängigkeit von der Antwort auf Verzweigungsfrage 32 (V 32, Checkliste 1) zu bearbeiten sind.					

Nummer	DIN Screen V2, Anmerkungen zu Checkliste 3

DIN Screen V2 Checkliste 4:
Durchführung, Auswertung und Interpretation der Verfahrensergebnisse sowie Urteilsbildung
Normative Aussagen (194-224)

4.1 Durchführung I

		ja	nein	nicht zu bewerten	Anmerkungen	Quelle (Seite)
	Bei der Verfahrensdurchführung werden die in den Verfahrenshinweisen enthaltenen Vorgaben und/oder Empfehlungen zu den nachfolgend genannten Aspekten eingehalten: [194-199]					
194	• Vorbereitung (DIN, S. 8)	○	○	○	○	
195	• Material und dessen Einsatz (DIN, S. 8)	○	○	○	○	
196	• Mündliche Aufgabeninstruktionen (DIN, S. 8)	○	○	○	○	
197	• Vorgeschriebene Protokollierungen (DIN, S. 8)	○	○	○	○	
198	• Vorgeschriebene Zeiten (DIN, S. 8)	○	○	○	○	
199	• Umgang mit Nachfragen. (DIN, S. 8)	○	○	○	○	
200	Es werden die Originalmaterialien verwendet.[200] (DIN, S. 8)	○	○	○	○	
201	Die Anweisungen bzw. Erläuterungen an die Kandidaten sind verständlich und eindeutig. (DIN, S. 8)	○	○	○	○	
202	Die Anweisungen bzw. Erläuterungen an die Kandidaten sind so weit wie möglich standardisiert. (DIN, S. 8)	○	○	○	○	
203	Es wird – so weit wie möglich – dafür gesorgt, dass niemand durch Betrug und/oder Täuschung verfälschte Verfahrensergebnisse erzielen kann. (DIN, S. 8)	○	○	○	○	

[194-199] Erläuterung: Sofern zu einem Aspekt in den Verfahrenshinweisen keine Vorgaben und Empfehlungen getroffen werden, deren Einhaltung folglich nicht überprüfbar ist, ist die Kategorie „ja" anzukreuzen.

[200] Erläuterung: Unautorisierte Kopien von Testmaterialien (Fragebogen, Testaufgaben), die kein Eigentum sind, sondern über einen Autor, Verlag oder Herausgeber vertrieben werden, sind keine Originalmaterialien im Sinne der DIN 33430.

		ja	nein	nicht zu bewerten	Anmerkungen	Quelle (Seite)
204	Durch die Art der Durchführung des Verfahrens bzw. durch den Umgang mit den dazugehörigen detaillierten Informationen ist sichergestellt, dass die Kandidaten in gleichem Maße Zugang oder keinen Zugang zu Vorinformationen, Kenntnis einzelner Items u. a. haben (Verfahrensschutz). (DIN, S. 14)	○	○	○	○	
V52	Verzweigungsfrage: Werden computergestützte Verfahren eingesetzt? Falls „nein" → Bitte weiter bei Aussage 206.	○	☐			
V53	Verzweigungsfrage: Werden in den Verfahrenshinweisen technische Vorgaben (z. B. Hardware wie Bildschirm, Hilfsmittel) genannt? Falls „nein" → Bitte weiter bei Aussage 206.	○	☐			
205	Die in den Verfahrenshinweisen genannten technischen Vorgaben (z. B. Hardware wie Bildschirm, Hilfsmittel) werden eingehalten. (DIN, S. 8)	○	○	○	○	

4.2 Auswertung, Interpretation und Urteilsbildung

		ja	nein	nicht zu bewerten	Anmerkungen	Quelle (Seite)
206	Die Auswertung folgt den vorab festgelegten Vorschriften. (DIN, S. 8)	○	○	○	○	
207	Es ist sichergestellt, dass in dem Fall, in dem aufgrund von Störungen oder Verfälschungen von den Verfahrenshinweisen und/oder der geplanten Durchführung abgewichen wird, diese Abweichung bei der Auswertung berücksichtigt wird. (DIN, S. 8)	○	○	○	○	
208	Es werden nur Informationen zu anforderungsrelevanten Eignungsmerkmalen ausgewertet. (DIN, S. 8)	○	○	○	○	
209	Die Bewertung richtet sich nach den Beurteilungskategorien und den diesen Beurteilungskategorien vorab zugeordneten Beispielaussagen und/oder Beispielverhaltensweisen. (DIN, S. 8).	○	○	○	○	
V54	*Verzweigungsfrage: Beurteilen mehrere Personen den Ausprägungsgrad von Personmerkmalen aufgrund von mündlich gewonnenen Informationen bzw. Verhaltensbeobachtungen (z.B. Teamfähigkeit aufgrund eines Interviews oder einer Assessment-Center-Übung)? Falls „nein"* → *Bitte weiter bei Aussage 213.*	○	□			
210	Der Grad der Übereinstimmung zwischen den beurteilenden Personen wurde berechnet. (DIN, S. 7)	○	□	○	○	
H34	*Hinweis: Falls „nein" gewählt wird, muss bei der Aussage 263 in Checkliste 5 ebenfalls „nein" angekreuzt werden.*					
211	Der Grad der Übereinstimmung zwischen den beurteilenden Personen ist zufriedenstellend.[211] (DIN, S. 7)	○	○	○	○	
212	Aufgrund der Urteile mehrerer Beurteiler wird ein Gesamtergebnis erstellt, dabei wird die Streubreite der zugrundeliegenden Einzelurteile bestimmt.[212] (DIN, S. 8)	○	□	○	○	
H35	*Hinweis: Falls „nein" gewählt wird, muss bei der Aussage 264 in Checkliste 5 ebenfalls „nein" angekreuzt werden.*					

---

[211] Die Beurteiler stimmen bei gleicher Beobachtungsgrundlage möglichst überein.
[212] Erläuterung: Sofern kein Gesamtergebnis gebildet wird, sondern die Urteile jedes Beurteilers ohne Integration für sich allein betrachtet werden, ist „ja" anzukreuzen, sofern auf diesen Umstand explizit hingewiesen wird und dieses Vorgehen nachvollziehbar begründet wird.

4.3 Interpretation/Urteilsbildung

		ja	nein	nicht zu bewerten	Anmerkungen	Quelle (Seite)
213	Die Regeln für die Interpretation der Verfahrensergebnisse und zur abschließenden Eignungsbeurteilung wurden vom verantwortlichen Auftragnehmer[213] festgelegt. (DIN, S. 9)	○	○	○	○	
214	Die Ausprägung(en) des/der interessierenden Merkmals/Merkmale eines Kandidaten wird/werden mit Blick auf die Referenzgruppe bewertet. (DIN, S. 9)	○	○	○	○	
215	Die Interpretation und Eignungsbeurteilung richtet sich nach den Grundsätzen der Objektivität und der Unparteilichkeit und Unabhängigkeit in Bezug auf die Kandidaten.[215] (DIN, S. 9)	○	○	○	○	
V55	*Verzweigungsfrage: Wurden mehrere Informationen über einen Kandidaten erhoben? Falls „nein" → Bitte weiter bei Verzweigungsfrage V56.*	○	□			
216	Es wird festgestellt, ob und falls ja: welche Ergebnisse zu gleichsinnigen oder sich widersprechenden Interpretationen führen. (DIN, S. 9)	○	□	○	○	
H36	*Hinweis: Falls „nein" gewählt wird, muss bei der Aussage 254 in der Checkliste 5 ebenfalls „nein" angekreuzt werden.*					
V56	*Verzweigungsfrage: Wird ein standardisiertes Verfahren eingesetzt? Falls „nein" → Bitte weiter bei Aussage 218.*	○	□			
V57	*Verzweigungsfrage: Werden Interpretationen von Subtestwerten und/oder Messwertdifferenzen und/oder Profilen und/oder Reaktionen auf Itemebene und/oder einzelne Teile von Verfahren (z.B. Subtests u.ä.) vorgenommen? Falls „nein" → Bitte weiter bei Aussage 218.*	○	□			

---

[213] Erläuterung: Diese Tätigkeit darf nicht an Mitwirkende delegiert werden.
[215] Erläuterung: Zur Unabhängigkeit gehört einerseits eine Unabhängigkeit von Beurteiler und Beurteilten. Jegliche Beziehung zwischen diesen Personen, die das Urteil beeinflussen können, sind offen zu legen und einer daraus abzuleitenden möglichen Einflussnahme irrelevanter Beurteilungsgesichtspunkte ist entgegenzutreten. Ist dies nicht erfolgt, ist die Aussage 215 mit „nein" zu werten. Zur Unabhängigkeit gehört andererseits aber auch die Unabhängigkeit der Beurteiler untereinander, sofern es mehrere Beurteiler gibt.

	ja	nein	nicht zu bewerten	Anmerkungen	Quelle (Seite)
217	Für alle Werte, die interpretiert werden (z.B. Subtestwerte und/oder Messwertdifferenzen und/oder Profilen und/oder Reaktionen auf Itemebene und/oder einzelne Teile von Verfahren), ist die Gültigkeit gesondert nachgewiesen. (DIN, S. 9)	○	○	○	○	
218	Es ist sichergestellt, dass in dem Fall, in dem aus bestimmten Erwägungen heraus von den Verfahrenshinweisen und/oder den Durchführungsvorgaben abgewichen wird, diese Abweichung bei der Interpretation berücksichtigt wird. (DIN, S. 8)	○	○	○	○	
219	Die Eignungsbeurteilung gibt Antwort auf alle im erteilten Auftrag gestellten Fragen. (DIN, S. 9)	○	○	○	○	
220	Bei der Darstellung der Eignungsbeurteilung wird darauf eingegangen, auf welche Verfahrensergebnisse sich die Eignungsbeurteilung stützt.[220] (DIN, S. 9)	○	○	○	○	
221	Alle Aussagen der Eignungsbeurteilung sind belegt. (DIN, S. 9)	○	○	○	○	
222	Die Darstellung der Eignungsbeurteilung ist sprachlich für den Auftraggeber verständlich. (DIN, S. 9)	○	○	○	○	
V58	*Verzweigungsfrage: Wurde ein computergestütztes Verfahren mit automatischer Klassifikation und/oder Textbausteinen für die abschließende Eignungsbeurteilung/Befundinterpretation genutzt? Falls „nein" → Bitte weiter bei Verzweigungsfrage V59.*	○	□			
223	Der Auftragnehmer übernimmt die Verantwortung für die Richtigkeit des übermittelten Befundes.[223] (DIN, S. 9)	○	○	○	○	
224	Die Kandidaten werden darauf hingewiesen, dass der Befund automatisiert erstellt wurde. (DIN, S. 9)	○	○	○	○	

---

[220] Erläuterung: Auch sachdienliche Informationen aus anderen Quellen, die nicht in der aktuellen Eignungsbeurteilung erschlossen wurden, z.B. aus den Bewerbungsunterlagen, können zur Urteilsbildung genutzt werden. Ist dies der Fall, so muss dies in der Darstellung der Eignungsbeurteilung genannt werden.

[223] Erläuterung: Damit der Auftragnehmer die Verantwortung übernehmen kann, muss er in der Lage sein, alle automatisch erfolgenden Schritte der Urteilsbildung/Interpretation inhaltlich nachzuvollziehen. Er darf nicht blind auf die Korrektheit des Computerprogramms vertrauen.

Nicht normative Aussagen (225-248)

4.4 Vorauswahl

	ja	nein	nicht zu bewerten	Anmerkungen	Quelle (Seite)
V59 Verzweigungsfrage: Wird eine Vorauswahl vorgenommen? Falls „nein" → Bitte weiter bei Aussage 229.	○	□			
225 Die Vorgehensweise der Vorauswahl wurde vorab festgelegt. (DIN, S. 12)	○	○	○	○	
226 Die für die Vorauswahl definierten Auswahlkriterien wurden vorab festgelegt. (DIN, S. 12)	○	○	○	○	
227 Die Vorauswahlkriterien wurden aus dem Anforderungsprofil abgeleitet. (DIN, S. 12)	○	○	○	○	
228 Die Vorauswahl wurde von mindestens zwei unabhängigen Beurteilern vorgenommen. [228] (DIN, S. 12)	○	○	○	○	

---

[228] Erläuterung: Dadurch lässt sich das Risiko verringern, geeignete Personen irrtümlich zurückzuweisen.

4.5 Durchführung II

		ja	nein	nicht zu bewerten	Anmerkungen	Quelle (Seite)
229	Den Kandidaten werden vor und/oder während deren Teilnahme am Verfahren Informationen über den Arbeitsplatz und die Aufgaben angeboten, für die sie sich beworben haben. [229] (DIN, S. 12)	○	○	○	○	
230	Alle gesetzlichen Vorgaben für Eignungsbeurteilungen werden eingehalten. [230] (DIN, S. 12)	○	○	○	○	
231	Alle Beteiligten sind informiert, dass die Teilnahme der Kandidaten an dem Verfahren prinzipiell freiwillig ist. (DIN, S. 12)	○	○	○	○	
232	Das Verfahren beginnt erst, nachdem die Kandidaten ihre freiwillige Teilnahme ausdrücklich erklärt haben. (DIN, S. 12)	○	○	○	○	
V60	*Verzweigungsfrage: Werden zusätzlich zu dem Verfahren zur Eignungsbeurteilung weitere Verfahren zum Zweck der Überarbeitung bzw. Neu- und/oder Weiterentwicklung eingesetzt, die nicht für den Beurteilungszweck herangezogen werden? Falls „nein" → Bitte weiter bei Aussage 235.*	○	□			
233	Die Kandidaten werden darauf hingewiesen, dass die Untersuchungssituation auch der Überarbeitung bzw. Neu- und/oder Weiterentwicklung eines Verfahrens dient. (DIN, S. 13)	○	○	○	○	
234	Das Verfahren beginnt erst, nachdem die Kandidaten ihre freiwillige Teilnahme an Zusatzverfahren, die zum Zweck der Überarbeitung bzw. Neu- und/oder Weiterentwicklung eingesetzt werden und die nicht für den Beurteilungszweck herangezogen werden, ausdrücklich erklärt haben. (DIN, S. 12)	○	○	○	○	
235	Die Kandidaten haben bereits bei der Einladung Hinweise zum Ablauf der Eignungsuntersuchung erhalten. (DIN, S. 13)	○	○	○	○	

---

[229] Erläuterung: Solche Informationen können z. B. durch Besichtigungen, durch Informationsmaterial oder durch Gespräche mit Betriebsangehörigen zur Verfügung gestellt werden. Der Aspekt gilt sinngemäß auch für die Eignungsbeurteilung bei Ausbildungs- und Studienplätzen.

[230] Erläuterung: Hierzu gehören z. B. die Schweigepflicht, die Datenschutzbestimmungen und die Mitwirkungsrechte.

		ja	nein	nicht zu bewerten	Anmerkungen	Quelle (Seite)
236	Die Kandidaten haben bereits bei der Einladung Hinweise zur Freiwilligkeit der Teilnahme erhalten. (DIN, S. 13)	○	○	○	○	
	Die Kandidaten werden zu Beginn der Untersuchung aufgeklärt ...					
237	• über die Ziele und Funktion der Untersuchung (DIN, S. 13)	○	○	○	○	
238	• über den Ablauf und die Dauer der Untersuchung (DIN, S. 13)	○	○	○	○	
239	• über die an der Untersuchung mitwirkenden Personen und deren Funktion im Verfahren (DIN, S. 13)	○	○	○	○	
240	• über die Berufsausbildung und Qualifikation der an der Untersuchung mitwirkenden Personen (DIN, S. 3)	○	○	○	○	
241	• über mögliche Folgen mangelnder Kooperation (DIN, S. 13)	○	○	○	○	
242	• über die Art der zu erhebenden Daten und ihre Verwendung und über Personen, die von den Ergebnissen Kenntnis erhalten (DIN, S. 13)	○	○	○	○	
243	• über den Ort und die Form und die Dauer der Aufbewahrung der erhobenen Daten. (DIN, S. 13)	○	○	○	○	
244	Den Kandidaten wird ermöglicht, sich mit dem Auftragnehmer über die Untersuchung auszutauschen. (DIN, S. 13)	○	○	○	○	
245	Die Kandidaten werden zeitlich und psychisch und körperlich nicht mehr beansprucht, als für den Untersuchungszweck erforderlich ist. (DIN, S. 13)	○	○	○	○	
246	Pausen und Wartezeiten und deren Mindestdauer werden den Kandidaten vorab mitgeteilt. (DIN, S. 13)	○	○	○	○	
247	Die Untersuchungsbedingungen werden so gestaltet, dass es den Kandidaten möglich ist, ihr anforderungsbezogenes Potenzial zu zeigen.[247] (DIN, S. 13)	○	○	○	○	

---

[247] Erläuterung: Hierzu gehört auch eine angemessene räumliche und sächliche Ausstattung der Untersuchungsumgebung.

		ja	nein	nicht zu bewerten	Anmerkungen	Quelle (Seite)
248	Die Untersuchungsbedingungen werden so gestaltet, dass die Kandidaten daran gehindert werden, Verfahrensergebnisse durch Betrug und/oder Täuschung zu erzielen.[248] (DIN, S. 13)	O	O	O	O	

[248] Erläuterung: Hierzu gehört auch eine angemessene räumliche und sächliche Ausstattung der Untersuchungsumgebung.

Nummer	DIN Screen V2, Anmerkungen zu Checkliste 4

DIN Screen V2 Checkliste 5: Dokumentation
Normative Aussagen (249-266)

5.1 Dokumentation

		ja	nein	nicht zu bewerten	Anmerkungen	Quelle (Seite)
249	Es ist dokumentiert, nach welchen Gesichtspunkten in Bezug auf die Zuverlässigkeit die Verfahren zur Eignungsbeurteilung ausgewählt wurden. (DIN, S. 7)	○	○	○	○	
250	Es ist dokumentiert, nach welchen Gesichtspunkten in Bezug auf die Gültigkeit die Verfahren zur Eignungsbeurteilung ausgewählt wurden. (DIN, S. 7)	○	○	○	○	
251	Die Auswahl des Verfahrens ist so dargestellt, dass die Eignungsbeurteilung von dem Auftraggeber nachvollzogen werden kann. (DIN, S. 8)	○	○	○	○	
V61	Verzweigungsfrage: Werden im Kontext der Eignungsbeurteilung mehrere Verfahren genutzt? Falls „nein" → Bitte weiter bei Aussage 253.	○	☐			
252	Die Zusammenstellung der Verfahren ist so dargestellt, dass die Eignungsbeurteilung von dem Auftraggeber nachvollzogen werden kann. (DIN, S. 8)	○	○	○	○	
253	Die Regeln, mit denen alle Aspekte der Durchführung der Verfahren festgelegt sind, wurden dokumentiert. (DIN, S. 8)	○	○	○	○	
V62	Verzweigungsfrage: Wurden mehrere Informationen über einen Kandidaten erhoben? Falls „nein" → Bitte weiter bei Aussage 255.	○	☐			
254	Es ist dokumentiert, ob und falls ja: welche Ergebnisse zu gleichsinnigen oder sich widersprechenden Interpretationen führen. (DIN, S. 9)	○	○	○	○	
	Das Vorgehen bei der Eignungsbeurteilung ist so dargestellt, dass die Eignungsbeurteilung von dem Auftraggeber nachvollzogen werden kann. Hierzu gehört die Dokumentation der nachfolgenden Aspekte:					
255	• Instruktionen (DIN, S. 8)	○	○	○	○	

	ja	nein	nicht zu bewerten	Anmerkungen	Quelle (Seite)
256	• Verfahrenselemente[256] (DIN, S. 8)	○	○	○	○	
257	• Einstufungshilfen/Regeln für die Ableitung der Eignungsbeurteilung. (DIN, S. 8)	○	○	○	○	
258	Die Regeln, mit denen alle Aspekte der Auswertung der Verfahren festlegt sind, wurden dokumentiert. (DIN, S. 8)	○	○	○	○	
259	Die Regeln, mit denen die Zusammenfügung aller über einen Kandidaten erhobenen Informationen zu einem Eignungsurteil festgelegt wurde, wurden dokumentiert.[259] (DIN, S. 8)	○	○	○	○	
260	Es ist Vorsorge getroffen, dass in dem Fall, in dem aus bestimmten Erwägungen heraus von den Verfahrenshinweisen und/oder den Durchführungsvorgaben abgewichen wird, diese Abweichung dokumentiert wird. (DIN, S. 8)	○	○	○	○	
V63	*Verzweigungsfrage: Gibt es Hinweise darauf, dass das Verfahren gruppenspezifische (z.B. geschlechtsspezifische) Ergebnisse liefert? Falls „nein" → Bitte weiter bei Verzweigungsfrage V64.*	○	□			
261	Für jede der Gruppen, für die das Verfahren gruppenspezifische (z.B. geschlechtsspezifische) Ergebnisse liefert, wurde dokumentiert, wie sich die Gruppenspezifität der Verfahrensergebnisse auf mögliche Entscheidungen auswirkt. (DIN, S. 16)	○	○	○	○	

---

[256] Erläuterung: So müssen z. B. die Fragen und der Leitfaden für ein Interview dokumentiert sein, falls ein Interview eingesetzt wurde; bei anderen Verfahren sind die verwendeten Aufgabenstellungen, Angaben zu technischen Installationen, Einstufungsskalen, Beurteilungsbogen usw. zu dokumentieren.

[259] Erläuterung: Dies betrifft z. B. die Ausprägung der Eignungsmerkmale – welche Ausprägung gilt als „geeignet"? Dies gilt auch für die Zusammenführung unterschiedlicher Informationen wie z. B. bei der Erfassung mehrer Anforderungsdimensionen (etwa in einem Assessment Center) und/oder beim Einsatz mehrerer Verfahren (etwa Interview und organisationsinterne Beurteilung der bisherigen beruflichen Leistungen): Hier muss die Art der Zusammenführung der unterschiedlichen Informationen dokumentiert werden, was voraussetzt, dass diese Aspekte vorab geregelt wurden (siehe Aussage 161 in Checkliste 2).

		ja	nein	nicht zu bewerten	Anmerkungen	Quelle (Seite)
V64	Verzweigungsfrage: Werden Verfahren eingesetzt, die auf mündlich gewonnenen Informationen bzw. Verhaltensbeobachtungen basieren (z.B. Interviews, Arbeitsproben, Assessment Center)? Falls „nein" → Bitte weiter bei Aussage V66.	○	□			
262	Die Zuordnung der Beispielaussagen und/oder Beispielverhaltensweisen zu den Beurteilungskategorien wurde dokumentiert. (DIN, S. 8)	○	○	○	○	
V65	Verzweigungsfrage: Beurteilen mehrere Personen den Ausprägungsgrad von Personmerkmalen aufgrund von mündlich gewonnenen Informationen bzw. Verhaltensbeobachtungen (z.B. Teamfähigkeit aufgrund eines Interviews oder einer Assessment-Center-Übung)? Falls „nein" → Bitte weiter bei Verzweigungsfrage V66.	○	□			
263	Der Grad der Übereinstimmung zwischen den beurteilenden Personen wurde dokumentiert. (DIN, S. 7)	○	○	○	○	
264	Das aufgrund der Urteile mehrerer Beurteiler erstellte Gesamtergebnis und die Streubreite sind dokumentiert.[264] (DIN, S. 8)	○	○	○	○	
V66	Verzweigungsfrage: Wird das Verfahren vom Auftragnehmer wiederholt bei gleichartigen Fragestellungen eingesetzt? Falls „nein" → Bitte weiter bei Aussage 266.	○	□			
265	Der Auftragnehmer hat die Gültigkeit des bei gleichartigen Fragestellungen eingesetzten Verfahrens dokumentiert. (DIN, S. 7)	○	○	○	○	
266	Die Ergebnisse der Anforderungsanalyse sind dokumentiert. (DIN, S. 6)	○	○	○	○	

---

[264] Erläuterung: Wenn kein Gesamtergebnis gebildet wird, sondern die Urteile jedes Beurteilers ohne Integration für sich allein betrachtet werden, ist „ja" anzukreuzen, sofern auf diesen Umstand explizit hingewiesen wird und dieses Vorgehen nachvollziehbar begründet wird.

Nicht normative Aussagen (267-270)

5.2 Dokumentation der Anforderungsanalyse

		ja	nein	nicht zu bewerten	Anmerkungen	Quelle (Seite)
	Die Anforderungsanalyse ist nachvollziehbar dokumentiert, indem die folgenden Aspekte beschrieben sind:					
267	• wer an der Anforderungsanalyse beteiligt war und über welche Qualifikationen diese Personen verfügen (DIN, S. 12)	○	○	○	○	
268	• welche Quellen für die Anforderungsanalyse genutzt wurden (DIN, S. 12)	○	○	○	○	
269	• welche Analyse- und Auswertungsverfahren genutzt wurden (DIN, S. 12)	○	○	○	○	
270	• welche Ergebnisse mit der Anforderungsanalyse erzielt wurden. (DIN, S. 12)	○	○	○	○	

Nummer	DIN Screen V2, Anmerkungen zu Checkliste 5

DIN Screen V2 Checkliste 6:
Anforderungen an die Qualifikation der an der Eignungsbeurteilung beteiligten Personen
Normative Aussagen (271-318)

6.1 Qualitätsanforderungen an den Auftragnehmer

	Der Auftragnehmer verfügt über	ja	nein	nicht zu bewerten	Anmerkungen	Quelle (Seite)
271	• angeleitete Praxiserfahrungen in Entwicklung und Planung und Gestaltung und kontrollierter Durchführung von Verfahren zur Eignungsbeurteilung sowie deren Evaluation (DIN, S. 10)	○	○	○	○	
272	• Kenntnisse über eignungsrelevante Konstrukte (DIN, S. 10)	○	○	○	○	
273	• Kenntnisse über Qualitätsstandards (DIN, S. 10)	○	○	○	○	
274	• Kenntnisse über qualitätssichernde Maßnahmen (DIN, S. 10)	○	○	○	○	
275	• Kenntnisse über rechtliche Rahmenbedingungen (DIN, S. 10)	○	○	○	○	
276	• Kenntnisse der Arbeits-/Anforderungsanalyse (DIN, S. 10)	○	○	○	○	
277	• Kenntnisse von Methoden zur Analyse von Arbeitsanforderungen (DIN, S. 10)	○	○	○	○	
278	• Kenntnisse von Verfahren zur Darstellung der Ergebnisse in Form eines Anforderungsprofils (DIN, S. 10)	○	○	○	○	
279	• Kenntnisse über Methoden zur Operationalisierung von Eignungsmerkmalen (DIN, S. 10)	○	○	○	○	
280	• Grundkenntnisse über Verfahren der Eignungsbeurteilung und ihre Einsatzvoraussetzungen (DIN, S. 10)	○	○	○	○	
281	• Statistisch-methodische Grundlagen (DIN, S. 10)	○	○	○	○	

	ja	nein	nicht zu bewerten	Anmerkungen	Quelle (Seite)
282	• Kenntnisse über Testtheorien (klassische Testtheorie und Item-Response-Theorien) und Messtheorien (DIN, S. 10)	○	○	○	○	
283	• Kenntnisse über Evaluationsmethodik einschließlich Kosten-Nutzen-Aspekten (DIN, S. 10)	○	○	○	○	
284	• Kenntnisse über Konstruktionsgrundlagen von Verfahren (DIN, S. 10)	○	○	○	○	
285	• Kenntnisse über Einsatzmöglichkeiten von Verfahren (DIN, S. 10)	○	○	○	○	
286	• Kenntnisse über Durchführungsbedingungen von Verfahren (DIN, S. 10)	○	○	○	○	
287	• Kenntnisse der Gütekriterien/Qualitätsgesichtspunkte von Verfahren (DIN, S. 10)	○	○	○	○	
288	• Kenntnisse über die Gutachtenerstellung (abschließende Eignungsbeurteilung) (DIN, S. 10)	○	○	○	○	
289	• Kenntnisse der Vorgehensweisen/Prozesse in der Eignungsbeurteilung (DIN, S. 10)	○	○	○	○	
290	• Kenntnisse über verschiedene Strategien der Eignungsbeurteilung (DIN, S. 10)	○	○	○	○	
291	• Kenntnisse über Beurteilungsprozeduren (verfahrens- und prozessbezogen) (DIN, S. 10)	○	○	○	○	
292	• Kenntnisse über die Abschätzung der Prognosegüte von berufsbezogenen Eignungsbeurteilungen und darauf aufbauenden Entscheidungen (DIN, S. 11)	○	○	○	○	
293	• Kenntnisse der Ergebnisse einschlägiger Evaluationsstudien (DIN, S. 11)	○	○	○	○	
294	• Kenntnisse über Geltungsbereiche von Eignungsbeurteilungen. (DIN, S. 11)	○	○	○	○	

	ja	nein	nicht zu bewerten	Anmerkungen	Quelle (Seite)
295	Der Auftragnehmer hat dem Auftraggeber die Qualifikation im Sinne der Aussagen 271 bis 294 nachgewiesen.²⁹⁵ (DIN, S. 11)	○	□	○	○	
H37	Hinweis: Falls „nein" gewählt wird, muss bei der Aussage 142 in der Checkliste 2 ebenfalls „nein" angekreuzt werden. Die Aussage 142 der Checkliste 2 fasst die Aussagen 295 und 296 der vorliegenden Checkliste zusammen.					
296	Der Auftragnehmer hat dem Auftraggeber seine regelmäßige fachliche Fortbildung nachgewiesen. (DIN, S. 11)	○	□	○	○	
H38	Hinweis: Falls „nein" gewählt wird, muss bei der Aussage 142 in der Checkliste 2 ebenfalls „nein" angekreuzt werden. Die Aussage 142 der Checkliste 2 fasst die Aussagen 295 und 296 der vorliegenden Checkliste zusammen.					

---

[295] Erläuterung: Ein entsprechender Nachweis der Qualifikation kann beispielsweise durch eine Personenlizenz für berufsbezogene Eignungsbeurteilungen nach DIN 33430 erfolgen.

6.2 Qualitätsanforderungen zur Durchführung und Auswertung von Verhaltensbeobachtungen und -beurteilungen

		ja	nein	nicht zu bewerten	Anmerkungen	Quelle (Seite)
V67	*Verzweigungsfrage: Sind der Auftragnehmer (und ggf. Mitwirkende) an der Durchführung und Auswertung von Verhaltensbeobachtungen und/oder -beurteilungen beteiligt? Falls „nein" → Bitte weiter bei Verzweigungsfrage V68.*	○	□			
	Der Auftragnehmer und (sofern beteiligt) die Mitwirkenden verfügt/verfügen über ... [297-309]					
297	• Kenntnisse über einschlägige Evaluationen von Verfahren zur Verhaltensbeobachtung und -beurteilung (DIN, S. 11)	○	○	○	○	
298	• Kenntnisse der Rahmenbedingungen von Verhaltens-beobachtung und -beurteilung	○	○	○	○	
299	• Kenntnisse zum Thema „Beobachtung": Begriff und Verständnis (DIN, S. 11)	○	○	○	○	
300	• Kenntnisse über die Systematik der Beobachtung (DIN, S. 11)	○	○	○	○	
301	• Kenntnisse über Operationalisierungen von Eignungsmerkmalen (DIN, S. 11)	○	○	○	○	
302	• Kenntnisse über die Definition und Abgrenzung von Beobachtungseinheiten (DIN, S. 11)	○	○	○	○	
303	• Kenntnisse über die Registrierung und Dokumentation der Beobachtungen (DIN, S. 11)	○	○	○	○	
304	• Kenntnisse über die Auswertung/Bewertung der Beobachtungen (DIN, S. 11)	○	○	○	○	
305	• Kenntnisse über Bezugsmaßstäbe (DIN, S. 11)	○	○	○	○	

[297-309] Erläuterung: Sofern Mitwirkende an der Durchführung von Verhaltensbeobachtungen und -beurteilungen beteiligt sind, kann bei den Aussagen 297 bis 309 nur dann mit „ja" reagiert werden, wenn die geforderten Kenntnisse sowohl beim Auftragnehmer als auch bei allen Mitwirkenden vorhanden sind. Sofern keine Mitwirkenden involviert sind, reicht es aus, wenn der Auftragnehmer über die erforderlichen Kenntnisse verfügt.

		ja	nein	nicht zu bewerten	Anmerkungen	Quelle (Seite)
306	• Kenntnisse über Rating-/Skalierungsverfahren (DIN, S. 11)	○	○	○	○	
307	• Kenntnisse über verschiedene Formen (statistische und nicht statistische) der Urteilsbildung (DIN, S. 11)	○	○	○	○	
308	• Kenntnisse über Beobachtungsfehler/-verzerrungen (DIN, S. 11)	○	○	○	○	
309	• Kenntnisse über Gütekriterien (Objektivität und Zuverlässigkeit (auch Übereinstimmung) und Gültigkeit). (DIN, S. 11)	○	○	○	○	

6.3 Qualitätsanforderungen zur Durchführung und Auswertung von Eignungsinterviews

		ja	nein	nicht zu bewerten	Anmerkungen	Quelle (Seite)
V68	Verzweigungsfrage: Sind der Auftragnehmer (und ggf. Mitwirkende) an der Durchführung und Auswertung von Eignungsinterviews beteiligt? Falls „nein" → Bitte weiter bei Verzweigungsfrage V69.	○	□			
	Der Auftragnehmer und (sofern beteiligt) die Mitwirkenden verfügt/verfügen über ... [310-317]					
310	Kenntnisse der Rahmenbedingungen von Verfahren zur mündlichen Informationsgewinnung (DIN, S. 11)	○	○	○	○	
311	Kenntnisse über einschlägige Evaluationen von Eignungsinterviews (DIN, S. 11)	○	○	○	○	
312	Kenntnisse über Interviewklassifikationen (DIN, S. 11)	○	○	○	○	
313	Kenntnisse über die Handhabung von Interviewleitfäden (DIN, S. 11)	○	○	○	○	
314	Kenntnisse über Fragetechniken und Formulierungstechniken (DIN, S. 11)	○	○	○	○	
315	Kenntnisse über Kriterien zur Beurteilung der Aussagen des Interviewten (DIN, S. 11)	○	○	○	○	
316	Kenntnisse über Fragebereiche	○	○	○	○	
317	Kenntnisse über die rechtliche Zulässigkeit von Interviewfragen. (DIN, S. 11)	○	○	○	○	
V69	Verzweigungsfrage: Werden Sachverständige zur Durchführung der Verfahren der mündlichen Informationsgewinnung hinzugezogen, um fachliche Kenntnisse und/oder Fertigkeiten der Kandidaten zu erkunden? Falls „nein" → Ende der Checkliste 6.	○	□			

[310-317] Erläuterung: Sofern Mitwirkende an der Durchführung und Auswertung von Eignungsinterviews beteiligt sind, kann bei den Aussagen 310 bis 317 nur dann mit „ja" reagiert werden, wenn die geforderten Kenntnisse sowohl beim Auftragnehmer als auch bei allen Mitwirkenden vorhanden sind. Sofern keine Mitwirkenden involviert sind, reicht es aus, wenn der Auftragnehmer über die erforderlichen Kenntnisse verfügt.

		ja	nein	nicht zu bewerten	Anmerkungen	Quelle (Seite)
318	Die zur Durchführung der Verfahren der mündlichen Informationsgewinnung hinzugezogen Personen, die einen Beitrag zur Erkundung der fachlichen Kenntnisse und/oder Fertigkeiten der Kandidaten leisten, arbeiten (sofern sie nicht selbst im Sinne der DIN 33430 qualifiziert sind) nicht allein, sondern mit Personen zusammen, die im Sinne der DIN 33430 qualifiziert sind. (DIN, S. 12)	○	○	○	○	

Nummer	DIN Screen V2, Anmerkungen zu Checkliste 6

Sachregister

AGG 22, 43, 52, 75
Akzeptanz 38, 40, 41
Anforderungsanalyse 25–27, 57, 62, 65, 70, 87, 102, 103, 106, 174, 178, 200, 201, 203
Anwendungsbereich 12, 13, 55, 58, 62, 64, 66–68, 75, 85, 97, 114, 115, 121
Anwendungshäufigkeit 13–15, 40, 112
APA 20, 22, 25
Arbeitskreis Assessment Center 26
Arbeitsprobe 14, 23, 64, 85, 176, 200
Assessment Center 14–16, 26–28, 34, 56, 59, 64, 70, 75, 85, 86, 100, 122, 144, 160, 161, 176, 177, 181–183, 190, 199, 200
Audit 108, 109
Auftragnehmer 56, 60–62, 67, 71, 79, 87, 100–102, 105, 106, 172, 173, 191, 192, 203, 205, 206, 208

BDP 25
Berufsordnung für Psychologen 25
Betriebsrat 43, 52
Beurteilungssystem 19, 28, 29, 32, 57, 76, 77, 97, 111, 115, 121
Buros 29

CEN 108
Checkliste 58, 91–99, 114, 115
COTAN 29, 30, 31, 77, 117

Datenschutz 24, 84, 118, 194
DIN-Institut 49, 50
DIN-Norm 49, 50, 51, 53, 54, 81, 82
DNLA 52, 109

Dokumentation 43, 45, 58, 59, 74, 81, 82, 156, 157, 184, 198–201, 206

EAPA 24
EFPA 30, 31, 77, 117

Fairness 22, 42, 43, 118, 162
Feedback 37–39, 58, 59, 90–92, 119, 120
Fortbildung 99, 100, 102, 104–106, 172, 205
Fragebogen, biografischer 64, 85

Gelbdruck 50, 60–74, 80
Gültigkeit 14, 55–57, 61, 63, 66, 78, 81, 86, 87, 89, 159, 160–162, 170, 184, 192, 198, 200, 207
Gütekriterien 29, 31, 40, 66, 77, 80

Inhaltsgültigkeit 57, 87, 88, 159, 168, 184
Intelligenztest 14, 15, 27, 41, 42
Internationalisierung 15, 23, 117, 118
Interview 14–16, 23, 27, 34, 41, 42, 45, 56, 59, 64, 70, 75, 85, 86, 97, 100, 101, 103, 120, 122, 144, 160, 161, 176, 181–183, 190, 199, 200, 208
ISO 107, 108, 109, 118

Kenntnisse 17, 56, 68, 75, 101, 103, 104, 203, 204, 207, 208
Konformität 91, 108, 109
Konformitätsmodell 82
Konstruktgültigkeit 57, 87, 159, 164, 184
Kriteriumsgültigkeit 15, 57, 77, 78, 80, 87, 88, 159, 166, 167, 184

Lizenz 106
Lizenzierung 32, 34, 99, 102, 107

Mitwirkender 56, 62, 71, 75, 87, 100, 101, 105, 106, 173, 191, 206, 208

Normstichprobe 30, 31, 56, 67, 89, 154, 185

Objektivität 55, 56, 62, 65, 156, 182, 207
ÖNorm 118

Persönlichkeitstest 14, 15, 41, 42, 85, 111
Produktnorm 68, 76, 97
Prozessnorm 68, 76, 97
Prüfung 105, 106
Psychologe 16, 17, 32, 60, 62, 68, 71, 73, 76

Q-Pool 100 52, 53, 109
Qualifizierung 32, 33, 34
Qualität 17, 37, 38, 53, 54, 58, 68, 81, 82
Qualitätssicherung 19, 37, 39, 76
Qualitätsstandards 18, 49, 54

Rechtliche Aspekte 42, 43, 51, 52, 53, 69, 75, 118, 203, 208
Referenzen 14

Register 106
Richtlinie 19, 20, 49
Rollenspiel 20, 97, 144

Selbsterklärung 52, 109
SIOP 20, 22, 33
Standards 20–22, 60, 115

Task Force on AC Guidelines 27
Test 11, 13, 15–17, 21, 23, 24, 27–31, 34, 42, 70, 76, 85, 86, 97, 110–117, 122, 144, 160, 161, 181, 188
Testfairness 21
Testgütekriterien 117
Testkuratorium 32, 99, 102, 105, 115, 116, 117
Testrezension 28, 29, 111, 113
Testrezensionsliteratur 112
Total Quality Management 108, 120

Validität 61
Verfahren 55, 64, 65, 85
Verfahrenshinweis 57, 84, 113, 114, 115, 144

Wissenstransfer 35, 36, 39, 44, 47

Zertifizierung 75, 107, 108, 109, 110
Zuverlässigkeit 30, 31, 55–57, 59, 62, 64, 66, 69, 77, 81, 89, 157, 158, 169, 183, 198, 207

Jörg Felfe

**Mitarbeiter-
bindung**

(Reihe: »Wirtschaftspsychologie«)
2008, 259 Seiten, geb.,
€ 36,95 / sFr. 62,–
ISBN 978-3-8017-2132-9

Jörg Felfe
Detlev Liepmann

**Organisations-
diagnostik**

(Reihe: »Kompendien Psychologische Diagnostik«, Band 10)
2008, 140 Seiten,
€ 24,95 / sFr. 42,–
ISBN 978-3-8017-1702-5

Das Buch zeigt psychologische Dimensionen und Mechanismen der Mitarbeiterbindung auf und vermittelt notwendige Kenntnisse, Ansätze und Strategien zur Erhaltung und Steigerung der Bindung. Der Leser erhält einen komprimierten Überblick über die einschlägigen Konzepte und die relevanten empirischen Befunde zu Bedingungen und Konsequenzen von Bindung und Identifikation. Besonders thematisiert wird die Mitarbeiterbindung im Zusammenhang mit Fusionen, Zeitarbeit sowie in unterschiedlichen Kulturen.

Das Buch gibt einen Überblick darüber, wie die Komplexität organisationalen Geschehens erfasst werden kann. Vorrangige Strategie ist hierbei die Integration der individuellen Ebene (Erleben, Befinden und Verhalten), der Gruppenebene (Team, Kommunikation, Interaktion) sowie der organisationalen Ebene (Struktur, Kontext, Kultur). Die exemplarisch vorgestellten Erhebungsinstrumente berücksichtigen sowohl historisch gut eingeführte und erprobte Verfahren als auch neuere Entwicklungen. Der Band vermittelt zudem einen Einblick in die wichtigsten Anwendungsfelder und Strategien, bei denen Organisationsdiagnostik erforderlich ist.

Heinz Schuler
Karlheinz Sonntag (Hrsg.)

**Handbuch der
Arbeits- und
Organisations-
psychologie**

(Reihe: »Handbuch der Psychologie«, Band 6)
2007, 838 Seiten, geb.,
€ 59,95 / sFr. 99,–
(Bei Abnahme von mind. 4 Bänden in Folge € 49,95 / sFr. 84,–)
ISBN 978-3-8017-1849-7

Klaus-Helmut Schmidt
Uwe Kleinbeck

**Führen mit
Zielvereinbarung**

(Reihe: »Praxis der Personalpsychologie«, Band 12)
2006, VIII/87 Seiten,
€ 19,95 / sFr. 32,–
(Im Reihenabonnement
€ 15,95 / sFr. 25,80)
ISBN 978-3-8017-1491-8

Das Handbuch vermittelt die Essenz des heutigen Wissens auf dem Gebiet der Arbeits- und Organisationspsychologie. Auf der Basis der wichtigsten Theorien und Methoden spannen die Beiträge einen weiten Bogen, der von der Arbeitsgestaltung über individuelles und Gruppenverhalten, Personalgewinnung und -auswahl bis zur Veränderung von Organisationen reicht. Das Handbuch eignet sich zur raschen und kompetenten Information für alle, die an Fragen der Arbeits- und Organisationspsychologie interessiert sind.

Der Band vermittelt Einblicke in das komplexe Geflecht von Bedingungen, welche die Leistungswirksamkeit von Zielvereinbarungen beeinflussen. Er trägt dazu bei, mögliche Fehler zu vermeiden und die Praxis des Führens mit Zielvereinbarungen produktiv zu gestalten. Anhand von Beispielen wird dargelegt, wie mit Zielvereinbarungen erfolgreiche Führungsarbeit zu leisten ist.

www.hogrefe.de

Hogrefe Verlag GmbH & Co. KG
Rohnsweg 25 · 37085 Göttingen · Tel: (0551) 49609-0 · Fax: -88
E-Mail: verlag@hogrefe.de · Internet: www.hogrefe.de

Michael Paschen
Anja Weidemann · Daniela Turck
Christian Stöwe

Assessment Center professionell

Worauf es ankommt und wie Sie vorgehen

2., erweiterte Auflage 2005,
311 Seiten, geb.,
€ 39,95 / sFr. 69,90
ISBN 978-3-8017-1937-1

Mit Hilfe dieses Buches können bestehende Assessment Center (AC) differenziert bewertet und optimiert sowie hochwertige AC selbst erstellt und durchgeführt werden. Das Buch liefert Anleitungen zur Konzeption und Übungserstellung, ausführliche Argumentationshilfen für die interne Kommunikation, Einladungsschreiben für Teilnehmer oder fertige Konzepte für Beobachtertrainings.

Christopher Rauen (Hrsg.)

Handbuch Coaching

(Reihe: »Innovatives Management«)
3., überarbeitete und erweiterte Auflage 2005, 559 Seiten, geb.,
€ 49,95 / sFr. 86,–
ISBN 978-3-8017-1873-2

Das Standardwerk bietet einen aktuellen und fundierten Überblick zu den Grundlagen, Konzepten und der Praxis von Coaching. In der Neuauflage werden u.a. ausführlich verschiedene Handlungsfelder aufgezeigt und anhand zahlreicher Beispiele Coaching-Prozesse dargestellt.

Rüdiger Hossiep · Oliver Mühlhaus

Personalauswahl und -entwicklung mit Persönlichkeitstests

(Reihe: »Praxis der Personalpsychologie«, Band 9)
2005, VI / 127 Seiten,
€ 19,95 / sFr. 34,90
(Im Reihenabonnement
€ 15,95 / sFr. 28,50)
ISBN 978-3-8017-1490-1

Dieser Band führt in die vielfältigen Möglichkeiten der Nutzung persönlichkeitsorientierter Fragebogenverfahren im Personalmanagement ein. Dabei werden die wichtigen Teilschritte zur Auswahl eines leistungsfähigen Verfahrens, die sachgerechte Einbettung in den jeweiligen Prozess und die Einbeziehung der Arbeitnehmervertretung anschaulich erläutert.

Uwe Peter Kanning

Standards der Personaldiagnostik

2004, 607 Seiten, geb.,
€ 49,95 / sFr. 86,–
ISBN 978-3-8017-1701-8

Auf dem Hintergrund der 2002 verabschiedeten DIN 33430, die grundlegende Qualitätsstandards für die berufsbezogene Eignungsbeurteilung festschreibt, vermittelt dieser Band praxisorientiert die Grundlagen einer professionellen Personaldiagnostik. In anschaulicher Weise wird der Prozess der Entwicklung neuer Verfahren von der Anforderungsanalyse bis hin zur Evaluation des wirtschaftlichen Nutzens beschrieben. In Form von so genannten »Standards« werden konkrete Handlungsanweisungen für die Praxis gegeben.

HOGREFE

Hogrefe Verlag GmbH & Co. KG
Rohnsweg 25 · 37085 Göttingen · Tel: (0551) 49609-0 · Fax: -88
E-Mail: verlag@hogrefe.de · Internet: www.hogrefe.de